CB127465

jandaíra

ORGANIZAÇÃO:

Prof[a.] Dr[a.] Daniela Olímpio de Oliveira

PREFÁCIO:

Dr[a.] Vera Lúcia Santana Araújo

HISTÓRIA, TRIBUTAÇÃO E RAÇA

Beatriz de Almeida • Camila Scacchetti • Carolina Lima Gonçalves
Carolina Silva Campos • Daniela Olímpio de Oliveira
Edvaldo Brito • Eliane Barbosa da Conceição • Flávio Batista
do Nascimento • Gabriela Gonçalves Barbosa • Igor Gonçalves Pereira
Leonardo Queiroz • Lorena de Fátima S. A. Narcizo
Marcelo Augusto Barreto • Maria Angélica dos Santos
Mário Maurici de Lima Morais • Osvaldo José da Silva • Roberto de Souza
Campos Cosso • Thayana Felix Mendes • Valcir Gassen

jandaíra

ORGANIZAÇÃO:

Profª. Drª. Daniela Olímpio de Oliveira

PREFÁCIO:

Drª. Vera Lúcia Santana Araújo

HISTÓRIA, TRIBUTAÇÃO E RAÇA

Beatriz de Almeida · Camila Scacchetti · Carolina Lima Gonçalves · Carolina Silva Campos · Daniela Olímpio de Oliveira · Edvaldo Brito · Eliane Barbosa da Conceição · Flávio Batista do Nascimento · Gabriela Gonçalves Barbosa · Igor Gonçalves Pereira · Leonardo Queiroz · Lorena de Fátima S. A. Narcizo · Marcelo Augusto Barreto · Maria Angélica dos Santos · Mário Maurici de Lima Morais · Osvaldo José da Silva · Roberto de Souza Campos Cosso · Thayana Felix Mendes · Valcir Gassen

Este livro foi revisado segundo o Novo Acordo Ortográfico da Língua Portuguesa.

DIREÇÃO EDITORIAL
Lizandra Magon de Almeida
ASSISTÊNCIA EDITORIAL
Maria Ferreira
PREPARAÇÃO DE TEXTO
Joelma Santos
REVISÃO
Karen Nakaoka
PROJETO GRÁFICO E DIAGRAMAÇÃO
Debs Bianchi | Biancheria

Dados Internacionais de Catalogação na Publicação (CIP)
(Câmara Brasileira do Livro, SP, Brasil)

História, tributação e raça / organização Daniela Olímpio de Oliveira ; prefácio Vera Lúcia Santana Araújo. -- 1. ed. -- São Paulo : Editora Jandaíra, 2024.

Vários autores. Bibliografia.
ISBN 978-65-5094-099-7

1. Direito tributário - Brasil I. Oliveira, Daniela Olímpio de. II. Araújo, Vera Lúcia Santana.

24-232981 CDU-34:336.2(81)

1. Brasil : Direito tributário 34:336.2(81)

Aline Graziele Benitez - Bibliotecária - CRB-1/3129

jandaíra

Rua Vergueiro, 2087 cj. 306 • 04101-000 • São Paulo, SP
11 3062-7909
editorajandaira.com.br
Editora Jandaíra
@editorajandaira

HISTÓRIA, TRIBUTAÇÃO E RAÇA

Organizado por

Daniela Olímpio de Oliveira

Autores

Beatriz de Almeida
Camila Scacchetti
Carolina Lima Gonçalves
Carolina Silva Campos
Daniela Olímpio de Oliveira
Edvaldo Brito
Eliane Barbosa da Conceição
Flávio Batista do Nascimento
Gabriela Gonçalves Barbosa
Igor Gonçalves Pereira
Leonardo Queiroz
Lorena de Fátima S. A. Narcizo
Marcelo Augusto Barreto
Maria Angélica dos Santos
Mário Maurici de Lima Morais
Osvaldo José da Silva
Roberto de Souza Campos Cosso
Thayana Felix Mendes
Valcir Gassen

2024

TRIBUTAÇÃO & RAÇA: UMA VIRADA ONTOLÓGICA

A presente coletânea foi por mim organizada a partir de diálogos estabelecidos durante meu estágio de pós-doutorado junto ao Programa de Pós-Graduação em História Econômica (PPGHISTO) na Faculdade de Filosofia, Letras e Ciências Humanas da Universidade de São Paulo (FFLCH-USP). O pós-doutorado se desenvolveu sob a supervisão do professor doutor Francisco Assis de Queiroz e teve a duração de três intensos anos (2020-2023), proporcionando-me uma rica experiência em filosofia do pensamento econômico.

No ano de 2023, eu tive a oportunidade de credenciar junto ao PPGHISTO uma disciplina – *Tributação & Raça* (código FLH - 5653) – para ser ofertada a pós-graduandos (mestrandos e doutorandos) do programa. A disciplina transcorreu em novembro de 2023 no formato de curta duração, possibilitando uma dinâmica de aprofundamento sequenciado em cinco dias de trabalho, nos quais pude coletar variadas referências daqueles que a cursaram, transformando minhas próprias concepções sobre a *questão tributária no Brasil*[1]. Importa destacar que, durantes três semestres anteriores (anos 2022-2023), também credenciei e ministrei outra disciplina: *A questão tributária no Brasil: história, discursos e desafios* (código FLH - 5310). Ao todo, essas quatro turmas contaram com pós-graduandos oriundos da História, da Economia, das Ciências Políticas, da Filosofia e do Direito, que trou-

1 Da autora, ver o livro **Uma sociologia da questão tributária no Brasil**: ocultamento e desocultamento da moral tributária. São Paulo: Lumen Juris, 2020.

xeram uma confluência de saberes e me conferiram um papel primeiro de aluna diante da interdisciplinaridade de narrativas epistemológicas sobre a complexa relação da estrutura racial com as vertentes econômicas.

A tributação é um fenômeno econômico e jurídico, mas também político, histórico e sociocultural. Como já havia percebido alguns anos antes[2], tributação é *medida* que ancora e delimita esferas pública, privada e social, que define sujeitos, gesta *proprietários privados* e movimenta a ordem econômica, *calibrando* seus contornos e *sustentando* papéis. Daí a notar a relação da tributação com a *raça* torna-se uma decorrência natural de um processo de investigação sobre estrutura social.

O verbete *"tributação & raça"* é uma virada de chave – ou uma virada ontológica – para os estudos da tributação. Este mote provoca o observador mais sensível aos *atravessamentos*[3] sociais, trazendo-o para um complexo estudo que passa pela ambígua convergência e divergência entre os dois universos. Descortinar esse mote é perceber que há um diálogo explícito entre raça e fiscalidade que tensiona forças e parametriza mercado e relações privadas, com atuação ativa do governo e da sociedade politicamente organizada. Esse outro *descobrimento* importa em um mergulho histórico e, também, em outro distanciamento: o do dogmatismo. Aliás, diga-se de passagem, a abordagem "tributação & raça" não será jamais dogmática, mas fenomenológica.

Este estudo é para poucos, porque é exploratório. Mas é de todos. É para os que vivem a estrutura. Este livro é a conclusão de um projeto, mas, antes, é a continuidade do pensamento livre e crítico, meditativo e desobediente. Os autores deste livro, dezenove ao todo, dez mulheres, nove

---

2 Idem.

3 Da autora, ver o livro **As paredes da estrutura**: atravessamentos tributários. Belo Horizonte: Letramento, 2023. O termo atravessamentos é usado no livro como um modo de inflexão das relações sociais complexas na estrutura tributária.

homens, cerca de 70% autodeclarados negros, são, em sua maioria, alunos da disciplina *Tributação & Raça* (FFLCH--USP, ano 2023), outros foram alunos da disciplina *Questão tributária no Brasil: história, discursos e desafios* (FFLCH--USP, anos 2022 e 2023), ambas ministradas por mim, a partir da supervisão do professor doutor Francisco Queiroz. Os demais autores, assim como os anteriores, são professores que contribuíram, e contribuem, para o pensamento crítico e para a formação de um saber sobre Direito Tributário, que é originariamente *Tributação & Raça.*

Daniela Olímpio de Oliveira
(organizadora)

AGRADECIMENTOS

A escrita é revolucionária! Todos os que contribuem para fazer chegar a escrita à sociedade são agentes dessa transformação social, e aqui vão os nossos agradecimentos!

Aos autores, primeiramente, por deixarem o Ser transbordar de si, e vir ao mundo como Devir. Mas, também, aos autores anteriores, aqueles que nos precederam, que lemos e que nos tocaram e provocaram para a escrita seguir cumprindo seu papel de manifestação do pensamento crítico. Estes marcos teóricos são nossa tradição filosófica, nosso pertencimento, nossa ancestralidade.

Em seguida, chegam à roda das trocas de pesquisa os grandes avalistas da escrita! A Prefaciadora, em especial, Dra. Vera Lúcia Santana de Araújo, uma madrinha que endossa o texto e permite a passagem para leitoras e leitores que poderão ser cativados, atuando, assim, nesta grande composição! O texto é arte, e a arte precisa atuar! E a dinâmica empreendedora encontra, ainda, os mecenas da ação contracolonial, que promovem a leitura em sensível intervenção. A Editora Jandaíra credita sua marca e encampa a proposta, cuidando do projeto gráfico e da fina produção e transformação do texto em livro. Mãos gentis, de Eliane Barbosa da Conceição, que nos apresenta, e Lizandra Magon de Almeida, que nos abraça, atuam nesta grande composição! Há que se somar, por fim, neste primeiro ciclo de muitas mãos, os recursos de apoio que chegaram por intermédio da Oxfam-Brasil, na generosa condução de Carolina Lima Gonçalves, e da

Organização Justa, na pessoa da Luciana Zaffalon, fornecendo o combustível financeiro que promove as circulações sustentáveis na economia social. O apoio dessas preciosas pessoas e instituições sela a qualidade transformadora do livro.

Agradeço, agora no singular, a cada uma dessas mãos, visíveis e invisíveis, temporais e atemporais, que me conduzem nos fundamentos e nos propósitos da redação, da composição, da publicação e da distribuição, transformando a escrita em leitura, possibilitando novos marcos teóricos e, finalmente, novos pensamentos na sociedade e no mundo!

Daniela Olímpio de Oliveira

SUMÁRIO

PREFÁCIO

O prefácio de uma obra é, acima de tudo, expressão de desprendimento da autora, do autor, que compartilha sua produção e oferece parceria generosa a quem prefacia, mais ainda quando a autoria é coletiva, vez que são múltiplos os olhares, diversos os saberes, distintas as histórias que se juntam e somam numa riqueza singular, ante a pluralidade que reúne.

Aqui, mais uma vez sobressai traço a realçar o encantamento pelo prestígio a mim conferido pela doutora e professora Daniela Olímpio de Oliveira, organizadora de *História, Tributação & Raça*, trabalho que espelha alta densidade teórica, acadêmica, resultado alcançado pela articulação simbiótica de pesquisa acurada, escrita cuidadosa e engajamento ideológico com o desnudar de razões históricas e intrinsecamente constitutivas das iniquidades que as hierarquias raciais e de gênero legam aos povos, nomeadamente, ao povo brasileiro, a partir da escravização negra no país.

Com efeito, e bem assentado na apresentação da organizadora, a coletânea representa, sim, uma "virada ontológica", ao trazer a lume reflexões de jovens profissionais do Direito que se lançam numa seara das mais masculinas e brancas, a do direito tributário e financeiro, na companhia luxuosa de lenda jurídica viva, o professor Edvaldo Brito, e, ao aqui nominá-lo, homenageio todas as gerações de professoras e professores negros que romperam muralhas ainda hoje opostas nas academias que segregam espaços, conteúdos, tudo a concorrer para a reiteração das estruturas que sustentam o Brasil das assimetrias concessivas de privilégios em detrimento do acesso e fruição de direitos das maiorias de nossa gente.

As métricas que organizam o sistema tributário nacional guardam relação direta com a pirâmide econômica e social do país, que por sua vez segue ancorado em pilares raciais e patriarcais como marcadores que conformam os lugares de negros e mulheres em posições de desigualdades preservadas inclusive por força da desequilibrada repartição contributiva das pessoas.

Sob a ótica da dignidade humana como princípio fundante da República Federativa do Brasil, não é desarrazoado afirmar que a normatividade tributária nacional está aliada a atos de gestão política que recorrentemente concedem benefícios fiscais, anistias e outros privilégios a quem tanto já possui, sem qualquer justeza, por exemplo, no que tange à não tributação das grandes fortunas, fazendo incidir sobre a massa assalariada, "uberizada" e mesmo desempregada, toda a força do Estado, que entretanto não ruge com igual ferocidade em relação às elites – não por acaso, império da branquitude.

Sim, a historicidade que perpassa do imposto da meia siza (que incidia sobre as transações comerciais internas, na venda de pessoas negras escravizadas) à reforma tributária recentemente aprovada pelo Congresso Nacional, nada houve, há, que remeta à implantação de relações tributárias, fiscais, equalizadoras do usufruto das riquezas socialmente produzidas pelo povo brasileiro, sendo certo que os arcabouços criados concorrem fortemente para a mantença do racismo como categoria estruturante do Brasil.

A coletânea ora apresentada traz contribuição de relevo a juristas, economistas, pensadoras e pensadores em geral, que guardam alguma espécie de compromisso com a justeza das relações econômicas, políticas, sociais, culturais, ambientais, ao enfrentar matéria tão pouco debatida por olhares da exclusão, na perspectiva de vermos alcançado o ideário da Constituição da República Federativa de um Brasil justo, solidário, sem miséria, sem as iniquidades erguidas e mantidas substancialmente por um perverso sistema tributário.

Vera Lúcia Santana Araújo
Ministra Substituta do Tribunal Superior Eleitoral

RAÍZES E FRUTOS DA DESIGUALDADE ECONÔMICO-RACIAL NO BRASIL

Beatriz de Almeida

Advogada, professora, cientista social, CEO e fundadora da Amefrikana | Balm Consultoria, com especialização em Direito Tributário e Cível. Pós--graduada em Educação em Direitos Humanos pela UFABC, mestranda em Humanidades, Direitos e Outras Legitimidades na Universidade de São Paulo (USP)

Este ensaio propõe examinar aspectos cruciais da relação entre tributação e raça no Brasil, com foco nos impactos do sistema tributário na desigualdade racial. Para tanto, será feita uma análise dos contextos históricos que moldaram a estrutura social e política atual, desde os primórdios do período colonial até a era contemporânea da Nova República. Esse contexto histórico será fundamental para compreender como as disparidades sociais e econômicas se manifestam, especialmente no que diz respeito aos tratamentos desiguais que têm sido perpetuados ao longo da história para com a população negra. Antecipo às pessoas leitoras que neste ensaio rejeito o formalismo acadêmico que negligencia as experiências negras, que fala em latim, mas não reconhece o quimbundo ou o iorubá. Aqui, tenho a liberdade editorial de abordar o tema sem restrições, sem as regras que apenas mantêm o ipo ịṣe, realizando críticas que não propõem mudanças significativas. A seguir, apresento alguns fragmentos históricos legislativos tributários, fiscais e econômicos que remontam à Idade do Ouro, abrangendo principalmente os períodos colonial, imperial e República Velha.

Segundo arquivos do Senado Brasileiro, a Lei de 7 de novembro de 1831 proibiu o tráfico de escravos e emancipou os africanos, mas nunca foi efetivamente cumprida: "Art. 1º Todos os escravos que entraram no território ou portos do Brasil, vindos de fora, ficam livres". Apesar da ilegalidade do tráfico declarada desde novembro de

1831, a lei não foi eficaz, permitindo que negros africanos continuassem a ser desembarcados e comercializados no Brasil. Esse cenário evidencia a negligência e a cumplicidade de certos grupos que lucraram com a manutenção da escravidão ilegal, e essa conduta revela não apenas a hipocrisia da elite escravocrata mas também a brutalidade de um sistema que priorizava o enriquecimento a qualquer custo, ignorando completamente qualquer resquício de humanidade das pessoas exploradas, conforme estudo de Guilherme Vilela Fernandes intitulado "Tributação e escravidão: o imposto da meia siza sobre o comércio de escravos na província de São Paulo (1809-1850)"[1].

Em meados de 1714, um imposto foi introduzido e aplicado sobre escravos – termo jurídico usado à época – destinados a Minas Gerais, advindos de Pernambuco, Bahia e Rio de Janeiro. Os direitos sobre escravos que se despachavam para as minas eram cobrados com a contribuição decorrente do alvará de 3 de março de 1770. A meia siza não foi uma exceção no ano de 1871. Com a Lei n. 1811, de 10 de outubro de 1871, foi estabelecido um imposto que incidia sobre escravos empregados na mineração de ouro. Algum tempo depois, em 1875, com a Lei Orçamentária n. 218124, de 25 de novembro, foi estabelecida uma taxa sobre o registro de escravos. É intrigante notar a forma como a figura do negro foi e ainda é instrumentalizada na sociedade, especialmente quando consideramos o papel social que lhe foi atribuído ao longo da história.

O Estado-Nação Brasil criou para o negro uma condição que vai além da subserviência ou servidão; trata-se de uma completa desumanização utilizada como instru-

1 FERNANDES, Guilherme Vilela. **Tributação e escravidão**: o imposto da meia siza sobre o comércio de escravos na província de São Paulo (1809-1850). Almanack Braziliense, [s. l.], n. 2, p. 102-113, nov. 2005. Disponível em: https://revistas.usp.br/alb/article/view/11622/13391. Acesso em: 11 set. 2024.

mento para servir e beneficiar os brancos. Um exemplo disso é a meia siza, o imposto que recaía sobre a compra e venda de escravos, ou seja, além de lucrar com a exploração da mão de obra, das habilidades técnicas e dos conhecimentos das pessoas escravizadas, também se beneficiava da venda e do recolhimento de impostos sobre eles. É imprescindível destacar que a meia siza não foi ampliada ao tráfico de escravizados, pois, nessa época, muitos embargos da Inglaterra e pressões internacionais já estavam sendo feitas, tornando essa prática ilegal e, portanto, não passível de arrecadação. Ao analisarmos o passado, podemos perceber como as elites econômicas, que acumularam suas fortunas através do trabalho do negro escravizado e não por mérito próprio, tentam fazer parecer, continuam lutando incessantemente para voltar a um momento histórico de desumanização do trabalhador e supressão de seus direitos. É uma consequência das influências deixadas pela escravidão e pelo colonialismo, que mantêm as sociedades contemporâneas presas e reproduzindo os padrões mentais e as dinâmicas relativas às relações sociais.

Um ponto crucial que merece destaque é o surgimento do Banco do Brasil, fundado em 12 de outubro de 1808. Esse banco, além de arrecadar os impostos mencionados anteriormente, possui uma estreita relação com a escravidão, tanto em sua criação quanto em sua operação inicial. Surgindo em um contexto de escassez de crédito e moeda no Império Português, o Banco do Brasil tinha como principal função o financiamento público. No entanto, sua origem e base financeira revelam uma ligação direta com a economia escravista da época.

Após a proclamação da independência em 1822, o Brasil enfrentou a urgente necessidade de reorganizar sua máquina administrativa diante de uma profunda crise econômica, agravada pelo aumento das importações e pela diminuição das exportações. O sistema tributário, nesse contexto, revelou-se precário, carente de uma estruturação eficiente das receitas e despesas. Os tributos eram injustamente distribuídos, refletindo um quadro tributário herdado do período colonial que não apenas limitava, mas sufocava o crescimento da nação. Esses aspectos evidenciam como práticas tributárias injustas e desumanas foram perpetuadas ao longo do tempo, impactando diretamente no desenvolvimento econômico e social do país.

Assim, a meia siza emergiu como a principal fonte de arrecadação. No entanto, inicialmente, a transação de escravos era realizada por meio de contratos privados entre compradores e vendedores, o que facilitava práticas de sonegação. Diante desse cenário, em 1842, Miguel de Souza Mello Alvim propôs uma solução: a obrigatoriedade de que todas as transações fossem formalizadas por escritura pública, sob pena de nulidade. Essa medida visava coibir a evasão fiscal e conferir mais transparência ao mercado de escravos, revelando as complexidades e as contradições de um sistema baseado na exploração e na desumanização de seres humanos, cujas ideias inovadoras objetivavam garantir o acúmulo de patrimônio.

No momento da abolição da escravatura, surgiram preocupações de outra natureza nas casas legislativas. O destaque recaía sobre as discussões em torno da indenização do Império aos antigos proprietários de escravos. Paralelamente, havia uma preocupação recorrente com qual seria a destinação dos libertos, uma vez que se argumentava que poderiam representar um problema social. Essas preocupações foram embasadas por teorias pseudocientíficas que, na época, desfrutavam de considerável credibilidade e respeito entre a elite.

Já na última década do século XIX, surgiu a primeira lei de cotas brasileira, que tinha por finalidade institucionalizar o racismo no pós-escravidão, afastando a ideia de que o problema social do negro, alimentado pelo branco, se limitava ao período escravocrata. Muitos dos recursos públicos foram direcionados para essa política, como podemos ver em trechos como: "Os imigrantes, que se acharem nestas circunstâncias, terão, quando solicitarem, além da passagem necessária, o auxílio de 50$ a 150$, conforme o número de pessoas da família, para as despesas de viagem e instalação". Aqui, percebemos claramente a discrepância entre os tratamentos dados aos imigrantes europeus e aos negros libertos.

A Lei de Imigração de 1890, curiosamente, não criou impostos, mas sim estabeleceu incentivos. Grande parte das receitas que financiaram o branqueamento do Brasil derivou do comércio (venda e compra) de escravos, da mão de obra explorada que possibilitou a venda dos produtos manufaturados e dos minérios, além da arrecadação de todos os impostos decorrentes dessas transações comerciais que só existiam pela instrumentalização do negro. A economia brasileira se alicerçou na escravidão, beneficiando os brancos que já estavam no país e os que viriam nas décadas posteriores, perpetuando seus muitos privilégios.

Destaco, portanto, como o comércio de escravos foi lucrativo para o Brasil, contribuindo não apenas para a construção material do país mas também para os lucros e tributos gerados a partir do status social dos negros, que eram considerados bens e, portanto, passíveis de tributação. Esse modelo de negócio, antigo e desumano, perdura até os dias atuais, refletindo-se nos inúmeros casos de trabalhadores em condições análogas à escravidão, nos subempregos e no aumento do número de milionários no país. Afinal, em quantas pessoas abaixo da linha da pobreza se alicerça um milionário?

Ainda nesta linha, o Código de Posturas da Província de São Paulo de 1886, que permaneceu em vigor após 1888, estabelecia que cada escravo trazido de fora e vendido no município de Bananal seria sujeito ao pagamento de imposto, sob pena de multa, conforme o artigo 164. Esse código não só regulava aspectos fiscais mas também delineava o tratamento dado aos escravos, que se tornariam negros libertos e cujas desigualdades ainda reverberam na sociedade contemporânea. Por exemplo, o artigo 70 proibia jogos entre escravos, enquanto o artigo 71 especificava a proibição do jogo de búzios. Além disso, os comerciantes eram limitados em sua interação com escravos, restringindo-se ao necessário para concluir negócios, e os escravos não podiam permanecer por muito tempo nos estabelecimentos comerciais. Essas normas suscitam reflexões sobre como práticas históricas moldaram a sociedade atual, incluindo eventos como a perseguição e até a morte por asfixia e espancamento de pessoas negras, por estarem "muito tempo" em estabelecimentos comerciais.

Nesse contexto, reitero que o "modelo de negócio" persiste até os dias atuais. Segundo a obra *Perfil dos principais atores envolvidos no trabalho escravo rural no Brasil*[2], da OIT, divulgada em 2011, 92% dos trabalhadores entrevistados foram vítimas de trabalho infantil, iniciando em média aos 11 anos, com cerca de 40% começando antes dessa idade. Além disso, a pesquisa revelou que quase 70% dos entrevistados iniciaram o trabalho no ambiente familiar, uma realidade comum na zona rural. Além de tal constatação, outras construções interseccionais decorrem da pesquisa, que aponta para o perfil da pessoa submetida ao trabalho precário, como, por exemplo, a racialidade composta de maioria de pessoas negras, seguida de pessoas de ascendência asiática, refugiados e migrantes em situação de vulnerabilidade vindos das Américas Central e do Sul e do continente africano. Ainda, em sua maioria os trabalhadores são aliciados para o labor em contexto rural, embora fiscalizações recentes

2 ORGANIZAÇÃO INTERNACIONAL DO TRABALHO. **Perfil dos principais atores envolvidos no trabalho escravo rural no Brasil**. Brasília, DF: OIT, 2011. E-book. Disponível em: https://www.ilo.org/sites/default/files/wcmsp5/groups/public/@americas/@ro-lima/@ilo-brasilia/documents/publication/wcms_227533.pdf. Acesso em: 11 set. 2024.

tenham resgatado cada vez mais pessoas em tais condições em contexto urbano.

Voltando à cronologia, o investimento do Estado em políticas racistas não se limitou à lei de imigração. A Constituição Federal, ou melhor, a Carta de 1934 também incentivou a educação eugenista. Para tanto, direcionou recursos públicos tanto para propagar a eugenia quanto para efetivar essa ideologia. Esse movimento, embora disfarçado de ciência, tinha como objetivo justificar a inferioridade de certos grupos raciais e promover a ideia de uma suposta superioridade racial, influenciando diretamente a economia ao legitimar a exploração e a exclusão de determinados grupos, como as pessoas negras. A eugenia foi uma ideologia que ganhou força no início do século XX, especialmente nos países ocidentais, defendendo a melhoria da raça humana por meio de práticas seletivas que visavam promover características consideradas desejáveis e eliminar aquelas consideradas indesejáveis. No Brasil, a eugenia teve grande influência no pensamento científico e político da época, sendo difundida em diversos setores da sociedade, incluindo a educação: Monteiro Lobato, conhecido escritor, também manifestou ideias eugênicas em algumas de suas obras e correspondências, sugerindo políticas de branqueamento da população brasileira. Assim como outros eugenistas brasileiros, como Renato Kehl, médico e político brasileiro que defendeu ideias eugênicas, chegando a propor leis de esterilização de pessoas consideradas "defeituosas". Oliveira Vianna, jurista e sociólogo, foi outro proeminente eugenista brasileiro que induziu o pensamento político e social da época com suas teorias sobre a formação da sociedade brasileira.

Sem dúvida, a influência da eugenia na economia pode ser observada na forma como essa ideologia justificava a exploração e a exclusão de determinados grupos sociais, em especial negros e indígenas, sob a falsa premissa de que esses grupos eram biologicamente inferiores. Isso resultou em políticas públicas discriminatórias e em uma estrutura social que perpetuava e naturalizava biologicamente a desigualdade, a escassez, a exclusão social e a marginalização desses grupos, contribuindo para a manutenção de um sistema econômico baseado na exploração e na divisão racial.

Mais adiante, no cenário efervescente da São Paulo dos anos 50, Carolina Maria de Jesus testemunhou e registrou em seus escritos transformações marcantes, como a migração nordestina para as favelas e o aumento constante dos preços, fruto das políticas desenvolvimentistas implementadas no país durante a presidência de Juscelino Kubitschek (1956-1961). Essas mudanças, notáveis na segunda metade da década de 50, tiveram impactos diretos na cidade e estão intrinsecamente ligadas ao Programa de Metas. A implantação do Programa de Metas foi um marco na história do planejamento governamental brasileiro, sendo a primeira experiência efetiva nesse sentido. Esse programa, embora não abrangente, direcionou esforços para setores específicos da economia, como energia, transporte, indústria de base, alimentação e educação. A instalação da indústria automobilística na região de São Paulo, por exemplo, impulsionou diversos setores da economia, criando 150.000 empregos no setor automotivo entre 1956 e 1960.[3]

No entanto, essas políticas não beneficiaram todos de forma igual. As mulheres negras, por exemplo, foram largamente excluídas dos novos postos de trabalho; as fotos divulgadas pela imprensa que noticiavam as inaugurações das fábricas, em sua maioria na capital e na região do ABC Paulista, revelam um exército de homens brancos – decorrentes de novos programas de governo que incentivavam a imigração branca – como operários e novos trabalhadores. O discurso do presidente na época

3 OLIVEIRA, Juscelino Kubitschek de. **Discursos proferidos no primeiro ano do mandato presidencial:** 1956. Rio de Janeiro: Departamento de Imprensa Nacional, 1958.

buscava associar o desenvolvimento econômico à superação das desigualdades sociais, mas, na prática, a população trabalhadora foi quem mais sofreu com salários defasados e condições precárias de vida. A falta de medidas para diminuir a pobreza e a desigualdade sofridas pela população negra fez com que esse período de "desenvolvimento" coincidisse com o aumento de territórios de favelas. A favelização se contrapunha à cidade, que se modernizava inspirada nos padrões europeus, com novas fábricas, ruas e estradas; as favelas e seus moradores eram deixados de lado, invisíveis para um governo que não os incluía em seus planos de urbanização e desenvolvimento.

Essa exclusão era reflexo de um racismo institucionalizado e pensado, que, ao contrário do "racismo cordial" brasileiro, era cruelmente segregador. O apartheid brasileiro, no que tange à urbanização e a territórios, foi projetado nas favelas, territórios majoritariamente negros. As políticas e os códigos legais da época impediam que a população negra desfrutasse dos mesmos direitos civis que os brancos, perpetuando assim a exclusão e a marginalização dessa comunidade.

E, por falar em favelização, desigualdade e pobreza, atualmente o Brasil adota Matriz de Incidência Tributária altamente regressiva. O Brasil enfrenta um cenário em que a carga tributária recai de forma desigual sobre a população. Isso ocorre devido à adoção de uma Matriz de Incidência Tributária na qual os contribuintes com menor capacidade contributiva acabam arcando com a maior parte dos tributos. Nesse contexto, os mais pobres, em sua maioria negros, acabam pagando proporcionalmente mais impostos do que os mais ricos, que são majoritariamente brancos. Isso acontece porque a tributação incide sobre o consumo de bens e serviços, o que faz com que os impostos pagos sejam iguais, independentemente de classe social, capacidade contributiva ou condição econômica do contribuinte.

Assim, uma das razões para essa situação é que os mais pobres destinam a maior parte de sua renda para a compra de bens e serviços básicos, enquanto também são mais propensos a exercer trabalhos precarizados e informais. Por outro lado, os mais ricos, em sua maioria brancos e parte do empresariado brasileiro, majoritariamente composta de brancos, recebem uma parcela significativa de sua renda por meio da distribuição de lucros e dividendos, que são isentos de impostos no país. Essa disparidade na incidência tributária contribui para aprofundar as desigualdades sociais e raciais no Brasil, tornando ainda mais urgente a necessidade de uma reforma tributária que promova mais justiça fiscal e distribuição de renda.

Em síntese, a relação entre tributação e raça no Brasil é marcada por uma história de desigualdades profundas, as quais se refletem até os dias de hoje. Ao longo dos séculos, o sistema tributário brasileiro tem sido injusto e regressivo. Esse cenário é resultado de um conjunto de políticas e práticas discriminatórias que remontam ao período colonial e que persistem, de diversas formas, na sociedade contemporânea. A análise desses aspectos históricos é fundamental para compreender como as disparidades sociais e econômicas se manifestam atualmente. Durante séculos, a população negra foi submetida a restrições legais severas e à exploração econômica, primeiro como escravos e depois como trabalhadores marginalizados. Mesmo após a abolição da escravatura, em 1888, o racismo institucionalizado continuou a moldar as políticas e práticas do Estado brasileiro, perpetuando a exclusão e a marginalização da comunidade negra.

Em conclusão, há um ciclo de desigualdade, no qual os mais pobres pagam mais impostos enquanto os mais ricos são beneficiados por uma estrutura tributária que os favorece. Romper este sistema inclui a revisão das políticas fiscais que penalizam pessoas negras, bem como a implementação de medidas que garantam uma tributação mais justa e equitativa para todos os cidadãos, independentemente de sua raça ou condição social. Em suma, a relação entre tributação e raça no Brasil é um reflexo das desigualdades históricas e contemporâneas que ainda persistem na sociedade brasileira. Para construir um país mais justo e igualitário, é fundamental enfrentar essas questões de frente, buscando políticas e práticas que promovam a inclusão e a equidade para todos os cidadãos.

BRASIL: UMA BREVE GENEALOGIA TRIBUTÁRIA SOBRE O CONSUMO*

Camila Scacchetti

Mestra e doutoranda em História Econômica pela Universidade de São Paulo (FFLCH-USP). Integrante do Hermes & Clio – Grupo de Estudos e Pesquisa em História Econômica (FEA-USP).

* Este texto representa uma síntese dos estudos desenvolvidos em “Do dízimo ao ICMS: raízes da tributação sobre o consumo” (Scacchetti, 2021).

Introdução

Na atualidade temos o entendimento de que uma das finalidades do tributo é a promoção do bem-estar social por meio de políticas públicas voltadas para esse fim. Todavia, devemos tomar cuidado para não cair nas armadilhas do anacronismo e adotar como regra geral que todos os períodos que nos antecederam obedeceram ao mesmo propósito.

Os tributos estão presentes na civilização desde a Antiguidade. Em cada época da história da humanidade, eles obedeceram a um objetivo específico, como culto às divindades, financiamento de guerras para defesa ou expansão territorial, manutenção da vida daqueles que exerciam o poder, ampliação do comércio internacional, entre outros.

De todo modo, mesmo ansiando objetivos distintos, isso não significa que no decorrer dos séculos não ocorreram discussões acerca de como promover o recolhimento tributário. Na medida em que as economias se desenvolveram, as nações passaram a promover debates sobre as bases de incidência tributária, sobre a produção e circulação de bens – tributos indiretos –, ou sobre as rendas e propriedades – tributos diretos. Tais discussões também estiveram presentes na formação e consolidação do fisco brasileiro.

Tecidas essas considerações, as linhas vindouras ocupar-se-ão em reconstruir os caminhos percorridos pela fiscalidade na América Portuguesa a partir do momento da sua colonização. Por meio das reflexões ora apresentadas, será possível averiguar as ferramentas tributárias inseridas no Brasil, suas transformações e seus processos de continuidade ou ruptura diante das novas realidades sociais e econômicas que se fizeram presentes no decorrer dos séculos.

A tributação na Colônia

O século XV é marcado pelas grandes navegações e descobertas de territórios ainda não civilizados, de acordo com o modelo de sociedade europeu vigente no período. Contudo, há que se frisar que as navegações tinham como objetivo primordial o comércio. "Em suma e no essencial, todos os grandes acontecimentos desta era a que se convencionou com razão chamar de 'descobrimentos', articulam-se num conjunto que não é senão um capítulo da história do comércio europeu" (Prado Júnior, 1995, p. 13). É neste contexto que os portugueses chegam à então nomeada "Ilha de Vera Cruz", no ano de 1500.

Em um primeiro momento, julgou-se que esta terra nada tinha a oferecer a não ser a exploração do pau-brasil. Tem-se início a extração da madeira mediante concessão da Coroa portuguesa[4]. Àquele cuja concessão era autorizada cabia o pagamento ao Erário luso de 20% da produção, o quinto, e a construção de fortificações ao longo da costa para a defesa do território.

A situação de aparente abandono das terras recém-conquistadas durou aproximadamente 30 anos. Diante das tentativas de invasão por nações inimigas, a Coroa portuguesa iniciou o processo de colonização de seu

4 "[...] a extração do pau-brasil foi desde o início considerada monopólio real. Para dedicar-se a ela tornava-se necessária uma concessão do soberano. [...] A primeira concessão relativa ao pau-brasil data de 1501 e foi outorgada a um Fernando de Noronha, [...] associado a vários mercadores judeus. A concessão era exclusiva, e durou até 1504" (Prado Júnior, 1995, p. 26). "Essa concessão significava que os interessados nessa atividade deveriam pagar ao rei português uma determinada quantia em dinheiro (ou em espécie), recebendo o direito de explorar a madeira por um determinado tempo" (Amed; Negreiros, 2000, p. 36).

território americano. Neste contexto, era preciso oferecer aos que se aventurassem a atravessar o Atlântico, e iniciar uma vida nova em território até então inóspito, oportunidade de ganhos e enriquecimento. É certo afirmar que o processo de colonização do Brasil está intimamente ligado ao cultivo e comércio do açúcar, bem como à exploração da mão de obra escrava e predominância dos grandes latifúndios.

Ao Erário luso coube a oportunidade de arrecadar[5] um percentual de toda a produção oriunda das terras brasileiras, além de tributar as mercadorias importadas e exportadas desses solos, inclusive o comércio oriundo do tráfico de escravos[6]. O principal imposto interno do Brasil Colônia era o dízimo[7], havendo a incidência de 10% sobre a mercadoria produzida. Referente às suas origens, a cobrança do dízimo consiste em uma prática portuguesa que remonta a tempos imemoriais da civilização:

> O tributo das sociedades antigas que mais raízes deixou foi o dízimo, que tem suas origens quase perdidas, pois entre

5 A Coroa adotou como mecanismo de arrecadação o arrendamento dos contratos tributários. Por meio dessa prática, agentes particulares eram os responsáveis pela cobrança dos tributos, devendo repassar ao Erário os valores previamente acordados em contrato; a diferença arrecadatória representava o lucro desses senhores. Tal prática de recolhimento foi predominante em todo o período colonial, pois raramente a Coroa promovia o recolhimento tributário por meio da administração direta, ou seja, por meio de funcionários régios. Essa temática é de fundamental importância para compreendermos uma substancial fonte de enriquecimento no período. Para o aprofundamento da questão, consultar Costa (2012).

6 "A ordem colonial e o caráter mercantil da escravidão moderna fizeram sempre do tráfico negreiro um dos ramos mais lucrativos do comércio colonial e uma importante fonte de rendimentos da Coroa portuguesa" (Costa, 2020, p. 172). Os impostos incidentes sobre o tráfico de escravos perduraram até o ano de 1831, dada a promulgação da lei de 7 de novembro. Na prática, o tráfico de escravos continuou até o ano de 1850, mas já não era mais possível ao Governo tributar essa atividade, considerada ilegal.

7 No período em pauta, o dízimo representou o principal mecanismo de recolhimento tributário, este incidia sobre outras mercadorias além do açúcar. Ademais, havia muitos outros tributos no Brasil que também incidiam sobre a produção e o comércio, como o estanco do sal, o estanco da baleia, o imposto sobre a aguardente, os impostos alfandegários, os incidentes sobre os escravos, entre outros. Para um maior detalhamento, consultar Scacchetti (2021).

> os hebreus, segundo a Lei Mosaica, deviam ser tributados os dízimos e primícias para o culto divino. Entre muitos povos antigos, prevalecera o costume de ofertar a décima parte dos bens da terra para o culto da divindade, ou seja, ao príncipe e ao sacerdote que o representava ou o ministrava. Dessa maneira, os dízimos estiveram presentes em quase todas as sociedades do Mundo Antigo. Daí que, no Egito, pagavam-se ao príncipe os dízimos dos produtos da terra, no tempo dos Ptolomeus, e provavelmente também na época dos antigos Faraós. Quando José anuncia ao Faraó sete anos de abundância a que se seguirão sete outros de carestia, ele lhe recomenda receber durante os sete primeiros anos o quinto dos produtos da terra, isto é, o duplo dízimo, na previsão do período seguinte, durante o qual não seriam possíveis os impostos (Amed; Negreiros, 2000, p. 21).

O direito de Portugal arrecadar os dízimos em suas possessões ultramar relaciona-se aos direitos do padroado adquiridos em tempos de lutas militares e da Reconquista, no século XII. As Ordens de cavalaria de São Tiago da Espada, a de São Bento de Avis e a dos Templários, esta última extinta em 1310 e tendo como herdeira a Ordem de Cristo, foram as Ordens militares responsáveis pelas vitórias lusas. Em contrapartida, seria incumbência da Coroa suprir as necessidades da Igreja, principalmente financeiras.

Na colônia brasileira, o dízimo representou um dos mais rentáveis mecanismos de recolhimento tributário da Coroa. Por esse motivo, os agentes particulares contratadores de tributos eram comumente chamados de "dizimeiros". Essa estrutura arrecadatória permaneceu praticamente inalterada durante os séculos XVI e XVII.

No século XVIII, por meio da descoberta e exploração das minas auríferas e de diamantes, o Brasil passou a contar com uma nova dinâmica. Nesse contexto, a atividade econômica interna ganhou destaque e a circulação de mercadorias entre as Capitanias adquiriu vida, fôlego e notoriedade. Diante dessa nova realidade, a estrutura tributária passou a contar com a arrecadação proveniente da circulação interna, além dos já mencionados dízimos, impostos alfandegários e tributação sobre o tráfico de escravos.

A Estrada Real, caminho que conduzia às regiões auríferas e diamantinas, transformou-se em um verdadeiro trajeto de recolhimento tributário. Nos muitos caminhos que conduziam às minas, eram muitos as Barreiras e Registros. Esses postos de arrecadação eram meticulosamente pensados e normalmente instalados em pontos estratégicos, pois tinham como função potencializar a arrecadação e inibir os descaminhos.

Os impostos incidentes sobre a circulação de pessoas e animais eram denominados passagens e eram coletados nas Barreiras. Os incidentes sobre as mercadorias, e coletados nos Registros, eram denominados entradas. Acerca da atuação dos Registros, estes se caracterizavam por serem "portos secos", cabendo a eles significativa importância nesta nova dinâmica tributária:

> Os Registros, estabelecimentos fiscais, verdadeiras alfândegas que, postadas à beira das vias terrestres ou fluviais, para os territórios auríferos do país, tinham por fim arrecadar os direitos de entradas naquelas regiões, direitos pertencentes à coroa, ora administrados pela Fazenda Real, ora arrematados por contratadores. Tiveram estes Registros, sem dúvida, importante função na história tributária do Brasil (Ellis, 1958, p. 436).

Por intermédio do Gráfico 1, podemos averiguar a representatividade dos principais tributos do período na Capitania de Minas Gerais: quintos, entradas e dízimos, respectivamente. Por mais que os valores demonstrados representem, "em princípio, e à exceção dos quintos de 1751 em diante, uma expectativa de receita, e não o montante efetivamente ingressado nos cofres da Fazenda Real" (Carrara, 2009, p. 8-9), não podemos negligenciar o fato de as entradas em muito contribuírem para a dinâmica fiscal da Capitania de Minas Gerais. Inclusive, uma análise mais cuidadosa demonstra que, a partir de meados da década de 1750, as entradas passaram a ter representatividade similar aos quintos. O posto de maior fonte arrecadatória entre estes dois impostos alterna-se durante quase três décadas. A partir de 1788, as entradas consolidaram seu lugar de pioneiras para não mais serem superadas, apresentando o quinto um comportamento decadente e contínuo até o final do período.

Gráfico 1 – Rendimento fiscal da Capitania de Minas Gerais: quintos, dízimos e entradas de mercadorias (1700-1820)

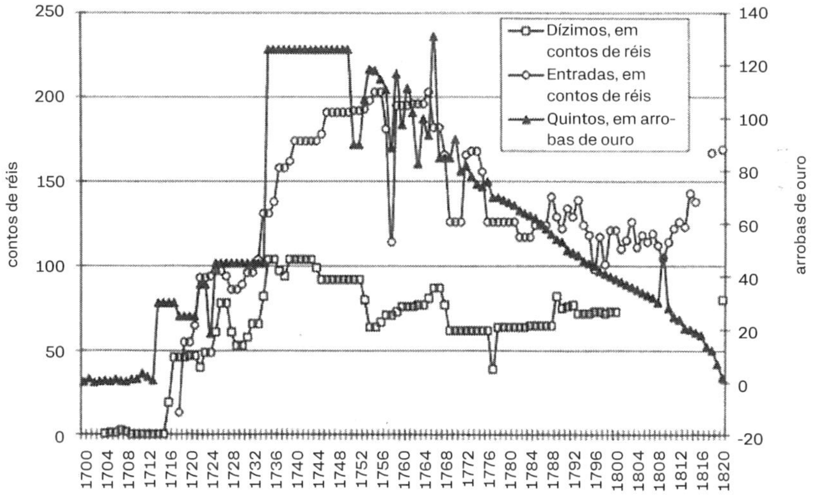

Fonte: Carrara, 2009, p. 8.

Sobre a base de incidência dos dízimos, necessitamos fazer uma importante observação quanto à sua característica em solos mineradores. Estes incidiam, preponderantemente, sobre a produção dos produtos que eram consumidos localmente e não sobre os gêneros destinados à exportação, como no caso de Bahia e Pernambuco:

> No que respeita aos dízimos do Brasil, deve-se fazer uma distinção fundamental: até o descobrimento do ouro nos anos finais do século XVII, os dízimos correspondiam fundamentalmente à produção dos gêneros agrícolas destinados à ex-

> portação (açúcar e tabaco, principalmente). O arrendamento se concentrava no eixo Bahia - Pernambuco, que representava 80% da produção exportável brasileira, ao passo que nas áreas mineradoras os gêneros sobre os quais incidia a cobrança eram os destinados ao abastecimento interno: milho, feijão e carnes, especialmente (Carrara; Santiró, 2013, p. 171).

Desta maneira, temos que, finda a prosperidade do período açucareiro, os dízimos passaram a ter mais relevância sobre a economia interna, algo que no período anterior não se observava. A tributação sobre a produção a ser consumida nas Gerais representou uma importante base de incidência desse imposto, que ainda figurava entre as maiores fontes de arrecadação, mas não mais a principal.

Somados aos dízimos e às entradas, havia os custos fiscais provenientes dos tributos alfandegários. "As Gerais começaram a importar gêneros de todas as espécies e qualidades, dando origem a importante comércio estabelecido com todos os pontos do Brasil, principalmente com o Rio de Janeiro" (Ellis, 1958, p. 446).

Nesse contexto, o Rio de Janeiro, de tímida e quase inexpressiva Capitania nos séculos iniciais da colonização, se consolidou como a principal porta de entrada e saída de mercadorias do Brasil. A importância econômica que o território carioca e sua Alfândega adquiriu promoveu, inclusive, a transferência da capital da Colônia de Salvador para o Rio de Janeiro no ano de 1763.

A nova realidade econômica e a riqueza gerada pela descoberta do ouro permitiram que a Colônia passasse a importar uma maior quantidade de mercadorias, quando comparado com o período açucareiro. Ademais, esse aumento no fluxo de comércio internacional promoveu os impostos alfandegários aos mais importantes mecanismos de recolhimento fiscal existentes na Colônia.

Sendo assim, seja por meio da tributação sobre a produção, sobre a circulação interna ou sobre as mercadorias importadas e exportadas da Colônia, em essência era o consumo a atividade econômica que gerava recursos fiscais ao Erário e aos contratadores de tributos. Essa foi a nota a reger a tributação brasileira durante os três séculos de seu período como colônia de Portugal.

A tributação no Império

Os conflitos bélicos presentes entre Inglaterra e França entre o final do século XVIII e início do XIX levaram a Corte portuguesa a se transferir para sua colônia brasileira. No ano de 1808, o soberano e todo o aparato administrativo, escoltados pela Marinha inglesa, instalaram-se no Rio de Janeiro. O impacto nas finanças públicas foi sentido por meio da necessidade de elevar a arrecadação tributária, visto o crescente dispêndio que toda essa estrutura exigia para sua manutenção.

Mesmo diante da precária situação financeira, os impostos de importação, principal mecanismo arrecadatório do período, tiveram suas alíquotas reduzidas por meio dos Tratados de 1810. Tal fato se deu mediante a "dívida de honra" contraída por D. João VI perante a Coroa inglesa, parceira comercial de Portugal e responsável pela defesa da Corte portuguesa no momento de sua transferência para o Brasil.

> A "abertura dos portos", decretada ainda em 1808, resultava de uma imposição dos acontecimentos. Vem em seguida os tratados de 1810, que transformam a Inglaterra em potência privilegiada, com direitos de extraterritorialidade e tarifas preferenciais extremamente baixas, tratados esses que constituirão, em toda a primeira metade do século, uma séria limitação à autonomia do governo brasileiro no setor econômico (Furtado, 2007, p. 143).

Diante de tais circunstâncias, e possivelmente sob a influência dos preceitos liberais econômicos que vigoravam em alguns países europeus e na América do Norte[8], alguns impostos cuja base de incidência recaía sobre a propriedade e a renda foram criados entre os anos de 1808 e 1812. Também é possível testemunhar a criação de ferramentas fiscais que mantinham a tradição em tributar o consumo e a circulação. Entre as novas rubricas, observamos:

> A cobrança de um imposto sobre os prédios urbanos (Alvará de 27/06/1808); um percentual (a sisa) sobre a venda dos bens de raiz (Alvará de 03/06/1809); a meia sisa dos escravos ladinos (Alvará de 03/06/1809)[9]; a décima ou selo de legados e heranças (Alvará de 17/06/1809); a taxa do selo de papel (Alvará de 17/06/1809); o imposto de 5 reis por libra de carne verde e o conjunto de impostos destinados a financiar o Banco do Brasil, criados pelo Alvará de 26/10/1812, incidindo sobre seges, as lojas abertas e as passagens dos rios (Costa, 2020, p. 58).

A arrecadação dessa nova base tributária se mostrou de difícil realização, dada a precária estrutura administrativa erigida no decorrer dos séculos. Em paralelo, não devemos perder

---

8 Em estudo seminal, Galvão e Hanley discorrem sobre as transformações ocorridas no decorrer do século XIX acerca dos fundamentos da tributação e das escolhas feitas pelos governantes. Nesse momento, ocorre "uma mudança importante e fundamental do chamado tax state – organizado para atender às demandas dos governantes do antigo regime – para o chamado fiscal state – organizado para atender às demandas financeiras dos regimes liberais emergentes [...]. Os novos preceitos tinham como base um maior investimento público com o capital humano e a infraestrutura. Para tanto, os regimes liberais buscaram expandir sua base de arrecadação, implementando reformas fiscais e [...] a criação de uma base tributária ampla e a cobrança de impostos sobre as principais fonte de riqueza – propriedade e renda [...]. Aquelas [nações] que não conseguiram implementar tais regimes, como Espanha e Portugal, normalmente evitavam tributar riqueza e renda, contando, em vez disso, com a tributação indireta regressiva ou recorrendo a fontes externas tradicionais de receita, tais como o comércio da era colonial" (Galvão; Hanley, 2022, p. 82).

9 A cobrança sobre a compra e venda dos escravos ladinos sempre suscitou muitos embates entre os proprietários de escravos e o Erário. Inúmeras foram as maneiras de burlar o imposto, inclusive não declarando devidamente a compra e venda ou efetuando a declaração a um valor menor. Sobre a temática, consultar Costa (2020), em especial o capítulo "Estratégias ladinas: o imposto sobre o comércio de escravos e os impasses da composição política, (1831-1850)".

de vista a presença dos contratadores particulares de tributos que ainda estavam presentes nos solos brasileiros. Desta maneira, "é importante ressaltar que o padrão de tributação não se altera e continua a ser baseado na taxação sobre a circulação de bens, pessoas e animais" (Galvão; Hanley, 2022, p. 86).

Ainda intentando melhorar a situação do Erário, em 1821 D. João VI deu início às primeiras medidas a fim de modificar as formas de cobrança e arrecadação do principal imposto incidente sobre a produção, o dízimo. Por meio do Decreto de 16 de abril de 1821, foi determinado que os dízimos que estivessem administrados – recolhidos diretamente pelos funcionários régios – deveriam ser cobrados na entrada das vilas; os dízimos exportados para outras Províncias deveriam ser cobrados nos Registros ou Alfândegas de portos secos, "para ser aplicado o seu produto às indispensáveis despesas das respectivas províncias"; e os dízimos do açúcar, algodão em rama, café, arroz, trigo e fumo,

> [...] que são os principais ramos de exportação e comércio exterior deste Reino do Brasil, passarão livremente pelas Alfândegas dos portos secos, e do mesmo modo entrarão nas cidades, vilas e povoações, ficando, porém, sujeitos ao pagamento do dízimo na ocasião do embarque dos mesmos gêneros (Brasil, 1821).

Pelo mesmo Decreto, estabeleceu-se que os dízimos que se encontrassem contratados não estariam sujeitos, até o final dos contratos, às novas formas de cobrança, e que não mais seriam permitidas prorrogações de contratos já vigentes. Por meio dessa medida, os dízimos deixariam de incidir sobre a produção e passariam a ser cobrados sobre a circulação das mercadorias. Tal Decreto encontrou dificuldades para ser implementado prontamente, devido aos conflitos de interesses e às reclamações dos agentes particulares que promoviam a cobrança dos tributos, levando quase uma década para que tal modificação se observasse.

Com o retorno de D. João VI a Portugal, temos o início do Primeiro Reinado. O período pouco avançou no sentido da construção de um sistema fiscal inovador, promovendo a continuidade dos tributos erigidos na época colonial. Contudo, algumas reformas administrativas no âmbito fazendário foram promovidas e viriam a favorecer as Províncias nas décadas seguintes[10]. Entre tais medidas, destacamos a criação dos Conselhos Gerais provinciais, por meio da Constituição de 1824[11], e a elaboração da primeira Lei Orçamentária do Império, no ano de 1830.

Com a abdicação de D. Pedro I, no ano de 1831, assumem o poder os políticos ligados às oligarquias provinciais que clamavam por mais autonomia das Províncias. Reformas importantes são realizadas no período, em especial a separação das rendas entre o cofre geral e os cofres provinciais, no ano de 1832[12].

Nesta ocasião, o governo geral toma para si as principais fontes de receita tributária, sobretudo os impostos de importação e exportação. Além de serem as mais rentosas, eram rubricas de fácil recolhimento[13]. Os tributos criados no período joanino foram transferidos para as Províncias, pois implicavam maiores dificuldades na sua cobrança. Mediante as reivindicações provinciais, no ano de 1835 os dízimos incidentes sobre os principais pro-

10 Para o aprofundamento dos debates ocorridos no período, os conflitos de interesses e as medidas implementadas, consultar Scacchetti e Galvão (2023).

11 Por meio da Lei n. 16, de 12 de agosto de 1834, os Conselhos Gerais foram transformados nas Assembleias Legislativas Provinciais.

12 Não devemos perder de vista o fato de que nesse momento assumem o comando da nascente nação as elites econômicas e políticas provinciais. Se, por um lado, esses senhores ansiavam por mais autonomia de suas Províncias, por outro, não desejavam ver suas propriedades e riquezas tributadas. Diante desse cenário, um amplo debate é promovido sobre a maneira como deveria se dar a tributação, se por meio dos impostos diretos ou indiretos. Optou-se pela continuidade da tributação indireta sobre o consumo. Para detalhamento da questão, consultar Aidar (2020).

13 Durante o Segundo Reinado, os impostos alfandegários representaram a principal fonte de recolhimento fiscal. Os impostos de importação pertenciam ao Cofre Geral. Essa situação se manteve durante todo o período, não ocorrendo em momento algum o compartilhamento dessa importante fonte de renda com as Províncias.

dutos exportados foram compartilhados entre os cofres geral e provinciais.

Por meio do Quadro 1 é possível analisar a pauta de exportações brasileiras no decorrer do século XIX.

Quadro 1 – Porcentagem sobre o valor das exportações (1821-1881)

Produtos	1821-30	1831-40	1841-50	1851-60	1861-70	1871-80	1881
Café	18,4	43,8	41,4	48,8	45,5	56,6	61,5
Açúcar	30,1	24,0	26,7	21,2	12,3	11,8	9,9
Algodão	20,6	10,8	7,5	6,2	18,3	9,5	4,2
Fumo	2,5	1,9	1,8	2,6	3,0	3,4	2,7
Cacau	0,5	0,6	1,0	1,0	0,9	1,2	1,6
Total	72,1	81,1	78,4	79,8	80,0	82,5	79,9

Fonte: Canabrava, 2005, p. 144.

Diante deste cenário econômico de renascimento agrícola, em união com o compartilhamento dos dízimos incidentes sobre a exportação, as Províncias agroexportadoras viriam a se favorecer nas décadas seguintes, em especial aquelas que se consolidaram como produtoras e exportadoras de café, como no caso paulista.

É certo que o café não compunha a única mercadoria a ser exportada pela Província de São Paulo, todavia foi graças à rubiácea que esse território testemunhou profundas transformações em sua economia, meios de transporte e finanças públicas. Por meio do Gráfico 2 é possível verificar a relação entre as exportações de café e a importância crescente que as receitas oriundas dos direitos de saída, antigos dízimos incidentes sobre a exportação, adquiriram no orçamento e na arrecadação paulista.

Gráfico 2 – Direitos de saída e exportação de café (de 1858-1859 a 1877-1878)

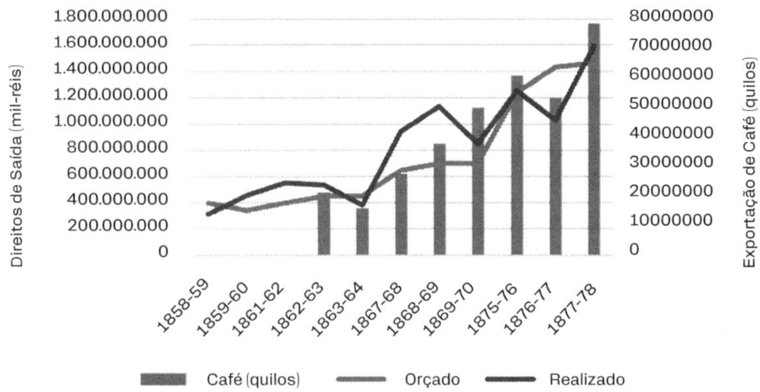

Fonte: Leis Orçamentárias Paulistas; Relatórios de Presidente de Província; Luna & Klein, 2019.

Em terras paulistas, os antigos dízimos adquiriram representatividade crescente nas finanças à medida que o café elevava sua importância na pauta de exportações. A partir do ano de 1840, a expectativa arrecadatória com esse único imposto somou 35% de toda a receita que se esperava recolher no respectivo ano financeiro. No decorrer das décadas, essa concentração se manteve, com uma leve elevação. No ano de 1889, os dízimos/direitos de saída representaram 45% da estimativa arrecadatória paulista (Scacchetti, 2021, p. 221).

Com a Proclamação da República, e a Constituição de 1891, os dízimos incidentes sobre a exportação foram integralmente transferidos para os estados, não ocorrendo mais o compartilhamento dessa fonte de receita com o Rio de Janeiro.

Novamente recorrendo à análise das leis orçamentárias paulistas, constatamos as transformações ocorridas na nomenclatura do antigo imposto denominado dízimo. Por meio das fontes primárias de pesquisa, foi-nos possível verificar a continuidade desse imposto secular inserido no Brasil nos primórdios da colonização, conforme demonstrado no Quadro 2.

Quadro 2 – Do dízimo ao ICMS, São Paulo

Ano	Nomenclatura apresentada na lei orçamentária
1835	Importância dos dízimos
1840	Direitos de saída da província denominados dízimos
1891	Direitos de exportação dos gêneros e mercadorias de produção do Estado
1904	Direitos de exportação do café
1911	Direitos de exportação
1916	Imposto de exportação
1935	Imposto sobre vendas e consignações - IVC
1967	Imposto sobre circulação de mercadorias - ICM
1989	ICMS

Fonte: São Paulo [2023].

Desta maneira, temos que, no decorrer dos séculos XIX e XX, os antigos dízimos sofreram transformações em sua base de incidência, bem como em sua nomenclatura. Se até a década de 1820 os dízimos incidiam diretamente sobre a produção, a partir do Decreto de 16 de abril de 1821 foi determinado que esse imposto deveria passar a tributar a circulação, interna e externa, de mercadorias.

A partir de 1835, com o compartilhamento dos dízimos incidentes sobre a exportação entre o Erário geral e provincial, os dízimos representaram importante fonte de receita para as Províncias inseridas na dinâmica econômica agroexportadora. Tomamos o caso paulista como estudo para essa constatação.

No decorrer dos séculos, os antigos dízimos foram paulatinamente se transformando naquele que hoje se denomina ICMS – imposto sobre a circulação de mercadorias e serviços de transporte interestadual, intermunicipal e comunicações[14]. Em suma, em nossos pouco mais de 500 anos de construção histórica, econômica

---

14 Devemos salientar que essa constatação se dá mediante a análise da base tributária da província e, posteriormente, estado de São Paulo. Seria imprudente de nossa parte fazer a mesma afirmação para os demais estados brasileiros sem efetuar o exame de suas estruturas tributárias e as transformações sofridas por elas no decorrer do tempo.

e fiscal, a opção dos governantes foi adaptar a estrutura tributária diante das novas realidades impostas, mas sem nunca reformar as suas raízes.

REFERÊNCIAS BIBLIOGRÁFICAS

AIDAR, Bruno. Imposto. In: AIDAR, Bruno; SLEMIAN, Andréa; LOPES, José Reinaldo Lima (org.). **Dicionário histórico de conceitos jurídico-econômicos (Brasil, Séculos XVIII-XIX)**. São Paulo: Alameda, 2020. v. 1, p. 461-494.

AMED, José Fernando; NEGREIROS, Plínio José Labriola de Campos. **História dos tributos no Brasil**. São Paulo: Sinafresp, 2000.

BRASIL. **Decreto de 16 de abril de 1821**. Determina que os dizimos e miunças sejam cobrados nas entradas de cidades e villas do Brazil, e os não collectados na sahida para fóra do Reino. Rio de Janeiro: [Palácio de São Cristóvão], 1821. Disponível em: https://www.planalto.gov.br/Ccivil_03/Atos/dim/1821/DIM-16-4-1821-1.htm#:~:text=DIM%2D16%2D4%2D1821%2D1&text=Determina%20que%20os%20dizimos%20e,sahida%20para%20f%C3%B3ra%20do%20Reino. Acesso em: 11 set. 2024.

CANABRAVA, Alice Piffer. **História econômica**: estudos e pesquisas. São Paulo: Hucitec: ABPHE: Editora Unesp, 2005.

CARRARA, Ângelo Alves. **Receitas e despesas da Real Fazenda no Brasil, século XVIII**: Minas Gerais, Bahia, Pernambuco. Juiz de Fora: UFJF, 2009.

CARRARA, Ângelo Alves; SANTIRÓ, Ernest Sánchez. Historiografia econômica do dízimo agrário na Ibero-América: os casos do Brasil e Nova Espanha, século XVIII. **Estudos Econômicos**, São Paulo, v. 43, n. 1, p. 167-202, jan./mar. 2013.

COSTA, Bruno Aidar. **A vereda dos tratos**: fiscalidade e poder regional na Capitania de São Paulo, 1723-1808. 2012. Tese (Doutorado em História Econômica) – Universidade de São Paulo, São Paulo, 2012.

COSTA, Wilma Peres. **Cidadãos e contribuintes**: estudos de história fiscal. São Paulo: Alameda, 2020.

ELLIS, Myriam. Contribuição ao estudo do abastecimento das zonas mineradoras do Brasil no século XVIII. **Revista de História**, São Paulo, v. 17, n. 36, p. 429-468, 1958.

FURTADO, Celso. **Formação econômica do Brasil**. 34. ed. São Paulo: Companhia das Letras, 2007.

GALVÃO, Luciana Suarez; HANLEY, Anne Gerard. Fiscalidade no Brasil Império: a manutenção de privilégios e o legado da desigualdade. **Revista USP**, São Paulo, n. 132, p. 79-100, jan./mar. 2022.

LUNA, Francisco Vidal; KLEIN, Herbert. **História econômica e social do estado de São Paulo**, 1850-1950. São Paulo: Imprensa Oficial do Estado de São Paulo, 2019.

PRADO JÚNIOR, Caio. **História econômica do Brasil**. 42. ed. São Paulo: Brasiliense, 1995.

SÃO PAULO. **Lei Orçamentária da Província de São Paulo**. [2023]. Disponível em: https://app.al.sp.gov.br/acervohistorico/. Acesso em: 04. out. 2024.

SÃO PAULO. **Relatório do presidente de Província**. [2023]. Disponível em: http://ddsnext.crl.edu/titles/186. Acesso em: 1º mar. 2023.

SCACCHETTI, Camila. **Do dízimo ao ICMS**: raízes da tributação sobre o consumo. Belo Horizonte: Dialética, 2021.

SCACCHETTI, Camila.; GALVÃO, Luciana Suarez. Autonomia tributária e capacidade de arrecadação: Província de São Paulo na segunda metade do Oitocentos. **História Econômica & História de Empresas**, [s. l.], v. 26, n. 3, p. 694-750, 2023.

REGRESSIVIDADE TRIBUTÁRIA E DESIGUALDADE RACIAL NO BRASIL: A COR DA MATRIZ TRIBUTÁRIA BRASILEIRA

Leonardo Queiroz
Valcir Gassen

Advogado, mestre em Direito, Estado e Constituição pela Universidade de Brasília (UnB), especialista em Direito Processual Tributário.

Professor associado da Universidade Federal de Santa Catarina (UFSC). Mestre e doutor pela UFSC, com estudos de pós-doutorado na Universidade de Alicante, na Espanha, e na Thomas Jefferson School of Law, nos EUA.

Introdução

Em uma época em que predomina um espaço desterritorializado pela hiperinformação e o fetichismo da tecnologia libertária, em um processo crescente de alienação, é de fundamental importância pensarmos o fenômeno da tributação e a questão racial, pois o fenômeno da tributação tem "cor".

Sabe-se que uma matriz tributária de um determinado país é o resultado das escolhas feitas no campo da ação social no que tange ao fenômeno da tributação. Em outras palavras, é o resultado das escolhas que fazemos, por um lado, de quem é que se cobram os tributos, e, por outro lado, com quem é que se gasta. Neste sentido, a matriz tributária é altamente regressiva, isto é, cobra-se proporcionalmente mais das pessoas com menor capacidade contributiva e se gasta mais com as pessoas com maior capacidade contributiva.

O debate sobre justiça tributária tem ganhado novos contornos no Brasil, especialmente quando o objetivo é a identificação, a denúncia e a tentativa de combater a regressividade. É do conhecimento de parcela minoritária de estudiosos da área do Direito, sobretudo do ramo da tributação (Gassen, 2012; D'Araújo, 2021; Kinchescki, 2012; Nunes, 2019), mas também da economia (Hora; Nogueira, 2023; Zockun, 2016), que a regressividade é uma característica deletéria da matriz tributária brasileira, e necessita ser urgentemente combatida.

O esforço desses pesquisadores e pesquisadoras citadas, além de outros, tem contribuído significativamente para o debate sobre a regressividade tributária ganhar cada vez mais espaço. Percebe-se inclusive, entre outros motivos, pela preocupação do governo brasileiro, a essencialidade de, num determinado momento, criar um grupo de trabalho para analisar a matriz tributária com foco na equidade.

No entanto, carece-se de mais estudos que analisem as consequências da regressividade tributária para a população negra. Isso porque, como a regressividade se caracteriza por uma maior incidência tributária em face à renda dos contribuintes com menor capacidade objetiva, parece imperioso, na realidade brasileira, observar qual a raça que predomina entre os mais pobres. Produzir análises sobre desigualdade, pobreza e tributação no Brasil, sem considerar o elemento racial, torna a abordagem incompleta e, às vezes, "ideologicamente incompleta".

Diante disso, procura-se neste trabalho de pesquisa demonstrar que um dos principais responsáveis pela carência de equidade na tributação é a regressividade, analisando os tributos diretos e indiretos, e as consequências de tais iniquidades na construção das desigualdades raciais.

Tributação e equidade

Diante da importância do tema, a partir do ano de 2003, o Conselho de Desenvolvimento Econômico e Social (CDES), da Presidência da República, passou a acompanhar o comportamento da matriz tributária brasileira.

Em 2008, o Observatório da Equidade do CDES iniciou um trabalho de análise da tributação nacional, tendo como foco a justiça social. Por conta disso, realizou um importante debate entre conselheiros, especialistas e organizações participantes da Rede de Observação, com o ensejo de analisar os problemas existentes na estrutura tributária brasileira, a fim de contribuir com a construção de um sistema mais justo, simples, racional, progressivo e estimulador da produção e do emprego.

O documento de título "Indicadores de equidade do sistema tributário nacional: relatório de observação n. 1" foi publicado no ano de 2009. Conforme se observa na leitura do referido documento, as desigualdades ocupavam lugar central entre os grandes e complexos problemas a serem enfrentados pelo Brasil na construção de um desenvolvimento sustentável. Esse relatório, dedicou-se, além de outras coisas, a identificar os problemas existentes na matriz tributária brasileira.

Dando continuidade ao monitoramento da tributação nacional, o Conselho de Desenvolvimento Econômico e Social apresentou ao presidente, em junho de 2010, uma agenda para o novo ciclo de desenvolvimento. Na ocasião, foram escolhidos como eixos estratégicos a realização da reforma tributária, com foco na correção da desigualdade, e o estímulo à produção e ao investimento. Esse relatório, que desta vez recebeu o título de "Indicadores de iniquidade do sistema tributário nacional: relatório de observação n. 2", indicou a permanência dos problemas existentes na estrutura tributária brasileira apresentados pelo CDES no Relatório de Observação n. 1, assim como pelos demais relatórios, pareceres e moções elaborados pelo aludido conselho. Nesse sentido, no segundo documento, o CDES reafirmou os enunciados anteriores no que se refere à necessidade de a Reforma Tributária ser direcionada a garantir uma tributação equânime.

Vale observar, antes de dar continuidade à discussão do conteúdo de ambos os relatórios, a existência de uma pequena diferença nos títulos dos respectivos documentos. O relatório inicial promete cuidar dos indicadores de equidade do Sistema Tributário pátrio, ao passo que o relatório de número dois destina-se a observar a iniquidade do sistema. Os indicadores de equidade demonstraram exatamente o contrário, que a tributação brasileira está bem longe de ser justa. Inclusive, vale destacar que, já no primeiro relatório, o Conselho de Desenvolvimento Econômico e Social (2009) fez questão de trazer a diferença conceitual entre desigualdade e iniquidade, pois a primeira expressão não significa necessariamente um julgamento moral sobre as diferenças encontradas na realidade social. Entretanto no termo iniquidade há juízo de valor sobre as desigualdades, denota a ideia de que essas diferenças não deveriam existir, por serem injustas, desnecessárias e evitáveis.

Diante disso, para o Conselho de Desenvolvimento Econômico e Social, "a equidade busca projetar-se como um sentido superior de justiça. E as políticas orientadas pela equidade buscam construir igualdade mediante a superação das injustiças" (2009, p. 13).

Feitas essas observações, o que se percebe ao analisar os relatórios é que eles partem de premissas idênticas. Conforme ambos, a matriz tributária nacional é injusta, haja vista ser regressiva, pois a sua carga tributária é mal distribuída; é baixo o retorno social dispensado, em comparação com a carga tributária; as escolhas políticas no campo tributário desestimulam o investimento privado nas atividades produtivas e na geração de emprego; há um descompasso na relação entre o pacto federativo e as suas competências tributárias, responsabilidades e territorialidades; e, por fim, não há cidadania tributária. Desta forma, conclui-se que o Estado brasileiro reconhece que a matriz tributária por ele elaborada, manuseada e mantida não cumpre os ditames constitucionais da igualdade.

As conclusões trazidas nos referidos relatórios nasceram da interpretação de dados disponibilizados pelo Instituto Brasileiro de Geografia e Estatística (IBGE), pelo Departamento Intersindical de Estatística e Estudos Socioeconômicos (DIEESE), pela Receita Federal do Brasil, pela Secretaria do Tesouro Nacional e pela Escola Superior de Administração Fazendária (Esaf), estas duas últimas pertencentes ao Ministério da Fazenda. Faz-se importante destacar quais os dados que embasaram os documentos em comento, para demonstrar que foram informações fornecidas por órgãos estatais, o que inviabilizaria suspeitas sobre a idoneidade dos subsídios utilizados.

Três argumentos, entre os utilizados nos relatórios, sintetizam com precisão as iniquidades identificadas na matriz tributária. O primeiro refere-se a um dado do ano de 2004, que visa demonstrar a injustiça da tributação brasileira, destacando que a distribuição da carga tributária desrespeita o princípio da equidade. Apontam os relatórios que pessoas que possuíam renda mensal de até dois salários mínimos gastavam 48,8% do que ganhavam com o pagamento de tributos, já o peso da carga tributária para as famílias com renda superior a 30 salários mínimos correspondia a 26,3% dos seus rendimentos mensais. Em 2008, informou Nunes (2019) que, conforme levantamento realizado pelo Ipea, esses índices subiram respectivamente para 53,9% e 29%.

Observa-se que em um curto período houve um significativo aumento do impacto da carga tributária no orçamento das famílias brasileiras, independentemente da classe social em que cada uma delas estivesse situada. Fato este que não passou despercebido por Cleucio Nunes (2019, p. 161), ao observar que, "em quatro anos de razoável crescimento econômico no país (2004 a 2008), a carga tributária sobre os mais pobres aumentou 5,1 pontos percentuais e 2,7 pontos percentuais para os mais ricos". O aumento do ônus tributário para as pessoas mais pobres foi de quase o dobro em comparação com os mais ricos, situação que afasta ainda mais a Matriz Tributária do princípio constitucional da progressividade.

As injustiças no campo tributário se manifestam, como bem observado por ambos os relatórios até aqui citados, de variadas formas, entretanto o presente trabalho limitar-se-á a debater o aspecto regressivo da tributação pátria. Os relatórios apresentados pelo Observatório de Equidades do CDES, ao cuidar da regressividade, lastreiam-se principalmente na Pesquisa de Orçamentos Familiares – POF (2003-2004), realizada pelo IBGE. Além dessa pesquisa, optou-se por utilizar apenas dados secundários. Assemelhando-se à escolha feita por Maria Helena Zockun (2016, p.1), quando versou sobre o mesmo tema e decidiu utilizar apenas dados secundários, por entender que esta opção em nada prejudicaria o alcance dos objetivos ora propostos. Entende-se que cada informação aqui reproduzida é suficiente para ilustrar o argumento que está sendo desenvolvido, pois os dados selecionados são válidos e adequados.

Como o intuito de perceber se a regressividade observada se mantém ao longo dessas duas décadas, decidiu-se comparar as Pesquisas de Orçamento Familiar realizadas até o momento. Além da já citada POF (2003-2004) e da POF (2008-2009), que lastreiam os Relatórios de n. 1 e 2 do CDES, utilizar-se-á dados da POF (2017-2018), por ser a mais atual até o momento em que este trabalho está sendo confeccionado. A escolha se justifica por serem as três últimas edições da POF, realizadas para todo o Brasil, urbano e rural (Carvalho Júnior, 2021, p. 7). Outro fator que legitima a referida escolha é o de utilizar pesquisas com a mesma metodologia, contribuindo para uma melhor comparação entre os respectivos resultados.

A partir de agora, tem-se como objetivo demonstrar, utilizando-se principalmente as Pesquisas de Orçamentos Familiares, que a regressividade da Matriz Tributária atinge sobretudo as famílias chefiadas por pessoas negras, que suportam proporcionalmente mais carga tributária, especialmente por serem maioria entre as mais pobres. Um motivo para avaliar a regressividade dos tributos, conforme apontam Jefferson da Hora e José Ricardo Nogueira (2023), é por ser a renda ou consumo costumeiramente utilizados como indicadores de bem-estar[15] – uma distribuição da carga tributária regressiva, por óbvio, onera ainda mais a renda das famílias mais pobres. De início, é válido comparar como se comportou a distribuição da carga tributária bruta de acordo com as faixas de renda, esta medida por salários mínimos.

15 Jefferson da Hora e José Ricardo Nogueira (2023) utilizam uma função de bem-estar social como a de Atkinson (1970): quanto maior a regressividade, menor o valor da função, logo, do bem-estar.

Figura 01 – Comparativo da Distribuição da Carga Tributária Bruta segundo faixa de salário mínimo (2004-2008)

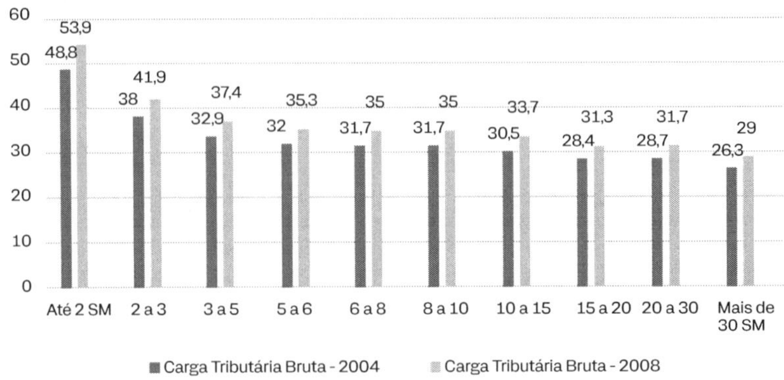

Fonte: Ribeiro *et al.* (2009).

Como já observado em linhas anteriores, as famílias que auferiram renda mensal de até dois salários mínimos entre os anos de 2004 e 2008 comprometeram aproximadamente metade da renda com o pagamento de tributos. Na outra extremidade, vê-se que as famílias com renda mensal superior a trinta salários mínimos desprenderam menos de um terço dos ganhos para o pagamento de tributos, cenário que contraria por completo o mandamento constitucional de uma tributação equânime.

Passa-se agora a analisar como se dá a distribuição da carga tributária a partir de estudos que utilizam a POF 2017-2018. A escolha se justifica por ser esta pesquisa de orçamento familiar a mais recente, ou seja, são os dados mais atualizados com este formato. Vale salientar que os dados ora utilizados sobre a distribuição das classes familiares estão separados por decis de renda, diferentemente da Figura 01, na qual as rendas familiares foram classificadas tendo o salário mínimo como base.

É importante destacar que esta pequena diferença não prejudica a percepção de que os mais pobres suportam uma carga tributária mais elevada do que os mais abastados. Esta ressalva é pertinente para que não se corra o risco de uma análise aligeirada e se tenha uma falsa percepção de que a carga tributária que incide sobre os mais pobres sofreu decréscimo. Na verdade, fica demonstrado que, independentemente da metodologia escolhida para a apresentação dos dados, seja por decil de renda ou tendo o salário mínimo como parâmetro, a regressividade persiste.

Figura 02 – Incidência da tributação na renda total, segundo décimos de renda familiar per capita – Brasil (2017-2018)

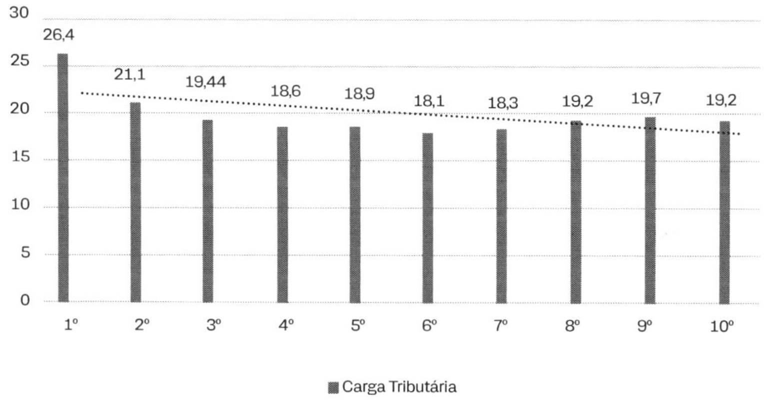

Fonte: Silveira *et al.*, 2022.

Conforme demonstrado na Figura 02, o decil mais pobre suporta uma carga tributária que corresponde a 26,4% da renda total das famílias. No outro extremo, as famílias localizadas no decil de maior renda utilizam aproximadamente 19% da renda com o pagamento de tributos. Fica nítida a persistência da regressividade em face do volume total de tributos exigidos pelas famílias brasileiras. Chama a atenção que, a partir do segundo decil até o último, o montante de tributos pagos sofre pouca variação, estando as alíquotas entre 18 e 21%, podendo ser considerada uma distribuição proporcional.

O sistema é proporcional quando a carga é a mesma para diferentes níveis de consumo, renda ou riqueza. Veja que o ideal para a constituição de um sistema tributário justo é que este seja progressivo, em outras palavras, que as alíquotas sejam majoradas conforme aumente a capacidade contributiva do pagador de tributos.

Regressividade e tributos diretos

O debate sobre regressividade quase sempre tem como foco os tributos classificados como indiretos. Embora haja uma tendência de esse tipo de tributação ser progressiva, o que se observa na prática é que seu nível de progressividade na maioria das vezes não é suficiente para promover justiça social. Conforme verificou Pedro Humberto Bruno de Carvalho Júnior (2020), em texto de discussão elaborado para o Ipea, é baixa a progressividade dos tributos diretos mediante o reduzido peso por eles exercido na renda. A capacidade de redução, na passagem da renda inicial para a disponível, é de apenas 2,1% da desigualdade auferida pelo índice de Gini, fato que demonstra como a tributação direta deixa muito a desejar quando o assunto é o enfrentamento da desigualdade.

Figura 03 – Incidência da tributação direta na renda total, segundo décimos de renda familiar per capita – Brasil (2003-2014) (em %)

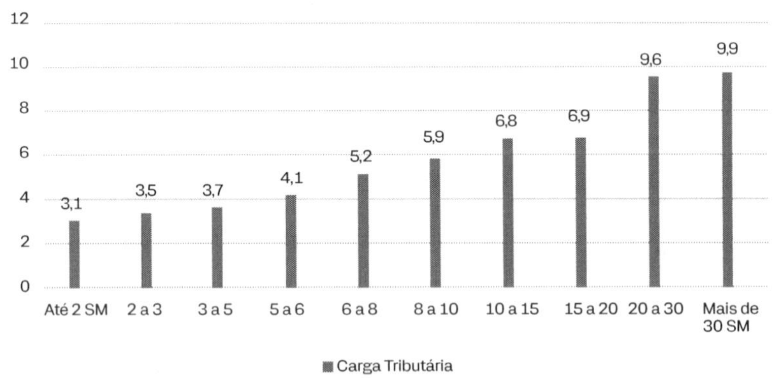

Fonte: Zockun (2007).

As críticas diante da baixa progressividade observada na tributação direta também são confirmadas pelos pesquisadores Silveira *et al.* (2022). Para eles, a referida progressividade não compensa integralmente a regressividade, isso porque a incidência nos 10% mais pobres alcança 26,4%, ao passo que nos 10% mais ricos os tributos representam 19,2% da renda. Concluem os autores que um dos motivos que fazem a Matriz Tributária regressiva tem relação com a baixa progressividade dos tributos diretos.

Figura 04 – Incidência da tributação direta na renda total, segundo décimos de renda familiar per capita – Brasil (2007-2008) (em %)

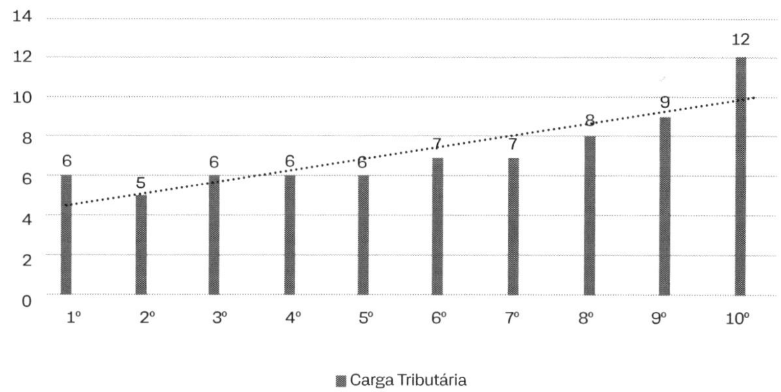

Fonte: Silveira (2012).

Como se observa na Figura 05, conforme dados colhidos da POF 2017-2018, embora o percentil mais pobre utilize uma menor parcela da sua renda para o pagamento de tributos diretos, em comparação com o decil mais rico, não se percebe um aumento da progressividade que seja suficiente para suavizar a iniquidade da Matriz Tributária.

Figura 05 – Incidência da tributação direta na renda total, segundo décimos de renda familiar per capita – Brasil (2017-2018) (em %)

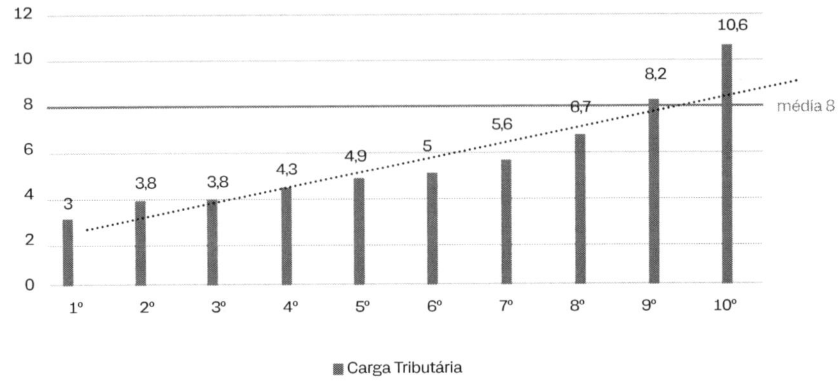

Fonte: Silveira *et al.* (2022).

Mediante a baixa progressividade observada nos tributos diretos, Pedro Humberto Bruno de Carvalho Júnior defende que sejam adotadas medidas eficazes na diminuição das desigualdades, a saber:

> Nesse sentido, o instrumento mais apropriado para essa tarefa é a tributação sobre a renda e o patrimônio que, como foi visto, não se fazem presentes de forma significativa na realidade brasileira. Dessa maneira, a agenda da progressividade tributária tem de ser recuperada por meio de maior tributação dos rendimentos do capital das pessoas físicas, redução de isenções e deduções, criação de alíquotas marginais superiores no IRPF e, no caso do IPTU, atualização das plantas de valores e aplicação de alíquotas progressivas. Deve-se ter presente que mudanças no IRPF dependem da ampliação da base de incidência com a redução da pejotização, o que requer repensar os regimes simplificados e, também, o IRPJ (2024b, p. 34).

Diante do exposto, Silveira *et al.* (2022) apontam que a expansão dos programas de transferência de renda também é um caminho a ser seguido, entretanto sem esquecer que os efeitos redistributivos da referida medida são menos contundentes devido ao seu baixo impacto na renda. Adicionalmente, observam os autores, a regressão do sistema tributário se deve, em grande medida, não apenas à baixa progressividade dos tributos diretos mas também e especialmente à diferença entre tributos diretos e indiretos, com maior participação do segundo em relação ao primeiro.

Regressividade e tributos indiretos

Aponta Zockun (2016) não haver dúvidas sobre o potencial regressivo que os tributos indiretos possuem, sendo sua atuação inversamente proporcional entre a renda familiar e a média de gasto com o consumo das famílias. Desta maneira, tende, geralmente, a regressividade ser mais incisiva quanto maior for a concentração de renda de um país, a exemplo do que acontece no Brasil. A regressividade possui algumas importantes consequências deletérias, entre elas uma que influencia diretamente a possibilidade de constituir alguma espécie de reserva financeira por parte das famílias. Segundo Vianna *et al.* (2020), há uma diminuição na proporção da despesa com o consumo quando há um aumento da renda, o que oportuniza às famílias com renda mais elevada alocar os recursos excedentes em ativos reais e financeiros.

Observando as três últimas Pesquisas Orçamentárias, fica evidente que as famílias localizadas no décimo de menor renda, ou aquelas que ganham até dois salários mínimos, suportam, proporcionalmente, uma carga tributária mais elevada do que aquelas localizadas em uma faixa de renda superior. Conforme a Figura 06, elaborada por Zockun (2007) a partir de dados fornecidos pela POF 2003-2004, os valores gastos com tributos indiretos pelas famílias que possuem renda familiar de até dois salários mínimos é de aproximadamente o triplo do que gastavam as famílias que auferiam renda mensal superior a trinta salários mínimos. Veja:

Figura 06 – Incidência da tributação direta sobre a renda total das famílias (em %) (POF 2003-2004)

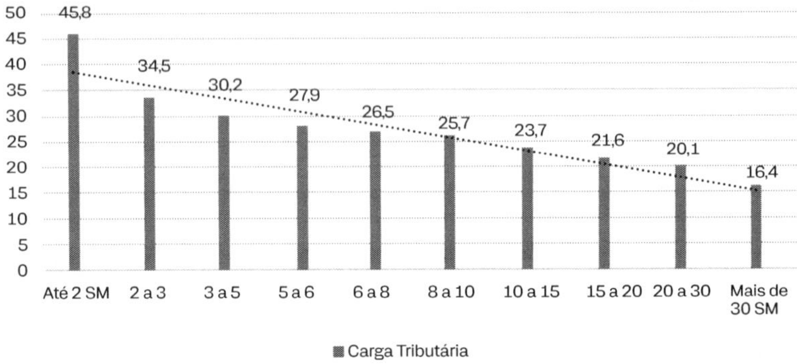

Fonte: Zockun (2007).

Cotejando os referidos dados, é possível concluir que quase metade da renda das famílias mais pobres era destinada à quitação de obrigações tributárias, situação que se manteve quase que inalterada segundo a Figura 07, elaborada por Zockun (2016), utilizando-se dos dados da POF 2008-2009. É importante salientar que, apesar da classificação das rendas per capita das famílias estarem dispostas por critérios distintos, na POF 2003-2004, tendo o salário mínimo como referencial, e na POF 2008-2009, tendo a renda por décimos de riqueza, a contundente regressividade se manteve.

Figura 07 – Renda tributária indireta - POF (2007-2009) (em %)

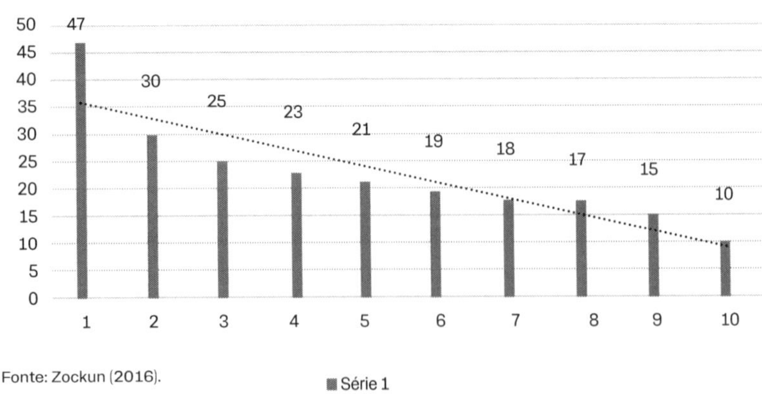

Fonte: Zockun (2016).

Como se pode observar nas Figuras 06 e 07, a opção política adotada pelo Estado brasileiro no campo da tributação tornou a matriz tributária extremamente regressiva, fato que, segundo Silveira *et al.* (2022), não destoa do que se verifica na maior parte dos países. Para os autores, a diferença entre o Brasil e os países desenvolvidos ou centrais, na seara tributária, é o peso dos tributos indiretos na carga tributária, que é bem mais elevada no Brasil. Dessa maneira, a participação expressiva da tributação indireta potencializa os efeitos concentradores da tributação indireta, em outras palavras, acentua a regressividade.

Ao examinar a Figura 08, fica evidente o potencial regressivo da tributação indireta, especialmente ao comparar os extremos da distribuição com os impostos indiretos representando, para os 10% mais pobres, quase um quarto da renda total, enquanto nos décimos superiores esse peso é inferior a 9%. Não obstante, a incidência dos tributos indiretos, a variação na metade mais pobre fica em torno de 14,0% e 23,4%. Na metade mais rica, o peso dos tributos indiretos na renda supera os 13% no sexto décimo para 8,6% no decil mais ricos. Observe:

Figura 08 – Incidência dos tributos indiretos sobre a renda total, segundo décimos de renda familiar per capita - Brasil – Brasil (2017-2018) (em %)

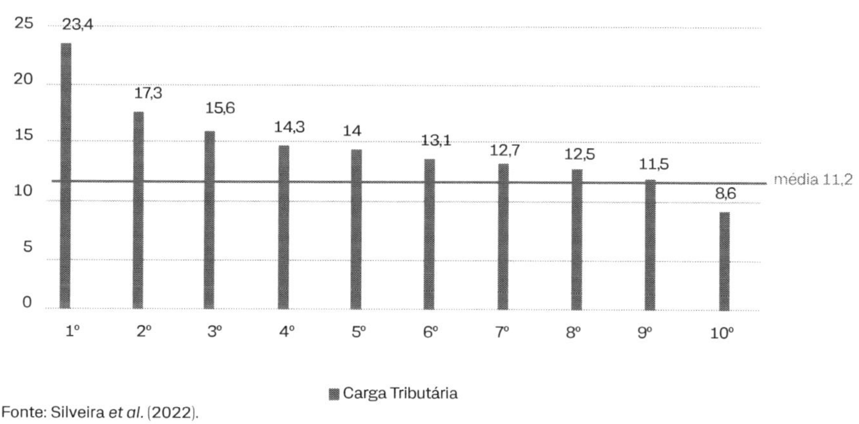

Fonte: Silveira *et al.* (2022).

Na tentativa de demonstrar como a concentração de renda é um fator que reforça os efeitos negativos da regressividade, sugere Zockun (2016) que, se fosse possível a renda total de um país ser igualmente distribuída, não existiria regressividade, mesmo que toda a tributação fosse aplicada sobre o consumo. No caso em questão, percebe-se que, sendo idêntico o nível de renda de todos os habitantes, a propensão ao consumo das famílias seria a mesma, sendo a carga tributária de impostos sobre o consumo idêntica para cada família.

Por fim, observa Zockun (2016) que, na tentativa de combater a regressividade, governos têm buscado reduzir ou isentar os tributos que incidem na cesta básica, iniciativa que não surte o efeito almejado. Justifica a autora que a ineficácia deste modelo é por conta de os benefícios serem concedidos a produtos adquiridos por todos os consumidores, independentemente do nível da renda. No entanto, o Estado brasileiro adotou estratégia semelhante, por meio da Emenda Constitucional n. 132/2023, quando isentou os produtos da cesta básica e reduziu em 60% os tributos incidentes na chamada cesta básica estendida, com a promessa de que tal medida irá beneficiar os mais pobres, pois tornará a Matriz Tributária menos regressiva.

Ainda nesse contexto, embora seja quase unânime a ideia de que tributos indiretos são regressivos, e que a progressividade dar-se-á exclusivamente nos impostos diretos, parece haver alternativas que possibilitam a mitigação de tais efeitos deletérios. Uma delas que, caso seja bem regulamentada, poderá contribuir verdadeiramente com a diminuição da regressividade é a criação do que convencionou-se chamar de *cashback*[16]. Trata-se de uma figura já conhecida na seara tributária, a restituição.

O novo texto constitucional prevê hipóteses de devolução do imposto a pessoas físicas, visando reduzir as desigualdades de renda. Merece a atenção da população

16 Ver Art. 156-A., § 5º, VIII, da Emenda Constitucional 132/2023.

brasileira e especialmente dos movimentos sociais organizados o processo de regulamentação do referido dispositivo constitucional. A Lei Complementar que estabelecerá os critérios de devolução dos valores pagos a título de tributo pelas pessoas de baixa renda pode em muito contribuir com a redução das desigualdades e amenizar consequentemente a pobreza e a concentração de renda existentes no país.

Feita detida avaliação do quanto é regressiva a matriz tributária brasileira, tendo como principal ponto de análise as últimas três Pesquisas de Orçamentos Familiares, um ponto que merece total atenção diz respeito à relação entre raça e pobreza no Brasil. Para o debate sobre desigualdades no cenário brasileiro, é imprescindível perceber que pobreza e raça caminham de maneira imbricada desde o início da história do país. Para Mário Theodoro (2022), o Brasil é desigual devido à existência do racismo.

Regressividade e desigualdade racial

Nas linhas anteriores, ficou demonstrado, com precisão, que a regressividade consiste em fazer com que as pessoas ou famílias classificadas como sendo de baixa renda suportem uma carga tributária proporcionalmente maior do que aquelas com renda mais elevada. Feito isso, o desafio agora será demonstrar como se dá a diferenciação racial entre essas famílias. Em outras palavras, o que se planeja observar é a cor das famílias com menor renda disponível, que consequentemente são as mais oneradas pela tributação.

Quando se analisa a POF 2017-18, percebe-se que, quando a pessoa de referência da família é negra, a média da renda nos 5% mais pobres é de R$ 141,98, cem reais a menos do que a média das famílias cuja pessoa de referência é branca. Essa diferença se acumula de tal de maneira, que a média global dos subgrupos assume os valores de R$ 1.206,76 para o subgrupo cuja pessoa de referência se declarou preta ou parda, e R$ 2.241,80 para aqueles com pessoa de referência declarada branca, valor equivalente a quase o dobro da renda média dos mais pobres. Ainda conforme o IBGE (2020), 77,8% de toda a pobreza está na população cuja pessoa de referência da família se declarou preta ou parda.

Como visto, a regressividade tributária obriga que famílias e indivíduos com baixa capacidade tributária comprometam significativa parcela do seu rendimento com o pagamento de tributos, e no Brasil há uma sobrerrepresentação de pessoas negras na pobreza. Desta forma, Silveira *et al.* (2024a, p. 24) verificaram "que as famílias sob chefia de pessoas negras têm carga tributária indireta superior à dos brancos – 10,8% versus 9,7%". Complementam os autores que a população sob chefia negra está expressivamente sobrerrepresentada nos 40% mais pobres, o que se reflete na Figura 09.

Salienta Silveira *et al.* (2024a) que a menor incidência de tributos diretos na renda das famílias que possuem a pessoa de referência negra se dá por alguns fatores. No tocante ao IRPF, além do limite de isenção, as deduções impactam significativamente a materialização do resultado apresentado. As contribuições previdenciárias estão diretamente associadas à existência de vínculo formal no mercado de trabalho. O IPTU possui fatores relacionados à moradia em imóveis legalizados e em imóveis que não estão isentos do pagamento do tributo por quaisquer razões. Esses são os principais motivos que explicam os aludidos números; no entanto, como já visto, os tributos diretos, ainda que progressivos, não são suficientes para suavizar a agressiva regressividade observada na matriz tributária brasileira. Veja:

Figura 09 – Incidência dos tributos diretos e indiretos na renda total segundo a cor da pessoa de referência da família – Brasil (2017-2018) (em %)

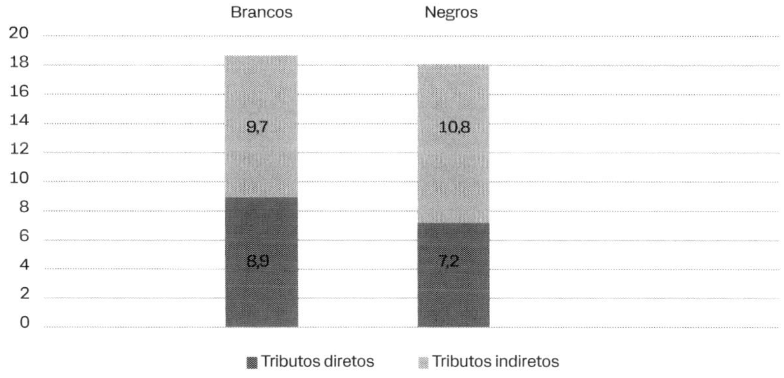

Fonte: Silveira *et al.* (2024a).

A Figura 10 é um preciso resumo de como se dá a repartição do ônus tributário sob a perspectiva de classe e raça. Notadamente, o primeiro quintil (20% mais pobres) suporta uma carga tributária de 21,3%, em comparação com os 20% mais ricos, que comprometem 18,7%, revelando uma iniquidade específica diante das discrepâncias nas rendas médias per capita de R$ 311 e R$ 5.268 mensais, respectivamente. Vale ressaltar que, embora sejam percentuais próximos que representam os valores gastos com tributação na comparação dos quintis localizados nos extremos da escala, fica óbvio que o impacto é muito maior nas famílias com renda mais baixa.

Veja, ainda, que aproximadamente 77% da população do primeiro quintil é formada por famílias lideradas por pessoas negras, enquanto a representação na população total é de 58%, observam Silveira *et al.* (2024b). Essa sobrerrepresentação de chefes de família negra é mais destacada na metade mais pobre da população, consequentemente tendo menor participação no quinto superior. Esse cenário revela disparidades socioeconômicas e tributárias, destacando a necessidade de considerações equitativas nas políticas públicas.

Figura 10 – Incidência dos tributos sobre a renda na população das pessoas residentes em famílias chefiadas por pessoas negras, segundo quintos da renda familiar per capita (2017-2018)

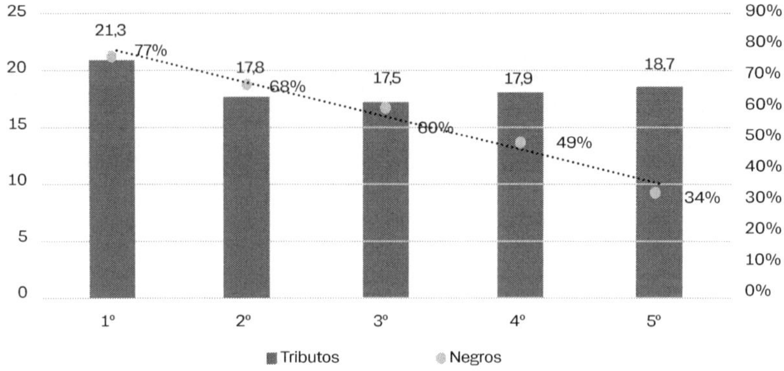

Fonte: Adaptado de Silveira *et al.* (2024b).

Precisa é a conclusão elaborada por Silveira *et al.*:

> Os achados desta pesquisa revelam que, em linhas gerais, o sistema tributário penaliza mais as pessoas negras e, em menor grau, as mulheres, decorrente da posição que ocupam na distribuição da renda. Isso porque, os tributos indiretos são regressivos e com importância superior aos diretos. Com isso, a tributação direta, que se mostra progressiva e, portanto, mais onerosa para brancos e homens, não mitiga o caráter concentrador da tributação indireta. Assim, o sistema tributário, ainda que não seja diretamente racista e machista, seu desenho implica em maiores reduções da renda ou do poder de compra das famílias chefiadas por pessoas negras e, em menor intensidade, por mulheres (2024b, p. 34).

Para Maria Helena Zockun (2016), no momento em que o Estado brasileiro eleger como prioridade acabar com as desigualdades, será indispensável realizar significativas alterações na Matriz Tributária, especialmente na direção de promover a progressividade. Observa Zockun (2016, p. 14) que um caminho para isso certamente será o de "promover maior progressividade nos tributos diretos, eliminando as deduções, os abatimentos e os regimes especiais de tributação sobre a renda". Tendo razão a autora, por tudo aqui demonstrado, o mesmo raciocínio deve ser considerado para o momento em que o Estado brasileiro priorizar o combate às desigualdades raciais, pois o tributo é uma das correias de transmissão do racismo.

Conclusão

Como demonstrado, a matriz tributária brasileira padece do mal da regressividade, contrariando nitidamente o preceito constitucional da progressividade. Essa característica remonta ao reinado francês de Luis XIV, onde o Estado era mantido pelos comerciantes e trabalhadores, ao passo que Nobreza e Clero eram isentos de pagar tributos. No Brasil, as famílias que possuem menor rendimento são obrigadas a suportar uma pesada carga tributária, como demonstrado pelas POFs.

A regressividade, embora seus efeitos deletérios sejam mais contundentes na aplicação da tributação indireta, também é percebida nos tributos diretos, como pôde ser observado nos gráficos anteriormente dispostos. Restou evidenciado que um deslocamento da ênfase arrecadatória da tributação indireta para direta seria um importante movimento em prol da concretização da progressividade. Não obstante, a baixa progressividade identificada nos tributos diretos não é suficiente para equilibrar a Matriz Tributária, tendo em vista a enorme regressividade da tributação indireta.

Dando prosseguimento à análise da tributação nacional, calçando-se nos dados fornecidos pelas POFs, evidenciou-se que as famílias localizadas nos decis com menor rendimento, as que suportam maior carga tributária, têm a esmagadora maioria chefiada por pessoas negras. Dessa forma, conclui-se que são as famílias lideradas por pessoas negras as mais penalizadas com exação fiscal, mesmo que sejam as que demonstrem menor capacidade contributiva. Essa escolha política no campo tributário contribui com o aprofundamento das desigualdades raciais já existentes no país.

Por fim, é sabido que o Brasil ainda tem um longo caminho a percorrer na direção de amenizar seu legado de desigualdades raciais. Contudo, não se ignora a incorporação no Estado brasileiro das demandas impostas pelos Movimentos Negros, em especial pós-Constituição Federal de 1988, a exemplo da criminalização do racismo e mais recentemente da implementação de políticas de ações afirmativas que reservam vagas para pretos e pardos nas universidades públicas e no serviço público.

No entanto, é imperioso que o Estado brasileiro imediatamente se volte para garantir o mandamento constitucional da equidade tributária, por ser medida imprescindível para o combate das desigualdades raciais. Precisamos pensar a matriz tributária brasileira, as escolhas que fazemos no campo da tributação e a sua principal característica, a regressividade, em um contexto no qual o racismo perpetua a casa-grande e a senzala.

REFERÊNCIAS BIBLIOGRÁFICAS

ATKINSON, Anthony B. On the measurement of inequality. **Journal of Economic Theory**, 3. ed., v. 2, p. 244-263, 1970. Disponível em: https://www.sciencedirect.com/science/article/abs/pii/0022053170900396. Acesso em: 14 jan. 2023.

BRASIL. **Emenda Constitucional n. 132, de 20 de dezembro de 2023**. Altera o Sistema Tributário Nacional. Brasília, DF: Presidência da República, 20 dez. 2023. Disponível em: https://www.planalto.gov.br/ccivil_03/constituicao/emendas/emc/emc132.htm. Acesso em: 12 set. 2024.

CARVALHO JUNIOR, Pedro Humberto Bruno de. **A progressividade dos tributos diretos nas Pesquisas de Orçamentos Familiares (POFs) 2008-2009 e 2017-2018**. Texto para Discussão, 2021.

CONSELHO DE DESENVOLVIMENTO ECONÔMICO E SOCIAL. **Indicadores de iniquidade do sistema tributário nacional:** relatório de observação n. 1. Brasília, DF: Presidência da República, 2009.

CONSELHO DE DESENVOLVIMENTO ECONÔMICO E SOCIAL. **Indicadores de Iniquidade do Sistema Tributário Nacional:** relatório de observação n. 2. Brasília, DF: Presidência da República, 2. ed., 2011.

D'ARAÚJO, Pedro Júlio Sales. **Entre a transparência e a ilusão**: a regressividade cognitiva da Matriz tributária brasileira. 2021. Tese (Doutorado em direito Econômico, Financeiro e Tributário) – Faculdade de Direito, Universidade de São Paulo, São Paulo, 2021. Disponível em: https://www.teses.usp.br/teses/disponiveis/2/2133/tde-15082022-085421/publico/6487637DIC.pdf. Acesso em: 23 jul. 2023.

GASSEN, Valcir. **Matriz tributária brasileira**: uma perspectiva para pensar o Estado, a Constituição e a tributação no Brasil. In: GASSEN, Valcir (org.). *Equidade e eficiência da matriz tributária brasileira:* diálogos sobre Estado, Constituição e Direito Tributário. Brasília, DF: Consulex, 2012.

HORA, Jefferson da; NOGUEIRA, José Ricardo. **Avaliação da distribuição da carga tributária do Brasil utilizando os microdados da pesquisa de orçamentos familiares (POF 2017-18)**. *Cadernos de Estudos Sociais,* [s. l.], v. 38, n. 2, p. 41-74, 2023.

INSTITUTO BRASILEIRO DE GEOGRAFIA E ESTATÍSTICA. POF 2017 2018: cerca de 70% da renda disponível das famílias brasileiras é não monetária. **Agência de Notícias do IBGE**, [s. l.], 26 nov. 2020. Disponível em: https://agenciadenoticias.ibge.gov.br/agencia-sala-de-imprensa/2013-agencia-de-noticias/releases/29490-pof-2017-2018-cerca-de-da-renda-disponivel-das-familias-brasileiras--e-nao-monetaria. Acesso em: 12 jan. 2023.

KINCHESCKI, Cristiano. A formação histórica da matriz tributária brasileira. In: GASSEN, Valcir (org.). **Equidade e eficiência da matriz tributária brasileira**: diálogos sobre Estado, Constituição e Direito Tributário. Brasília, DF: Consulex, 2012. p. 113-147.

NUNES, Cleucio Santos. **Justiça tributária**. Belo Horizonte: Fórum, 2019.

RIBEIRO, José Aparecido *et al.* **Receita pública**: quem paga e como se gasta no Brasil. Brasília, DF: Comunicado da Presidência n. 22: Instituto de Pesquisa Econômica Aplicada, 2009. p. 4. Disponível em: http://ipea.gov.br/agencia/images/

stories/PDFs/comunicado/090630_comunicadoipea22.pdf. Acesso em: 12 jan. 2023.

SILVEIRA, Fernando Gaiger. **Equidade fiscal**: impactos distributivos da tributação e do gasto social. Brasília, DF: Esaf, 2012.

SILVEIRA, Fernando Gaiger *et al.* **Tributação indireta**: alíquotas efetivas e incidência sobre as famílias. Brasília, DF: Instituto de Pesquisa Econômica Aplicada, 2022. Texto para discussão 2823.

SILVEIRA, Fernando Gaiger *et al.* **O papel da política fiscal no enfrentamento da desigualdade de gênero e raça no Brasil.** Brasília, DF: Instituto de Pesquisa Econômica Aplicada, 2024a. Texto para discussão 2956.

SILVEIRA, Fernando Gaiger; PASSOS, Luana; CARDOMINGO, Matias Rabello. Tributação e transferências públicas sob a ótica de gênero e raça. **Cadernos de Finanças Públicas**, Brasília, DF, p. 1-40, 2024b.

SIQUEIRA, Rozane Bezerra *et al.* O sistema tributário brasileiro é regressivo? In: LUKIC, Melina Rocha *et al.* (org.). **Tributação e desigualdade**. FGV: Casa do Direito, 2017. p. 501-528.

THEODORO, Mário. **A sociedade desigual:** racismo e branquitude na formação do Brasil. Rio de Janeiro: Zahar, 2022.

VIANNA, Salvador Werneck *et al.* **Carga tributária direta e indireta sobre as unidades familiares no Brasil:** avaliação de sua incidência nas grandes regiões urbanas em 1996. Brasília: IPEA, set. 2000. Texto para discussão n. 757. Disponível em: https://www.ipea.gov.br/portal/images/stories/PDFs/TDs/td_0757.pdf. Acesso em: 14 jan. 2023.

ZOCKUN, Maria Helena (coord.). **Simplificando o Brasil:** propostas de reforma na relação econômica do governo com o setor privado. São Paulo: Fipe, 2007. Texto para a discussão n. 03.

ZOCKUN, Maria Helena. **Equidade na tributação.** São Paulo: Fipe, 2016. Texto para a discussão n. 15.

EMANCIPAÇÃO OU COLONIZAÇÃO: REFLEXÕES SOBRE A EDUCAÇÃO FISCAL NO BRASIL

Carolina Lima Gonçalves

Professora, advogada, doutora e mestra
em Direitos Humanos

Introdução

Ao longo da última década, em especial desde a última grande crise econômica em escala mundial, em 2008, e dos impactos econômicos decorrentes da pandemia de covid-19[17], entre os anos de 2020 e 2023, o tema da educação fiscal vem crescendo na agenda tanto dos governos nacionais como de instituições internacionais econômicas, como a Organização para a Cooperação e Desenvolvimento Econômico (OCDE)[18]. A ampliação dessa temática impõe reflexões sobre o que é educação fiscal e qual a sua finalidade.

O propósito deste artigo é descrever a educação fiscal no Brasil[19] a fim de identificar, a partir de uma análise historicamente centrada, os fatores e contextos que colaboraram

---

17 Em março de 2020, a Organização Mundial da Saúde (OMS) caracterizou a covid-19 como pandemia. Disponível em: https://www.paho.org/pt/covid19/historico-da-pandemia-covid-19 (acesso em: 15 set. 2024). Apenas em maio de 2023, a OMS declarou o fim da Emergência de Saúde Pública de Importância Internacional da covid-19, que passou a ser considerado um problema de saúde estabelecido e contínuo. Disponível em: https://www.paho.org/pt/noticias/5-5-2023-oms-declara-fim-da-emergencia-saude-publica-importancia-internacional-referente (acesso em: 15 set. 2024).

18 A OCDE publicou dois estudos para tratar da "*taxpayer education*", intitulados "*Building Tax Culture, Compliance and Citizenship: A Global Source Book on Taxpayer Education*", o primeiro em 2015 e o segundo em 2021. Ambos serão abordados na seção intitulada "A modernização do passado", do presente estudo.

19 Dada a dimensão territorial, a diversidade cultural e a complexidade política, o estudo aqui desenvolvido se limita às ações de educação fiscal patrocinadas pela União, de modo que o exame das ações de educação fiscal eventualmente realizadas por estados, municípios e Distrito Federal compõe uma agenda de estudos própria, o que não reduz a sua importância, uma vez que o paralelismo entre programas da União e infranacionais é prática recorrente.

para que o país não adotasse um modelo de educação fiscal emancipatório, calcado na pedagogia do educador e filósofo brasileiro, mundialmente reconhecido, Paulo Freire.

Trata-se, portanto, de um estudo que visa compreender as causas responsáveis pelos efeitos registrados[20]. Isto é, debruça-se sobre as "causas dos efeitos" – em vez de os "efeitos das causas" – e remete-se à indagação dos *explanans* do *explanandum* (Goertz; Mahoney, 2012, p. 100-114). Ressalta-se que não há pretensão de apontar todas as causas que colaboram para os efeitos, uma vez que mais de uma causa pode produzir o mesmo efeito *(equifinalidade)* (Mayntz, 2004). Pretende-se identificar, com base nas teorias e nos estudos anteriores, as causas e seus contextos relevantes para a compreensão dos efeitos observados.

A investigação aqui desenvolvida é de natureza exploratória, isto é, busca hipóteses que expliquem o fenômeno observado. O artigo oferece um estudo de caso: a educação fiscal brasileira. Não é exagero afirmar que, do ponto de vista da literatura, o caso brasileiro é extremo (Seawright; Gerring, 2008), uma vez que, no universo dos 28 países que compuseram o primeiro Relatório Comparativo de Educação Fiscal da OCDE (2015)[21] e dos 59 países que integraram o segundo Relatório Comparativo de Educação Fiscal da OCDE (2021), o Brasil tem um pensador da educação

20 Ante os limites deste trabalho, uma vez que se trata de um artigo, trataremos apenas dos fatores e contextos relacionados às possíveis causas. As causas explicativas da não adoção da pedagogia de Paulo Freire bem como as recomendações e sugestões sobre educação fiscal emancipadora serão objeto de estudos ulteriores.

21 Título original em inglês: *Building Tax Culture, Compliance and Citizenship: A Global Source Book on Taxpayer Education.*

mundialmente reconhecido[22] e nacionalmente declarado o patrono da educação: Paulo Freire.

Ademais, a relação entre as histórias do Estado, da tributação, da educação, da cidadania e da educação fiscal é inextricável. Organizado em seções, além desta Introdução e das Considerações finais, este artigo apresenta informações, fatos, dados e teorias que decompõem e expõem a intrincada trama que tece essa relação.

A seção "Arqueologia da tributação da pátria mais dedicada à escravidão" trata de como o Estado brasileiro se locupletou e se formou a partir da tributação de pessoas ilegalmente escravizadas. A seção "O bloco do motor da desigualdade brasileira" aborda o papel da educação na produção e manutenção da desigualdade no Brasil. Por fim, a seção "A modernização do passado" descreve a educação fiscal brasileira contemporânea, internacionalmente informada, centrada nas questões "por que e como pagar tributos" – em vez de "como os tributos reproduzem, ampliam e mantêm desigualdades".

A contribuição aqui esperada reside em incrementar o debate acadêmico nacional com um olhar atencioso sobre os problemas e limites da educação fiscal brasileira, à luz da compreensão dos contextos em que a tributação, o Estado e a educação foram forjados no Brasil. Como ressaltado logo no início deste trabalho, é certo que a educação fiscal

22 A Paulo Freire foi outorgado o título de doutor Honoris Causa por 27 universidades. Por seus trabalhos na área educacional, recebeu, entre outros, os seguintes prêmios: Prêmio Rei Balduíno para o Desenvolvimento (Bélgica, 1980), Prêmio Unesco da Educação para a Paz (1986) e Prêmio Andres Bello como Educador dos Continentes (Organização dos Estados Americanos, 1992). Disponível em: http://portal.mec.gov.br/ultimas-noticias/222-537011943/17681-paulo-freire-e-declarado-o-patrono-da-educacao-brasileira; e https://www.paulofreire.org/paulo-freire-patrono-da-educacao-brasileira (acesso em: 15 set. 2024). Ante os limites deste trabalho, a pedagogia de Paulo Freire não será apresentada em profundidade, uma vez que se trata de um artigo. Em linhas gerais, concerne a uma filosofia e proposta pedagógica pautadas na compreensão da educação como prática transformadora, emancipatória e humanizadora, voltada para a realidade concreta das comunidades, a qual visa à construção de um mundo culturalmente diverso e inclusivo, socialmente justo e ambientalmente sadio.

não perdeu sua relevância, mas é o caso de compreendê-la a partir de outros parâmetros, preferencialmente emancipatórios, e que se oponham à tendência moralista ventilada internacionalmente por organismos financeiros, como a OCDE.

Arqueologia da tributação da pátria mais dedicada à escravidão

> Quando você for convidado pra subir no adro da fundação
> Casa de Jorge Amado
> Pra ver do alto a fila de soldados, quase todos pretos
> Dando porrada na nuca de malandros pretos
> De ladrões mulatos e outros quase brancos
> Tratados como pretos
> Só pra mostrar aos outros quase pretos
> (E são quase todos pretos)
> Como é que pretos, pobres e mulatos
> E quase brancos, quase pretos de tão pobres, são tratados
>
> *Caetano Veloso*

O Brasil não apenas foi o último país independente a abolir, formalmente, a escravidão, o que só ocorreu em 1888, como também contribuiu diretamente para a escravização ilegal de milhares de africanos em território nacional. E mais, lucrou com a tributação do comércio nacional de pessoas escravizadas, embora muitas já devessem ser consideradas pessoas livres segundo as leis nacionais vigentes à época. É o que nos revela o estudo[23] dos historiadores e pesquisadores Tâmis Parron, Paulo Pereira, João Leite e Jean Veloso

---

23 O artigo se baseia no relatório técnico histórico-jurídico dos mesmos autores, que, com outros estudos de outros autores, embasaram a Ação Civil Pública da Fundação Educafro contra a União Federal, apresentada em 13 de maio de 2022 na 5ª Vara Cível Federal de São Paulo, solicitando a criação de um fundo permanente de combate ao racismo como indenização pelos danos causados pelo Estado contra a população negra no Brasil.

intitulado *De escravos a negros livres: poder público e desigualdades raciais no Brasil, c. 1800-1900*[24].

Em 1810, pouco depois da vinda da família real para o Brasil, o Império português firmou tratados comerciais com a Grã-Bretanha, nos quais se comprometeu a abolir o comércio internacional de escravos africanos[25].

O Brasil se tornou uma nação independente em 1822. Em novembro de 1831[26], o Parlamento da nova nação aprovou uma lei para a extinção do tráfico de pessoas sequestradas no continente africano e submetidas à escravidão no Brasil. Mas, apenas em 1850, com a norma apelidada de Lei Eusébio de Queirós[27], o crime de tráfico internacional de pessoas para a escravidão passou a ser combatido pelo Estado brasileiro, embora a legislação primeva de 1831 jamais tenha sido revogada.

Os pesquisadores, no artigo mencionado anteriormente, revelaram que, embora o sequestro e tráfico de pessoas para o trabalho forçado já fossem ilegais no Brasil desde 1831, milhares de pessoas foram vitimadas, ao alvedrio da lei na-

---

24 PARRON, Tâmis *et al.* De escravos a negros livres: poder público e desigualdades raciais no Brasil, c. 1800-1900. **Revista Rosa**, São Paulo, v. 6, 14 dez. 2022. Disponível em: https://revistarosa.com/6/brasil200/de-escravos-a-negros-livres. Acesso em: 2 abr. 2024.

25 BRASIL. Arquivo Nacional. **Abolição gradual do tráfico de escravos**. [Brasília, DF]: Glossário de História Luso-Brasileira, [2020?]. Disponível em: http://www.historiacolonial.arquivonacional.gov.br/glossario/index.php/verbetes-de-a-a-z/8-verbetes-iniciados-em-a/45-abolicao-gradual-do-trafico-de-escravos#:~:text=Em%201807%2C%20a%20Inglaterra%2C%20por,ide%C3%A1rio%20Iluminista%2C%20proibiu%20a%20escravid%C3%A3o. Acesso em: 11 abr. 2024.

26 BRASIL. **Lei de 7 de novembro de 1831**. Declara livres todos os escravos vindos de fôra do Imperio, e impõe penas aos importadores dos mesmos escravos. Rio de Janeiro: Palácio do Rio de Janeiro, 1831. Disponível em: https://www.planalto.gov.br/ccivil_03/leis/LIM/LIM-7-11-1831.htm#:~:text=LEI%20DE%207%20DE%20NOVEMBRO,do%20Imperador%20o%20Senhor%20D.%20Dispon%C3%ADvel%20em:%20https://www.planalto.gov.br/ccivil_03/leis/lim/lim581.htm. Acesso em: 10 jun. 2023.

27 BRASIL. **Lei n. 581, de 4 de setembro de 1850**. Estabelece medidas para a repressão do trafico de africanos neste Imperio. [Rio de Janeiro]: Secretaria d'Estado dos Negocios da Justiça, 27 set. 1850. Disponível em: https://www.planalto.gov.br/ccivil_03/leis/lim/lim581.htm. Acesso em: 12 jun. 2023.

cional, com a condescendência do aparato estatal brasileiro. Vejamos:

> Após uma hesitação inicial (1822-1831), o Estado brasileiro mostrou para que lado moveria suas peças. Sem muito disfarce, o sistema burocrático nacional descumpriu seus próprios diplomas, normas e instruções, a serviço de um regime de escravização ilegal em que a aplicação da lei dependia do poder de veto e da vontade dos grandes escravistas. É comum falar na força normativa do direito. O que está em jogo aqui é outra coisa: é a força normativa da política. Não se trata do estado jurídico da escravidão previsto num estatuto abstrato e geral. E, sim, de situaçoes de escravidão numa ordem coletiva politicamente organizada, a tutela de um cativeiro fático por arranjos costurados no coração do poder público. Não é escravismo puro e simples, mas cleptoescravismo, o roubo de seres humanos normalizado por determinações de atores investidos do poder público. Em suma, as instituições jurídicas assumiam uma operação de deontologia legal na qual o texto da lei se subordinava hierarquicamente ao interesse e ao prazer de escravizar corpos negros. Aos negros cabia a escravidão, ainda que ilegal, não a liberdade, ainda que amparada [no] direito (Parron *et al.*, 2022).

Por sua vez, a proibição do comércio nacional de pessoas escravizadas em pregão público e da separação de casais e filhos menores de 15 anos só ocorreu em 1869[28]. Pouco tempo depois, a Lei n. 2.040, de 28 de setembro de 1871,

---

28 BRASIL. **Decreto n. 1.695, de 15 de setembro de 1869**. Prohibe as vendas de escravos debaixo de pregão e em exposição publica. [S. l.]: Coleção de Leis do Império do Brasil, 1869. Disponível em: https://www2.camara.leg.br/legin/fed/decret/1824-1899/decreto-1695-15-setembro-1869-552474-publicacaooriginal-69771-pl.html#:~:text=Prohibe%20as%20vendas%20de%20escravos%20debaixo%20de%20preg%C3%A3o%20e%20em%20exposi%C3%A7%C3%A3o%20publica. Acesso em: 12 jun. 2023.

apelidada de Lei do Ventre Livre[29], reduziu a idade limite para a separação entre pais e filhos de 15 para 12 anos.

A atrocidade da escravização ilegal consentida e apoiada pelo já independente Estado brasileiro rechaça a narrativa hegemônica de que a escravidão era uma herança nefasta da colonização, uma vez que a atividade perdurou por 66 anos após o país se tornar independente. Há outro ponto que merece destaque ao descortinarmos a relação indecomponível entre a formação do Estado brasileiro, sua burocracia e a escravidão: a tributação do comércio de pessoas submetidas à escravidão.

Isto é, a receita auferida pelo Estado brasileiro diretamente da escravidão financiava a máquina pública. Além disso, o Estado brasileiro também auferia receitas de maneira indireta, quando taxava bens produzidos pelas pessoas escravizadas. Como nos explicam os historiadores:

> O Estado auferia divisas fiscais indireta e diretamente da escravidão. No primeiro caso estavam os impostos sobre exportações de bens produzidos pelos escravizados. No segundo, os tributos sobre compra e venda dos próprios cativos em transações ocorridas dentro do país, a chamada Meia Sisa. Essas transações explodiram quando a oferta transatlântica colapsou, e a demanda por cativos continuou aquecida na fronteira mercantil do café. O resultado foi a montagem de um comércio nacional de escravos que destroçava famílias escravas e dissolvia vínculos de comunidades negras. Incidindo sobre esse novo fluxo, a Meia Sisa ganhou importância nuclear para os cofres públicos. No Rio de Janeiro, sua arrecadação dobrou de valor após 1850, quando o contrabando de africanos finalmente desapareceu (Parron *et al.*, 2022).

A Lei do Ventre Livre reitera a relação indecomponível entre escravidão, fiscalidade e Estado brasileiro, pois, ao de-

29 BRASIL. **Lei n. 2.040, de 28 de setembro de 1871**. Declara de condição livre os filhos de mulher escrava que nascerem desde a data desta lei, libertos os escravos da Nação e outros, e providencia sobre a criação e tratamento daquelles filhos menores e sobre a libertação annaul de escravos. Rio de Janeiro: Palácio do Rio de Janeiro, 1871. Disponível em: https://www.planalto.gov.br/ccivil_03/leis/lim/lim2040.htm. Acesso em: 12 jun. 2023.

clarar que os filhos das mulheres submetidas à escravidão são livres, faculta aos proprietários dessas mulheres-mães condenadas ao cativeiro receber uma indenização paga pelo Estado brasileiro quando os filhos delas chegarem à idade de 8 anos, ou valer-se dos serviços do menor até a idade de 21 anos completos.

Noutro giro, na atualidade, uma miríade de estudos[30] tem apontado as discrepâncias na tributação brasileira do consumo, da renda e do patrimônio, a partir dos marcadores sociais de gênero, classe e raça (Borges, 2023; Conceição, 2023; Menezes, 2023; Narcizo, 2024; Oliveira; Gomes, 2023; Rocha, 2021; Santos, 2023), revelando as iniquidades do sistema tributário brasileiro em vigor, que mantém os menos abastados, em sua maioria negros, e principalmente mulheres negras, na base da pirâmide socioeconômica.

Mais recentemente, o país realizou uma reforma tributária, promulgada no dia 20 de dezembro de 2023. A reforma foi destaque da política econômica do primeiro ano do novo governo do presidente, Luiz Inácio Lula da Silva (Lula III). A frase proferida pelo atual presidente, "colocar o pobre no orçamento e o rico no imposto de renda", foi o mote da campanha eleitoral de 2022. De fato, a reforma tributária constava das propostas de campanha de Lula para as eleições de 2022,

---

30 Seguindo a trilha de estudos anteriores, sobretudo do norte global, como: ELSON, Diane. Male Bias in the Development Process: An Overview. In: ELSON, Diane (org.). **Male Bias in the Development Process**. Manchester: Manchester University Press, 1991. p. 1-28; ELSON, Diane. **The Impact of Structural Adjustment on Women:** Concepts and Issues. [S. l.]: International Development Centre: Faculty of Economic and Social Studies: University of Manchester, 1987. Disponível em: https://econpapers.repec.org/RePEc:ags:umandp:232636. Acesso em: 17 fev. 2023; YAZICIOĞLU, A. E. **Pink Tax and the Law**: Discriminating Against Women Consumers. New York: Routledge, 2018.; STOTSKY, Janet G. **Gender Bias in Tax Systems**. IMF Working Paper, [s. l.], n. 96/99, p. 1-18, set. 96. Disponível em: https://ssrn.com/abstract=882995. Acesso em: 17 fev. 2023; OECD. **Tax Policy and Gender Equality**: A Stocktake of Country Approaches. Paris: OECD Publishing, 2022. Disponível em: https://www.oecd-ilibrary.org/taxation/tax-policy-and-gender-equality_b8177aea-en. Acesso em: 17 fev. 2023; CASALE, Daniela Maria. Indirect Taxation and gender equity: evidence from South Africa. **Feminist Economics**, [s. l.], v. 18, n. 3, p. 25-54, jul. 2012.

como se vê na peça de campanha “Diretrizes para o programa de reconstrução e transformação do Brasil”.

Ocorre que o governo optou por dividir a reforma tributária em duas fases, a primeira calcada nos tributos indiretos que incidem sobre o consumo, e a segunda nos tributos que incidem sobre a renda[31]. A proposta de reforma da tributação sobre o consumo foi impulsionada pela necessidade de simplificação do sistema tributário brasileiro, medida apresentada pelo governo como indispensável para o crescimento econômico.

A reforma prevê um conjunto de bens e serviços sujeitos a regimes diferenciados de tributação, com alíquota reduzida, e dispõe que esses regimes serão submetidos a avaliação quinquenal de custo-benefício. Ademais, essa avaliação deverá examinar o impacto da legislação dos tributos na promoção da igualdade entre homens e mulheres. Importa mencionar que essa previsão é inédita[32] no direito tributário brasileiro e decorreu da mobilização da sociedade civil,

---

31 Na contramão do que Gobetti e Orair propunham em 2015 no seguinte estudo: GOBETTI, Sérgio Wulff; ORAIR, Rodrigo Octávio. **Progressividade tributária: a agenda esquecida**. XX Prêmio do Tesouro Nacional - 2015. Tema 3: Tópicos Especiais: 1º lugar. 2016, p. 4-5. Ressalta-se que, no momento da produção deste trabalho, Rodrigo Octávio Orair ocupa o cargo de diretor de Programa da Secretaria Extraordinária da Reforma Tributária do Ministério da Fazenda do Governo Federal.

32 Mais informações sobre as disputas na reforma tributária brasileira em: https://observabr.org.br/estudo/quem-foi-quem-na-reforma-tributaria/ (acesso em: 15 set. 2024).

especialmente de acadêmicas[33]. Apesar do avanço, não há nenhuma previsão de critérios que observem o impacto dos tributos nas desigualdades de raça e classe, conformando um silêncio eloquente[34].

Espera-se que estudos ulteriores se debrucem sobre as causas que colaboraram para o sucesso da pauta favorável às mulheres na reforma tributária, ao passo que a questão da desigualdade racial permaneceu incólume. Para os limites do presente trabalho, que investiga a educação fis-

---

33 Em especial, do manifesto do Grupo de Tributação e Gênero da Fundação Getúlio Vargas (FGV) encaminhado ao Senado: https://direitosp.fgv.br/noticias/nucleo-direito-tributario-envia-senado-propostas-alteracao-na-pe-c-reforma-tributaria (acesso em: 15 set. 2024). Documento na íntegra em: https://direitosp.fgv.br/sites/default/files/2021-09/reforma_e_genero_-_final_1.pdf (acesso em: 15 set. 2024). Destaque para a participação da advogada e integrante do Grupo de Pesquisa da FGV, Luiza Machado Menezes, na audiência pública da Comissão de Assuntos Econômicos (CAE) sobre o texto da reforma tributária aprovado na Câmara dos Deputados, em outubro de 2023, oportunidade em que apresentou dados contundentes sobre a relação entre o sistema tributário brasileiro e a desigualdade de gênero no Brasil: https://www12.senado.leg.br/noticias/materias/2023/10/04/imposto-seletivo-e-conselho-federativo-se-destacam-em-debate-sobre-reforma (acesso em: 15 set. 2024).

34 Embora os estudos sobre a interseccionalidade dos mecanismos de opressão e dominação de raça, classe e gênero sejam bastante consolidados, a exemplo de: GONZALEZ, Lélia. **Por um feminismo afro-latino-americano**: ensaios, intervenções e diálogos. Rio de Janeiro: Zahar, 2020.; BIROLI, Flávia; MIGUEL, Luis Felipe. Gênero, raça, classe: opressões cruzadas e convergências na reprodução das desigualdades. **Mediações – Revista de Ciências Sociais**, Londrina, v. 20, n. 2, p. 27-55, 2015. Disponível em: http://www.uel.br/revistas/uel/index.php/ mediacoes/article/view/24124. Acesso em: 7 abr. 2024.; COLLINS, Patricia Hill; BILGE, Sirma. **Interseccionalidade**. São Paulo: Boitempo, 2021.; CRENSHAW, Kimberlé. A interseccionalidade na discriminação de raça e gênero. In: VV. AA. **Cruzamento**: raça e gênero. Brasília, DF: Unifem, 2004. v. 1, p. 7-16.; CRENSHAW, Kimberlé. Demarginalizing the Intersection of Race and Sex: A Black Feminist Critique of Antidiscrimination Doctrine, Feminist Theory and Antiracist Politics. **University of Chicago Legal Forum**, [s. l.], v. 8, n. 1, p. 139-167, 1989. Disponível em: https://chicagounbound.uchicago.edu/cgi/viewcontent.cgi?article=1052&context=uclf. Acesso em: 17 fev. 2023. Inclusive no campo da injusta distribuição da carga tributária brasileira, a exemplo, de: BRASIL. **Carga Tributária Bruta do Governo Geral**. Brasília, DF: Secretaria do Tesouro Nacional, 2022. Boletim (ano calendário 2021).; SALVADOR, Evilasio. **Perfil da desigualdade e da injustiça tributária com base nos declarantes do Imposto de Renda no Brasil 2007-2013**. Brasília, DF: Inesc, 2016. Disponível em: https://www.inesc.org.br/es/perfil-da-desigualdade-e-da-injustica-tributaria/. Acesso em: 28 fev. 2023.

cal no Brasil, convém mencionar que pesquisadores[35] da Universidade Federal do Vale do São Francisco (Univasf) e do Instituto de Ensino e Pesquisa Insper, em parceria com o Movimento Negro Unificado (MNU), concluíram que sete em cada dez concursos públicos para docência em universidades federais não oferecem o mínimo de vagas para reserva aos negros, isto é, os 20% (vinte por cento) das vagas oferecidas nos concursos públicos para provimento de cargos efetivos e empregos públicos no âmbito da administração pública federal, conforme dispõe a Lei n. 12.990, de 9 de junho de 2014.

A desigualdade racial de acesso e permanência dos discentes vai da alfabetização ao ensino superior, é o que revela a Pesquisa Nacional por Amostra de Domicílios (Pnad) sobre educação de 2023[36] do Instituto Brasileiro de Geografia e Estatística (IBGE). De acordo com a pesquisa, 29,5% das pessoas brancas de 18 a 24 anos estavam no ensino superior e 6,5% já tinham se formado. Entre os pretos e pardos, eram apenas 16,4% cursando uma graduação e 2,9% com o diploma.

Os dados e as pesquisas mencionados permitem afirmar que há uma ausência evidente de pessoas negras na academia brasileira, tanto docentes como discentes. Mas é Eliane Barbosa da Conceição, professora do curso de Administração Pública na Universidade da Integração Internacional da Lusofonia Afro-Brasileira (Unilab - CE), quem melhor nos recobra a persistente e oculta relação entre racismo, políticas fiscais e educacionais no Brasil, que, por sua singularidade e importância para a argumentação ora desenvolvida, é reproduzida na íntegra:

---

35 Os dados provêm da análise de 3.130 editais de concursos públicos em 56 universidades e em outros institutos federais de ensino, entre junho de 2014, quando a lei entrou em vigor, e dezembro de 2022. Disponível em: https://www.observatorioopara.com.br/relatorio/ (acesso em: 15 set. 2024).

36 BRASIL. Instituto Brasileiro de Geografia e Estatística. **O sistema educacional brasileiro**. Rio de Janeiro: IBGE, 2024. Disponível em: https://biblioteca.ibge.gov.br/visualizacao/livros/liv102068_informativo.pdf. Acesso em: 11 set. 2023.

> O meu primeiro emprego, porém, me fez rever essa última posição, levando-me a refletir sobre as inconsistências dos impostos diretos aplicados no Brasil. A reflexão nasceu da seguinte constatação: enquanto eu – mulher negra, primeiro diploma universitário de uma família simples, de pai, mãe, tios e avós iletrados, que nada haviam recebido do Estado brasileiro – com meu salário contribuía (muito feliz e agradecida) para o bem-estar da minha família, e complementava minha formação profissional, estudando inglês, as pessoas brancas que ocupavam naquele escritório jurídico posições com vencimentos idênticos ao meu poupavam seus salários para o financiamento da casa própria, viajavam, trocavam de carro. Vinham de famílias social e economicamente estáveis, que lhes havia legado não apenas uma estabilidade econômica, mas também uma herança intelectual. Eram assim bem formados e, em sua maioria, fluentes no inglês, eram superavitários na formação profissional. Assim, como no geral ocorre nas famílias negras, enquanto meu salário financiava um ajuste de contas com o passado, os deles pavimentavam o conforto do presente e os provia para o futuro. Nossos salários brutos e líquidos eram idênticos. Todos contribuíamos com o fisco de igual modo. Só que eu, a única mulher negra no escritório, não era igual a eles. No que diz respeito às esferas da educação formal e patrimonial, meus antepassados nada haviam recebido do Estado e, por conseguinte, nada me haviam legado por herança. Além disso, embora bem formada, eu havia encontrado dificuldades na colocação profissional e, quando "por sorte" obtive um emprego bem pago, veio o fisco morder meu salário da mesma forma que mordia o daquelas pessoas que não viviam na mesma situação de desamparo e vulnerabilidade socioeconômica que eu. Isso não me pareceu justo#(2022, p.156).

As diferenças sociorraciais provenientes do sequestro de pessoas negras na África para serem exploradas no Brasil, que perdurou apesar de a lei tê-lo declarado ilegal, reproduzem-se por meio das políticas educacionais do Estado brasileiro, portanto com a profunda e direcionada participação do poder público, mesmo após a abolição, como será mais bem detalhado na seção seguinte.

O bloco do motor da desigualdade brasileira

> As pessoas são como as palavras
> Só têm sentido se junto das outras
> Foi sonho, foi rima, hoje é fato pra palco
> Eu e você juntos somos nóiz
> Nóiz que ninguém desata
> A rua é nóiz!
> Ser livre tem preço no mundo
>
> *Emicida*

Como a seção antecedente indicou, a educação compõe o sistema de subordinação racial do Estado brasileiro. Nesse sentido, o economista e professor Mário Theodoro, em sua recente e já célebre obra *A sociedade desigual: racismo e branquitude na formação do Brasil*, de 2022, recupera o percurso da política educacional brasileira, evidenciando como esta opera na transmissão e reprodução da desigualdade racial no país, conformando, mesmo na atualidade, o que o autor nomeia como *apartheid* educacional.

O autor explica que, com a proibição em 1850 do tráfico de pessoas para serem escravizadas, o tema da abolição da escravidão ficou em evidência e, com ele, a pergunta central do governo e das elites econômicas brasileiras passou a ser: o que fazer com os negros? É da resposta a essa pergunta que resulta o projeto eugênico de nação, isto é, ancorado na ideia de superioridade dos brancos sobre os negros. E, nesse projeto eugênico de nação, a educação ocupa um lugar central.

De início, sabemos que, embora na Constituição brasileira de 1824[37] houvesse a previsão de instrução primária gratuita a todos os cidadãos, esse termo não englobava a vasta

37 BRASIL. **Constituição Politica do Imperio do Brazil (de 25 de março de 1824)**. Constituição Política do Império do Brasil, elaborada por um Conselho de Estado e outorgada pelo Imperador D. Pedro I, em 25.03.1824. Rio de Janeiro: Secretaria de Estado dos Negócios do Imperio do Brazil, 22 abr. 1824. Disponível em: https://www.planalto.gov.br/ccivil_03/constituicao/constituicao24.htm. Acesso em: 11 abr. 2024.

população negra. Uma lei específica[38] tratou da instrução dispondo em seu artigo 1º que: *"em todas as cidades, vilas e lugares mais populosos, haverão as escolas de primeiras letras que forem necessárias"*. Em seguida, em 12 de agosto de 1834, a Lei n. 16 alterou a Constituição Imperial e atribuiu às Assembleias das Províncias legislar *"sobre instrução pública e estabelecimentos próprios a promovê-la [...]"*.

De fato, até 1930 não havia uma política educacional nacional. O então Ministério da Educação e Saúde Pública, criado em 1930, logo após a chegada de Getúlio Vargas ao poder, inaugura uma concepção de educação de cunho nacional. Segundo Mário Theodoro (2022, p. 173), é no período da República que a educação recebe status de política estratégica para o projeto eugênico estatal, que se fortalece e se institucionaliza entre 1930 e 1940, consolidando um sistema educacional segregacionista e excludente característico da sociedade desigual brasileira.

Para o autor, nas décadas seguintes de 1950, 1960 e 1970, a política educacional[39] é marcada pela queda de qualidade do serviço público, com a redução dos recursos destinados à educação pública, exatamente quando há um aumento da presença da população negra (2022, p. 200),

---

38 BRASIL. **Lei de 15 de outubro de 1827**. Manda crear escolas de primeiras letras em todas as cidades, vilas e lugares mais populosos do Império. Rio de janeiro: Chancellaria-mór do Imperio do Brazil, 31 out. 1827. Disponível em: https://www.planalto.gov.br/ccivil_03/leis/lim/LIM..-15-10-1827.htm#:~:-text=LEI%20DE%2015%20DE%20OUTUBRO,lugares%20mais%20populosos%20do%20Imp%C3%A9rio. Acesso em: 22 out. 2023.

39 Acerca da historiografia da educação brasileira, convém ressaltar que a política educacional foi e permanece objeto de disputa. Assim, há registros de iniciativas da própria comunidade negra para organizar e criar escolas, mesmo no período anterior ao século XX, como revela Mário Theodoro (2022, p. 174, 177). Houve ainda propostas de políticas educacionais que antagonizavam a eugênica com vistas à construção de uma sociedade igualitária, a exemplo das escolas-classe de Anísio Teixeira, como aponta Mário Theodoro (2022, p. 203), e dos Centros Integrados de Educação Pública (Cieps) do Rio de Janeiro, no governo de Leonel Brizola, nos anos de 1980. Além da própria pedagogia e filosofia da educação erigida por Paulo Freire, apontada neste trabalho como outra faceta para a educação fiscal. Ocorre que, como se vê ao longo do presente artigo, essas iniciativas, propostas e perspectivas não se tornaram hegemônicas.

ao passo que há um crescimento das escolas privadas para atender à demanda da classe média urbana. Essa conjuntura resulta no declínio da qualidade das escolas públicas e ascensão do ensino privado elitista. Nesse sentido, explica Mário Theodoro:

> Elites econômicas e classes médias convergiam no sentido de assegurar a higidez do sistema educacional. E higidez aqui se refere ao sentido eugênico do termo, que até hoje vige no Brasil. De um lado, a escola privada é a garantia de que os pobres e pretos não irão ladear os alunos filhos das classes médias brancas. De outro, a melhoria do ensino público traria impactos sobre os diferenciais de qualidade e prejudicaria o mercado privado da educação. Em outras palavras, a educação de qualidade não pode ser acessada pelas classes populares, sob risco de se perder a função atual do sistema escolar na sociedade desigual: ser uma das principais correias de transmissão da desigualdade inter-racial#(2022, p. 204).

Convém ressaltar que há pesquisadores que defendem a mitigação ou matização da ausência de negros na educação pública brasileira anterior ao século XX, sob o argumento de que as legislações das províncias, em sua maioria, proibiam a matrícula de escravos, o que daria margem para que negros livres e libertos pudessem frequentar a escola pública. Entendemos que essa argumentação é contrária à realidade dos fatos[40], como evidencia a inefetividade da Lei de 1831, a

---

40 A categorização do corpo negro, objeto/sujeito, escravo/livre, escravo/estudante negro, cidadão/não cidadão, traficante/usuário, esteve e permanece à mercê de uma burocracia composta por uma elite majoritariamente branca. Tanto assim que, na atualidade, negros são mais frequentemente abordados pela polícia com base em alegada suspeita durante patrulhamento ostensivo em espaços públicos, ao passo que bairros mais ricos e de maioria branca são praticamente imunes a entradas da polícia em domicílio em busca de drogas, conforme pesquisas do Instituto de Pesquisa Econômica Aplicada (Ipea). Disponível em: https://www.ipea.gov.br/portal/categorias/45-todas-as-noticias/noticias/14107-numero-de-reus-negros-em-crimes-por-trafico-de-drogas-no-brasil-e-duas-vezes-superior-ao-de-brancos?highlight=WyJ0clx1MDBlMWZpY28iLCJkcm9nYXMiLCJkcm9nYXMnliwiJ2Ryb2dhcyciLCJuZWdyb3MiXQ== e https://www.ipea.gov.br/portal/publicacao-item?id=200c4256-f79e-4ae4-90b5-031e602d15a6 (acesso em: 15 set. 2024).

qual, ainda que tenha declarado ilegal o tráfico de pessoas para escravidão no Brasil, foi descumprida reiteradamente pelas elites políticas e econômicas e acobertadas pela burocracia estatal.

Nesse sentido, acerca do sistema burocrático destinado a calar o antiescravismo, ainda que ao arrepio da lei, explicam os pesquisadores Tâmis Parron, Paulo Pereira, João Leite e Jean Veloso (2022) no estudo já citado:

> No começo dos anos de 1850, o todo-poderoso ministro da Justiça Nabuco de Araújo, pai do abolicionista Joaquim Nabuco, repreendeu um juiz de Jundiaí (SP) que fez menção de aplicar a lei de 1831. Disse que seguir a lei era de um "rigor contrário à utilidade pública e pensamento do governo", desrespeitando a prescrição prática "que o governo se impôs com a aprovação geral do país e por princípios de ordem pública e alta política". Se você acha que não entendeu, a cena é esta mesmo: o ministro da Justiça passando um pito em um juiz que só queria fazer o que aprendeu na faculdade, aplicar uma lei que não tinha sido revogada. Eusébio de Queiroz, chefe da polícia do Rio de Janeiro, defendeu a presunção de escravidão seguindo um silogismo racista do tipo se preto, logo escravo: nada de ficar, portanto, procurando a liberdade nas leis.

Ocorre que a segregação racial no Brasil é constantemente negada. E há quem entenda que nunca houve de fato uma apartação institucionalizada pelo Estado entre brancos e negros no Brasil, tal qual em outros países, como os Estados Unidos da América (EUA). Nesse sentido, ao tratar da segregação racial e dos padrões educacionais nos EUA, a professora, teórica feminista e ativista antirracista estadunidense bell hooks descreve uma nova conformação segregacionista *ipso facto* por meio da qual se reproduz a velha segregação racial na educação, a ver:

> Nos Estados Unidos, escolas segregadas estão se tornando a norma por todo o país. Conforme a mobilidade de classe e um mercado imobiliário racista fazem bairros predominantemente brancos serem cada vez mais comuns, sobretudo em

> áreas com novas casas luxuosas, mais escolas são construídas para atender às necessidades desses bairros. Assim, as escolas do centro da cidade ou em cidades pequenas ou próximas de grandes centros urbanos tendem a ser as que apresentam diversidade étnica. Muitas são majoritariamente negras, hispânicas ou compostas por uma mistura étnica não branca. Essa segregação racial *ipso facto*, em geral, não é vista como relacionada ao racismo institucionalizado, mas considerada uma questão de classe. A velha segregação racial na educação está sendo restabelecida, aperfeiçoada, à medida que escolas constituídas por pessoas pobres não brancas e pela classe trabalhadora de nossa nação são consideradas inferiores; essas instituições recebem menos financiamento e, como consequência, carecem de recursos para suprimentos básicos. Ainda assim, pessoas afro-estadunidenses estão mais inclinadas do que nunca a apoiar escolas segregadas, pois temem o preconceito racial que molda a grade curricular e as perspectivas de professores racistas (de qualquer cor) em escolas públicas (2021, p. 123).

A descrição da segregação racial na educação, reputada mera questão de classe, portanto não segregação racial, como denunciado por bell hooks, é idêntica à descrição do caso emblemático por meio do qual Mário Theodoro apresenta o apartheid educacional brasileiro, a ver:

> A Escola de Ensino Fundamental (CEF) 01 é a única instituição pública do gênero no Lago Norte de Brasília. O alunato é largamente composto por filhos de empregadas domésticas e crianças residentes nas áreas periféricas adjacentes (Varjão e Vila Paranoá). Esses meninos e meninas, pobres e em sua maioria negros, não se relacionam com os meninos e meninas do bairro, matriculados em colégios confessionais e particulares. A CEF 01 é uma ilha de estudantes de baixa renda em uma área de riqueza e, como a maioria das escolas públicas, carece de equipamentos pedagógicos e encontra-se em estado de conservação precário (2022, p. 171).

Isso posto, o abismo ou *apartheid* educacional entre brancos e negros, que compõe o sofisticado mecanismo de desigualdade da sociedade brasileira, persiste na atualidade, e a ausência de docentes negros nas universidades públicas, apesar da importante política de cotas raciais[41] para ingresso de negros nas universidades, fruto das lutas e resistência do movimento negro no Brasil, permite-nos afirmar que o projeto político de segregação racial por meio da educação é não apenas anterior ao século XX, como vigora até os tempos atuais.

Apresentadas as bases da tessitura que acomodam a relação indecomponível entre as histórias do Estado, da tributação, da educação e da desigualdade no Brasil, resta analisar como esse aparato dialoga com a educação fiscal brasileira contemporânea, internacionalmente informada. Esse é o objeto da próxima seção.

4. A modernização do passado

> Modernizar o passado
> É uma evolução musical
> Cadê as notas que estavam aqui
> Não preciso delas!
> Basta deixar tudo soando bem aos ouvidos
> O medo dá origem ao mal
> O homem coletivo sente a necessidade de lutar
> O orgulho, a arrogância, a glória
> Enche a imaginação de domínio
> São demônios, os que destroem o poder bravio da humanidade
>
> Chico Science

41 No caso do ensino superior, a política de cotas raciais para acesso da população negra, importante instrumento de contraposição à desigualdade racial e ao racismo, tem mitigado o abismo entre brancos e negros (instituída pela Lei n. 12.711, de 29 de agosto de 2012 e recentemente alterada pela Lei n. 14.723, de 13 de novembro de 2023). Para mais informações, acesse: https://www.gov.br/mec/pt-br/lei-de-cotas (acesso em: 15 set. 2024). Historicamente, a qualidade do ensino público no Brasil foi assimétrica, sendo ínfima no nível básico e elevada no nível superior, de modo que o acesso aos graus educacionais mais elevados ficou reservado às elites em detrimento dos pobres, em sua maioria negros.

Em 2015, a OCDE publicou o seu primeiro livro com vistas a referenciar, globalmente, a educação dos contribuintes, intitulado *Building Tax Culture, Compliance and Citizenship: a Global Source Book on Taxpayer Education*[42].

O documento é apresentado como o principal resultado do Grupo de Trabalho sobre Fiscalidade e Desenvolvimento da OCDE, criado em 2010 para impulsionar a agenda de desenvolvimento dos países por meio das suas próprias administrações fiscais.

O livro aponta que a educação dos "pagadores de tributos", isto é, dos contribuintes, compõe as novas estratégias das administrações fiscais dos governos, com o intuito de arrecadar mais recursos para fazer frente à redução das receitas decorrente da recessão econômica e contração dos fundos de desenvolvimento.

Além disso, segundo a OCDE, a educação dos contribuintes, ou educação fiscal, nomenclatura que adotamos neste trabalho, configura um novo modelo de administração fiscal dedicado à construção de uma, igualmente nova, relação entre os contribuintes e o Estado, uma vez que visa informar a utilização dos recursos fiscais em prol do bem comum e, por conseguinte, os males advindos de fraudes, sonegações e corrupções para toda a coletividade. Essa nova conjuntura conformaria uma moral fiscal positiva e fortaleceria o adimplemento fiscal, atrelando cidadania à conformidade fiscal.

O livro almeja ser um guia para os profissionais das administrações fiscais. Para tanto, apresenta, com base nas informações fornecidas pelas administrações fiscais nacionais, projetos de educação fiscal implementados por 28 países e considerados bem-sucedidos pela organização: Bangladesh: Dia Nacional do Imposto de Renda; Butão: *Workshops* de contabilidade para pequenas empresas; Brasil: Apoio contábil e tributário aos contribuintes de baixa renda; Burundi: Alcançar o setor informal; Chile: Uma presença on-

42 Em tradução livre: "Construindo cultura fiscal, compliance e cidadania: um livro de referência global sobre a educação do contribuinte".

-line emergente; Colômbia: Assinatura digital e declarações on-line; Costa Rica: A sala de jogos "Tributo ao meu país"; El Salvador: O diploma de educação fiscal – ensinando professores a ensinar impostos; Estônia: A iniciativa *e-tax/e-customs;* Guatemala: Quando se trata de impostos, a força está nos números; Jamaica: STEP – O Programa de Educação do Contribuinte Escolar; Quênia: O Programa de Extensão Escolar; Coreia do Sul: Classes fiscais para pequenas empresas; Líbano: O calendário "Tempo para Impostos"; Malásia: Diversão fiscal para crianças; Maurício: Construindo uma cultura de conformidade; México: Imposto sobre o Ensino no Ensino Superior; Marrocos: Educar as crianças sobre os impostos; Moçambique: Juntos, construindo o momento para uma boa cidadania; Nigéria: Novela fiscal; Peru: Estratégia mestra para educação fiscal; Ruanda: Celebrando o contribuinte; Senegal: Dias Nacionais de Informação; Singapura: Serviço de não arquivamento; África do Sul: Unidades fiscais móveis; Turquia: Simplificando os rendimentos de arrendamento; Uruguai: Jogos de computador com tema fiscal; Zâmbia: Conversa fiscal.

Todos esses países são classificados pela OCDE como em desenvolvimento, entre eles o Brasil. Alguns contam com a cooperação de organizações internacionais ou outros países desenvolvidos, que ajudam a implementar esses projetos em países em desenvolvimento, a exemplo do trabalho da União Europeia por meio do programa EUROsociAL em El Salvador e na Costa Rica, do apoio prestado pela Agência Alemã de Cooperação para o Desenvolvimento (GIZ) em vários países (por exemplo, na Zâmbia), de iniciativas bilaterais como as da Agência dos Estados Unidos para o Desenvolvimento Internacional (Usaid) e a TradeMark East Africa no Burundi, da Agência Dinamarquesa de Desenvolvimento Internacional (Danida) no Butão e do Programa das Nações Unidas para o Desenvolvimento (Pnud) no Líbano. O guia conceitua educação fiscal como:

> A educação dos contribuintes abrange uma vasta gama de atividades e intervenientes – desde programas governamen-

> tais para encorajar um comportamento fiscalmente cumpridor, aos esforços das organizações empresariais para mobilizar e representar os interesses dos seus membros em questões fiscais, até iniciativas da sociedade civil para trazer os cidadãos para os debates políticos sobre arrecadação e redistribuição de impostos (2015, p. 16, tradução nossa).

O livro concentra-se nos projetos realizados pelas administrações fiscais nacionais e em como estas operam para "melhorar o cumprimento e a moral fiscais" (2015, p. 3, tradução nossa). Ressalta-se que a Secretaria Especial da Receita Federal do Brasil, ou Receita Federal, como é conhecido o órgão da Ministério da Fazenda, promove ações de educação fiscal desde a década de 1970.

O caso do Brasil apresentado no livro, objeto deste artigo, é o "apoio contábil e fiscal para contribuintes de baixa renda", da Receita Federal. O programa visa aumentar a conformidade e a aceitação social da tributação, por meio do estreitamento de laços entre a administração fiscal e os contribuintes em ações que disseminam informações sobre o cumprimento das normas fiscais. Os objetivos do programa, segundo a Receita Federal, são:

> a) informar os cidadãos sobre os seus direitos e deveres, sobre o papel socioeconômico da tributação e sobre o controle social das despesas públicas; b) conscientizar sobre as obrigações fiscais e aduaneiras e fazer todos os esforços para simplificá-las; c) informar os contribuintes sobre os serviços da Receita Federal, especialmente o contribuinte dos serviços on-line; d) contribuir para a melhoria contínua da qualidade do serviço e para a integração da agência no dia a dia das pessoas; e) promover a cooperação entre parceiros institucionais (OCDE, 2015, p. 38, tradução nossa).

Dada a complexidade do sistema tributário brasileiro e a dificuldade de acesso ao sistema judicial pelos menos favorecidos, as universidades costumam fornecer de forma gratuita o aconselhamento jurídico e contábil. Esses serviços gratuitos são realizados nas instituições de ensino em espaços que recebem nomes diversos, como "clínicas", "laboratórios" ou

Serviço de Apoio Jurídico (Saju) a pessoas desassistidas, nos quais os estudantes podem, sob orientação de professores, colocar em prática os conhecimentos adquiridos.

Com base no êxito desses serviços e inspirada na experiência dos Estados Unidos, onde organizações não governamentais (ONGs) ajudam as pessoas mais pobres em questões fiscais, a Receita Federal, em 2008, concebeu os Núcleos de Apoio Contábil e Fiscal (NAF). Contudo, apenas em 2011 é que as primeiras faculdades firmaram parcerias com a Receita Federal, criando os NAF[43]. Na época da publicação do livro da OCDE, em 2015, existiam 26 centros desse tipo em todo o Brasil.

Mais recentemente, em 2021, a OCDE publicou a segunda versão do guia, intitulado *Building Tax Culture, Compliance and Citizenship: a global source book on taxpayer education, second edition*[44]. A partir do trabalho desenvolvido na primeira edição, o livro, que analisa 59 iniciativas de educação fiscal promovidas por países desenvolvidos e em desenvolvimento, centra-se nas atividades realizadas pelas administrações fiscais nacionais, mas inclui e reconhece iniciativas da sociedade civil no que diz respeito à educação fiscal.

Assim como o anterior, o documento pretende ser um guia prático para seleção, desenvolvimento e implementação de novas iniciativas, ou aperfeiçoamento das já existentes. Ressalta-se que o livro faz parte do trabalho desenvolvido pela OCDE sobre a moral fiscal, uma vez que "só por meio do cumprimento voluntário generalizado é que os países serão capazes de angariar as receitas necessárias para alcançar os Objetivos de Desenvolvimento Sustentável" (OCDE, 2021, p. 3, tradução nossa).

Para tanto, a OCDE solicitou às administrações fiscais nacionais de países membros e não membros que selecionas-

---

43 Ressalta-se que os NAF não são uma extensão da Receita Federal e apenas atuam em cooperação com universidades. Não há participação de ONG no modelo brasileiro.

44 Em tradução livre: "Construindo cultura fiscal, compliance e cidadania: um livro de fonte global sobre educação do contribuinte, segunda edição".

sem um número limitado (até três) do que consideravam as suas principais iniciativas de educação fiscal, o que resultou em 140 iniciativas. Com base nesses dados, o livro apresenta uma tipologia a partir das abordagens adotadas para a educação fiscal.

De início, convém observar que, embora a finalidade da moral fiscal positiva (conformidade fiscal) continue sendo central, a segunda edição acrescenta outra justificativa para que os países, inclusive os desenvolvidos, promovam ações de educação fiscal: a cooperação fiscal internacional para combater a evasão fiscal e fortalecer as administrações fiscais nacionais.

Além disso, enquanto a primeira versão, de 2015, propunha uma categorização a partir do sujeito que promovia as ações de educação fiscal – a) programas governamentais; b) organizações empresariais; c) sociedade civil –, a segunda edição, de 2021, cria uma taxonomia a partir das atividades centrais – a) ensino; b) comunicação; c) prestação de assistência prática.

A segunda edição do livro da OCDE adota um conceito não restritivo de educação, incluindo um conjunto de iniciativas que visam à construção de uma cultura de cumprimento fiscal. Assim, há três categorias de educação fiscal: a) ensino – ensinar os contribuintes, proporcionando aulas aprofundadas, construindo novos conhecimentos e competências; b) sensibilização – utilizar ferramentas de comunicação a fim de sensibilizar os contribuintes para os diferentes aspectos da fiscalidade, incluindo obrigações, prazos, direitos dos contribuintes e como os impostos são gastos; c) assistência – proporcionar aos contribuintes assistência prática no cumprimento das obrigações fiscais. O guia divide as três categorias em subcategorias.

A categoria ensino é dividida em razão do público-alvo e conforma três subcategorias, que são: a) estudantes; b) centradas nas empresas; c) particulares. Por sua vez, a categoria sensibilização é subdividida em três, a partir do objetivo da comunicação, quais sejam: a) campanhas de informação;

b) construir uma relação mais forte e positiva com os contribuintes; c) mensagens personalizadas para grupos de contribuintes. Já a categoria assistência é subdivida em duas subcategorias, de acordo com o critério de haver ou não novas ferramentas ou serviços fiscais: a) assistência prática; b) assistência prática associada ao desenvolvimento ou à implementação de novas ferramentas e serviços.

O primeiro documento reafirma a relação entre educação fiscal, moral fiscal e conformidade do contribuinte, isto é, a razão de ser precípua da educação fiscal é servir de instrumento para a moral fiscal positiva e consequente conformidade do contribuinte. Nesse sentido, explicita a segunda edição do livro-guia de educação fiscal global da OCDE:

> Embora não exista uma definição única de educação dos contribuintes, é um meio de capacitar os contribuintes, dando-lhes conhecimentos e ferramentas para poderem compreender melhor o sistema fiscal, aumentar a sua moral fiscal e, finalmente, aumentar o cumprimento fiscal (OCDE, 2021, p. 20, tradução nossa).

Apresentado o panorama da educação fiscal brasileira contemporânea, internacionalmente informada, erigida em consonância com os padrões da OCDE, convém analisar como a educação fiscal dialoga com a intrincada conexão entre as histórias do Estado, da tributação, da educação e da desigualdade no Brasil, tratadas nas seções anteriores deste artigo. E, a partir desse exame, buscar indícios dos fatores e contextos que contribuíram para a não adoção da pedagogia emancipadora do filósofo da educação e pedagogo Paulo Freire.

Assim, uma rápida busca no primeiro livro de educação fiscal da OCDE, *Building Tax Culture, Compliance and Citizenship: a Global Source Book on Taxpayer Education,* de 2015, de 195 páginas, revela que ele contém 22 menções a "*moral* ou *morale* ou *morality*", em referência à moral fiscal, e apenas cinco menções a "*inequality*", no sentido de desigualdades sociais.

Por sua vez, a segunda edição do livro, Building Tax Culture, Compliance and Citizenship: a Global Source Book on Taxpayer Education, Second Edition, de 2021, de 150 páginas, contém 58 menções a "moral ou morale ou morality", em referência à moral fiscal, e nenhuma menção a "inequality", no sentido de desigualdades sociais.

Além disso, outro ponto que merece atenção é a centralidade conferida pela OCDE às ações de educação fiscal realizadas pelas administrações fiscais nacionais, ainda que o documento de 2021 tenha incluído outras. Ambos os livros almejam ser guias para que as administrações fiscais produzam ou aperfeiçoem programas de educação fiscal, gestados unilateral e verticalmente da burocracia estatal para a sociedade, o que nos rememora que as elites acadêmica e burocrática brasileira são compostas majoritariamente por homens brancos, conforme a *Nota Técnica - Perfil racial do serviço civil ativo do executivo federal (1999-2020)* do Instituto de Pesquisa Econômica Aplicada (Ipea), de 2021, que constatou que 57,2% dos auditores da receita federal são homens brancos e 11,6% são homens negros. Mulheres negras não ocupam nem 3% dos quadros de auditores da Receita Federal brasileira.

A par disso, como se viu, o modelo de educação fiscal adotado no Brasil e disseminado pela OCDE tem por finalidade instituir uma moral fiscal positiva, portanto centrada nas questões "por que e como pagar tributos" – em vez de "como os tributos reproduzem, ampliam e mantêm desigualdades". Isso não se afasta do quadro exposto nas seções anteriores.

Por sua vez, no que se refere especificamente aos livros-guia produzidos pela OCDE para direcionar e orientar a educação fiscal nos países emergentes, a professora da Faculdade de Educação na Universidade de Cambridge, no Reino Unido, Kathryn Moeller, em recente trabalho intitulado *On hauntings and hierarchies: bridging between elite universi-*

ties and communities[45], trata dos emaranhados históricos e atuais entre as universidades de elite do norte global, o império, a colonização e a violência epistêmica, que continuam a dominar a produção intelectual e utilizar a educação como mecanismo de extração. A autora propõe as seguintes medidas para que possamos nos opor a que a educação seja (ou permaneça) um instrumento de colonização do sul pelo norte e de expropriação de saberes das comunidades tradicionais para universidades elitizadas:

> (1) Primeiro, repensar – como insiste Freire, temos que ser capazes de ler a palavra e o mundo, mas não podemos fazer isso usando formas de conhecimento supremacistas brancas, heteropatriarcais, antropocêntricas e colonizadoras. Essas formas de conhecimento hegemônico são fundamentalmente violentas e apagam pessoas, tradições e possibilidades existentes.
>
> (2) Em segundo lugar, reparar – as violências do passado e do presente muitas vezes não foram reconhecidas dentro e pelas nossas universidades, e onde o foram, as quebras de confiança e as desigualdades do presente não foram reparadas. Com base na ideia de democratização de Freire, as universidades precisam enfrentar os danos do passado e do presente, a fim de democratizar o futuro relacionamento com as comunidades. Essas são condições prévias necessárias para a ligação entre universidades e comunidades.
>
> (3) Terceiro, redistribuir – as pontes entre universidades e comunidades devem envolver redistribuição material, e talvez o que é mais transformador, atos de repatriação não só para reparar danos cumulativos e intergeracionais às pessoas, culturas e terras, mas para transformar o nosso futuro coletivo. Por outras palavras, as universidades precisam pensar em como redistribuir os lucros históricos e contemporâneos às comunidades negras e às comunidades das antigas colônias.
>
> (4) Quarto, resistir – as universidades são terrenos de luta e lugares onde podemos prefigurar no momento atual os futuros pluriversais que queremos criar. Deveríamos inspirar-nos

45 Em tradução livre: "Sobre assombrações e hierarquias: pontes entre universidades e comunidades de elite".

> em décadas de lutas estudantis em todo o mundo – desde a criação de programas de estudos étnicos e negros nos EUA que emergiram dos movimentos de libertação até o papel dos estudantes na política revolucionária mais ampla em lugares como a África do Sul e, de forma mais poderosa, hoje, nas lutas feministas das mulheres universitárias no Irã. Essa resistência pode acontecer através e dentro das universidades, mas não pode ser liderada pela universidade, como Freire defenderia. A resistência tem de emergir de comunidades que foram historicamente marginalizadas dessas instituições de elite (2024, p. 39-40, tradução nossa).

Desse modo, não faz sentido produzir e/ou reproduzir e implementar uma educação fiscal apenas com a perspectiva e os saberes dos "azuis", excluindo, ocultando e omitindo os efeitos das políticas fiscais e educacionais brasileiras que, historicamente, mantiveram os "rosas" em uma condição de subalternidade, para usar a didática inspiradora da professora Eliane Barbosa da Conceição, brilhantemente exposta no texto *A parábola do Estado malvado: tributos e população negra no Brasil, de 2022*.[46]

Assim, a hipótese aventada neste artigo é de que a ordem social e hierárquica, fundada tanto na escravatura como nas políticas educacionais e fiscais, nunca parou de se reproduzir por meio de todas as suas interações ao longo do tempo, do império à atualidade. Assim, o modelo de educação fiscal adotado no Brasil, tal qual o proposto pela OCDE, é terreno infértil para a pedagogia emancipadora de Paulo Freire.

---

46 No texto, Eliane Barbosa nos conduz pelas complexas injustiças do sistema tributário brasileiro através de uma metáfora: a metáfora do Estado Malvado. Revela, assim, com a sutileza e astúcia que lhe são peculiares, como os colonizadores, aos quais nomeia de "azuis", exploram os "rosas" e posteriormente utilizam os mecanismos fiscais, em especial a tributação, para manter os "rosas" em uma condição subalterna. Autores da narrativa histórica sobre a colonização, os "azuis" apagam as marcas e conexões entre a exploração (escravização) e a desigualdade sociorracial, e seguem defendendo um sistema tributário supostamente neutro. Em outras palavras, dão a igualdade como contribuintes àqueles que jamais concederam igualdade em direitos, cidadania e oportunidade: os "rosas".

Considerações finais

Este artigo pretendeu desenvolver, por meio de uma exposição ensaística, uma breve historiografia das políticas fiscais e educacionais do Estado brasileiro, seguida de um panorama da educação fiscal nacional, com vistas a incrementar o debate acadêmico. Além disso, almejou explorar os fatores e contextos que contribuíram para a não adoção do pensamento freiriano para a criação de um modelo de educação fiscal emancipador no Brasil, restando investigar as possíveis causas impeditivas. Espera-se, com este artigo, contribuir para o estímulo a ulteriores aportes sobre educação fiscal no Brasil e no mundo, visto que se trata de uma agenda em crescimento.

Ademais, ambiciona-se a instigação de mais estudos teóricos e empíricos sobre temas que circundam o vínculo entre desigualdade, fiscalidade e educação, desde a participação política de grupos socialmente vulnerabilizados em espaços de decisão atinentes às questões ficais, como a recente reforma tributária (Emenda Constitucional n. 132/2032), até a colonização e expropriação por meio da educação, tal qual denunciada por Kathryn Moeller.

REFERÊNCIAS BIBLIOGRÁFICAS

BORGES, Lana. **Tributação e gênero:** políticas públicas de extrafiscalidade e a luta pela igualdade. Belo Horizonte: Fórum, 2023.

BRASIL. Ministério da Economia. **Nota técnica n. 49.** Perfil racial do serviço civil ativo do executivo federal (1999-2020). Brasília, DF: Ipea, jul. 2021. Disponível em: https://portalantigo.ipea.gov.br/agencia/images/stories/PDFs/nota_tecnica/210720_nt_diest_n_49.pdf. Acesso em: 12 abr. 2024.

BRASIL. Instituto Brasileiro de Geografia e Estatística. **Pesquisa de orçamentos familiares 2017-2018:** primeiros resultados. Rio de Janeiro: IBGE: Coordenação de Trabalho e Rendimento, 2019. Disponível em: https://biblioteca.ibge.gov.br/visualizacao/livros/liv101670.pdf. Acesso em: 11 mar. 2024.

CASALE, Daniela Maria. Indirect Taxation and gender equity: evidence from South Africa. **Feminist Economics**, [s. l.], v. 18, n. 3, p. 25-54, jul. 2012.

CONCEIÇÃO, Eliane Barbosa da. A parábola do Estado malvado: tributos e população negra no Brasil. In: SANTOS, Helio (org.). **A resistência negra ao projeto de exclusão racial** – Brasil 200 anos (1822-2022). São Paulo: Jandaíra, 2022.

CONCEIÇÃO, Eliane Barbosa da. **Tributação justa, reparação histórica:** uma discussão necessária. Belo Horizonte: Casa do Direito, 2023.

GOBETTI, Sérgio Wulff; ORAIR, Rodrigo Octávio. **Progressividade tributária:** a agenda negligenciada. Rio de Janeiro: Ipea, abr. 2016. Texto para discussão n. 2190. Disponível em: https://repositorio.ipea.gov.br/bitstream/11058/6633/1/td_2190.pdf. Acesso em: 16 mar. 2024.

GOERTZ, Gary; MAHONEY, James. **A tale of two cultures:** qualitative and quantitative research in the social sciences. New Jersey: Princeton University Press, 2012.

HOOKS, bell. **Ensinando comunidade:** uma pedagogia da esperança. Tradução: Kenia Cardoso. São Paulo: Elefante, 2021.

MAYNTZ, Renate. Mechanisms in the analysis of social macro-phenomena. **Philosophy of the Social Sciences,** [s. l.], v. 34, n. 2, p. 237-259, 2004.

MENEZES, Luiza Machado de Oliveira. **Tributação e desigualdades de gênero e raça:** vieses de gênero na tributação sobre produtos ligados ao trabalho de cuidado e à fisiologia feminina. 2023. Dissertação (Mestrado em Direito) – Faculdade de Direito, Universidade Federal de Minas Gerais, Belo Horizonte, 2023. Disponível em: https://repositorio.ufmg.br/handle/1843/53343. Acesso em: 10 abr. 2023.

MOELLER, Kathryn. Sobre assombrações e hierarquias: pontes entre universidades e comunidades de elite. **Globalização, Sociedades e Educação,** [s. l.], v. 22, n. 1, p. 37-40, 2004.

NARCIZO, Lorena de Fátima Sousa Araújo. **Racismo e sexismo na tributação brasileira sobre o consumo.** Belo Horizonte: Arraes Editores, 2024. Coleção Vozes femininas inspiradoras: coleção de trabalhos acadêmicos, visões, estudos e análises jurídicas de mulheres.

OCDE. **Building Tax Culture, Compliance and Citizenship:** A Global Source Book on Taxpayer Education. OCDE, 2015. Disponível em: https://www.oecd-ilibrary.org/taxation/building-tax-culture-compliance-and-citizenship_9789264205154-en. Acesso em: 16 mar. 2024.

OCDE. **Building Tax Culture, Compliance and Citizenship:** A Global Source Book on Taxpayer Education. Second Edition. [S. l.]: OCDE, 2021. Disponível em: https://www.oecd-ilibrary.org/taxation/building-tax-culture-compliance-and-citizenship-second-edition_18585eb1-en. Acesso em: 16 mar. 2024.

OCDE. *Tax* **Policy and Gender Equality:** A Stocktake of Country Approaches. Paris: OECD Publishing, 2022. Disponível em: https://www.oecd-ilibrary.org/taxation/tax-policy-and-gender-equality_b8177aea-en. Acesso em: 16 mar. 2024.

OLIVEIRA, Daniela Olímpio de; GOMES, Pryscilla Régia de Oliveira (org.). **Tributação e sociedade:** sob perspectiva de mulheres tributaristas. São Paulo: Dialética, 2023.

ROCHA, Isabelle. **Tributação e gênero:** como o Imposto de Renda da Pessoa Física afeta as desigualdades entre homens e mulheres. São Paulo: Dialética, 2021.

SANTOS, Maria Angélica dos. **Tributação e raça:** fabulações tributárias. Belo Horizonte: Casa do Direito, 2023.

SEAWRIGHT, Jason; GERRING, John. Case Selection Techniques in Case Study Research: A Menu of Qualitative and Quantitative Options. **Political Research Quarterly,** [s. l.], v. 61, n. 2, p. 294-308, 2008. Disponível em: http://www.jstor.org/stable/20299733. Acesso em: 2 abr. 2024.

STOTSKY, Janet G. Gender Bias in Tax Systems. **IMF Working Paper** n. 96/99, [s. l.], p. 1-18, set. 1996. Disponível em: https://ssrn.com/abstract=882995. Acesso em: 2 abr. 2024.

THEODORO, Mário. **A sociedade desigual:** racismo e branquitude na formação do Brasil. Rio de Janeiro: Zahar, 2022.

WENNER-GREN FOUNDATION. **Global Initiatives Grant Report** – Tax, Society, and People: Using anthropology to teach young people about tax. [S. l.]: Wenner-Gren Foundation, 6 maio 2024. Disponível em: https://wennergren.org/article/global-initiatives-grant-report-tax-society-and-people-using-anthropology-to-teach-young-people-about-tax/. Acesso em: 2 abr. 2024.

TRIBUTAÇÃO, QUILOMBOS E MEIO AMBIENTE: A ATUAL TRIBUTAÇÃO PRESERVA OU EXTINGUE AS POPULAÇÕES ORIGINÁRIAS?

Carolina Silva Campos

Procuradora Municipal de Brodowski, advogada e professora. Doutoranda em Direito pela Unesp. Mestra em Direito e Desenvolvimento pela Faculdade de Direito de Ribeirão Preto (FRDP/USP). Especialista em Direito Tributário pela Faculdade de Direito de Ribeirão Preto (FDRP/USP).

Introdução

A relação do homem com o meio ambiente se transformou ao longo dos anos. De explorador a gestor da natureza, o fato é que, nos dias atuais, há uma constante preocupação em explorar os recursos naturais de modo a não degradar de forma irrecuperável o meio ambiente.

E essa é a postura adotada pela Constituição Federal de 1988, que erigiu a proteção ambiental a *status* constitucional no art. 225, que expressamente determina ser dever do Estado a proteção dos recursos naturais para as presentes e futuras gerações.

Internamente, para além das disposições constitucionais contidas no art. 225, CF, o fato é que a proteção ao meio ambiente, por ser expressamente tratada constitucionalmente, passou a pautar todas as relações nacionais. Dito de outra forma, a proteção ao meio ambiente é um dos nortes a serem perquiridos por todos, além de constituir importante baliza para as relações sociais. Não terá validade, assim, qualquer contrato, por exemplo, do qual resulte degradação ambiental, mesmo que o meio ambiente não seja, imediatamente, objeto do acordo.

Ademais, sob a ótica do Estado, dado seu dever expresso de proteção ao meio ambiente, todos os seus instrumentos de regulação social devem ser utilizados para fins de proteção ao meio ambiente, ao mesmo tempo que nenhum deles pode ser utilizado como forma de degradação ambiental.

Desse modo, a tributação, um dos mecanismos com que o Estado age socialmente, seja induzindo comportamentos, seja mediante arrecadação de ativos, deve tanto ser utilizada como uma maneira de proteção ao meio ambiente como forma de impedir que a degradação ambiental avance.

Paralelamente, a proteção ambiental passa, também, pelos povos originários, como os quilombolas. Isso porque a relação que os grupos étnicos tradicionais têm com a terra não se assemelha com a dos indivíduos na cultura ocidental. Enquanto para estes a terra é sinônimo de moradia ou de relação comercial, um bem essencialmente fungível, para as comunidades tradicionais a terra funciona como uma realidade social, étnica e cultural muito própria, já que conserva o seu modo peculiar de viver. Logo, é de esperar que a relação dos quilombolas com o seu território seja respeitosa, uma vez que devastar a terra, consequentemente, devasta o próprio modo de vida das comunidades.

Não por outro motivo, a Constituição Federal, quando da disciplina da titulação das terras quilombolas, não conferiu a propriedade aos remanescentes de forma individual, mas coletiva, de maneira a preservar os modos de criar, fazer e viver dessa minoria étnica e cultural, e garantindo, assim, através da titulação coletiva dos imóveis, que essas comunidades tenham garantidas a sua reprodução física, social, econômica e cultural.

Logo, proteger as propriedades quilombolas é proteger o patrimônio histórico-cultural da identidade nacional e defender os recursos naturais.

Assim, a proteção aos quilombos é também valor que deve pautar todas as políticas públicas nacionais, tendo em vista seu papel indispensável à proteção ambiental. Nessa toada, a tributação não pode ser instrumento estatal para violar o modo de viver dos quilombolas, mas uma forma de, na verdade, proteger tal comunidade tradicional.

E aqui reside o problema que o presente trabalho busca investigar: é possível falar em proteção ao meio ambiente sem falar em proteção às comunidades quilombolas? E mais: podem ser admitidas políticas tributárias que admitam a extinção das comunidades quilombolas e, consequentemente, concorram para a degradação ambiental?

A presente pesquisa tem como escopo, assim, a análise de como a atual política tributária voltada aos agrotóxicos se relaciona tanto com a proteção ao meio ambiente quanto com a questão específica das comunidades quilombolas.

Busca-se traçar um paralelo entre como os povos originários preservam o meio ambiente e como os agrotóxicos envenenam essa forma de vida para, então, poder concluir o papel da tributação dos agrotóxicos enquanto um instrumento tributário dentro da necessária proteção do meio ambiente e dos quilombos.

Ao final, o artigo intenta conseguir demonstrar como o Estado, mormente à benéfica tributação dos agrotóxicos, viola, ao mesmo tempo, objetivos e fundamentos constitucionais e o seu dever, também constitucional, de proteção ao meio ambiente e às comunidades quilombolas.

Tributação, quilombo e meio ambiente

O mote do presente trabalho é demonstrar como a tributação age no que toca, concomitantemente, à proteção dos quilombos e à proteção ambiental, tendo em vista que a Constituição Federal estabelece como uma de suas agendas prioritárias a proteção do meio ambiente, e essa proteção passa, necessariamente, pelos povos originários.

Essencial, assim, iniciar o estudo demonstrando o estado da arte da tributação dos agrotóxicos, produtos que, a um só tempo, como será demonstrado, envenenam os recursos naturais e as populações quilombolas.

É preciso investigar, nessa toada, qual o papel do Estado nesse envenenamento, ou seja, se sua atuação se limita a fazer vista grossa com a larga utilização de agrotóxicos nas monoculturas ou se incentiva e estimula o uso de tais defensivos agrícolas.

Uma vez identificada como a tributação dos agrotóxicos se dá, busca-se demonstrar nas seções a seguir como ela deveria ser quanto à obediência aos comandos constitucionais.

De acordo com a legislação pátria (art. 2º, XXVI, Lei 14.785/23), definem-se agrotóxicos como os produtos físicos, químicos ou biológicos usados na produção, no armazenamento ou no beneficiamento de produtos agrícolas "cuja finalidade seja alterar a composição da flora ou da fauna, a fim de preservá-las da ação danosa de seres vivos considerados nocivos".

Os agrotóxicos recebem tratamento tributário diferenciado no país, uma vez que o Estado estabelece isenções tributárias específicas aos defensivos agrícolas.

É o caso do Convênio 100/97, do Conselho Nacional de Política Fazendária (Confaz), que na sua cláusula primeira reduziu 60% da base de cálculo do Imposto sobre Circulação de Mercadorias e Prestação de Serviços (ICMS)[47], e na cláusula terceira[48] autorizou os Estados e o Distrito Federal a conceder às operações internas com os produtos denominados agrotóxicos a isenção total de ICMS ou sua redução de base de cálculo.

Ademais, em âmbito federal, há o Decreto n. 11.158/22, que concede alíquota zero de Imposto sobre Produtos Industrializados (IPI) para inúmeras substâncias conhecidas como agrotóxicos.

O que se verifica, assim, é que existem benefícios fiscais à comercialização de agrotóxicos, representada pela redução da base de cálculo de ICMS e pela isenção de IPI. E são verdadeiros benefícios econômicos, já que há uma drástica redução no montante devido a título do imposto estadual (ICMS) e a desobrigação integral do recolhimento do imposto federal (IPI).

Em ambos os casos, tanto a União Federal quanto os Estados da federação escolheram conceder uma sanção pre-

---

47 "Cláusula primeira - Fica reduzida em 60% (sessenta por cento) a base de cálculo do ICMS nas saídas interestaduais dos seguintes produtos: I - inseticidas, fungicidas, formicidas, herbicidas, parasiticidas, germicidas, acaricidas, nematicidas, raticidas, desfolhantes, dessecantes, espalhantes, adesivos, estimuladores e inibidores de crescimento (reguladores) [...]."

48 "[...] os Estados e o Distrito Federal autorizados a conceder às operações internas com os produtos relacionados nas cláusulas anteriores, redução da base de cálculo ou isenção do ICMS, observadas as respectivas condições para fruição do benefício."

mial à comercialização de agrotóxicos, já que há incentivo fiscal destinado ao citado segmento.

Tal medida não será suprimida pela recente Reforma Tributária aprovada no Congresso, pelo contrário: a partir da EC 132/23, os insumos agropecuários passam a ser titulares de um regime reduzido de tributação. Caberá a uma lei complementar definir quais insumos serão esses.

Uma vez definido o cenário atual da tributação dos agrotóxicos no país, cumpre estabelecer sua relação com a agenda de proteção ambiental estabelecida constitucionalmente.

Meio ambiente e tributação

O art. 225, da Constituição Federal, inaugura uma nova ordem protetiva aos recursos naturais, enumerando, pela primeira vez em texto constitucional, as obrigações do Poder Público em relação à defesa dos recursos naturais, e descrevendo, objetivamente, as responsabilidades estatais, no intuito de coibir a omissão do Estado em relação ao meio ambiente; ainda, estabelece obrigações afirmativas pró-ambiente, com o intuito de desencorajar e obstar as atividades degradantes da qualidade e do equilíbrio ambiental.

Criou, assim, para o Poder Público "um dever constitucional, geral e positivo, representado por verdadeiras *obrigações de fazer*, isto é, de zelar pela defesa (defender) e preservação (preservar) do meio ambiente" (Milaré, 2007, p. 151).

De acordo com Thomé (2015, p. 64), a Constituição Federal, acolhendo o princípio da sustentabilidade, adota a concepção do papel do homem como protetor dos recursos naturais, "na medida em que o meio ambiente saudável só pode ser preservado quando o ser humano utiliza os recursos naturais de maneira racional, preservando-os, tanto para as presentes quanto para as futuras gerações".

Para tanto, o texto constitucional elegeu uma verdadeira gama de responsabilidade, no intuito de efetivar os valores eleitos como relevantes. Nessa toada, o Estado pode coibir atividades poluidoras atuando como agente normativo e como órgão regulador da atividade econômica.

Um importante instrumento econômico do Estado, na busca pela concretização de valores constitucionais, é o manejo de tributos, que podem ser aumentados ou reduzidos, de forma a influenciar as decisões tomadas pelo particular.

Uma vez eleita a proteção do meio ambiente como norma constitucional, não é possível cogitar um sistema tributário alheio à efetivação de tal pilar, pois, conforme preconiza Geraldo Ataliba, quando prefaciou a obra de Aliomar Baleeiro, "não se conhece – e, consequentemente, não se aplica corretamente – o sistema tributário brasileiro, sem amplo, maduro e profundo domínio dos princípios e regras constitucionais" (Baleeiro, 1999).

Ainda, lançar mão da política tributária como uma forma de intervenção do Estado na economia é valiosa arma para se implementarem políticas públicas, advindas da desmedida exploração do meio ambiente. Como pontua Ricardo Carneiro (2001, p. 77), da utilização do sistema tributário em prol do meio ambiente podem decorrer: "tributos ambientais, sistemas de cobrança pelo uso de recursos ambientais, subsídios públicos, sistema de devolução de depósitos, licenças ou créditos negociáveis e seguro ou caução ambiental".

Os objetivos almejados com uma tributação ambientalmente orientada (Vieira, 2011) são dois: principalmente, o incentivo a atividades menos gravosas ao meio ambiente e, em menor grau de importância, o aumento da arrecadação estatal.

Atualmente, há tributos que foram adaptados em virtude do consumo de recursos naturais, como é o caso do ICMS ecológico[49], do IPVA, que prevê alíquotas diferenciadas de acordo com o combustível utilizado pelo automóvel, e das taxas ambientais, que variam conforme a capacidade poluidora da atividade. Há, ainda, com a Reforma Tributária

49 O ICMS ecológico foi introduzido pelo Paraná e hoje encontra-se adotado pelos estados do Acre, Amapá, Ceará, Mato Grosso, Mato Grosso do Sul, Minas Gerais, Goiás, Pernambuco, Piauí, Rio de Janeiro, Rio Grande do Sul, Rondônia, São Paulo, Paraíba e Tocantins. Tal imposto condiciona o volume de repasse obrigatório pertencente a cada município a metas ambientais alcançadas.

recentemente aprovada através da Emenda Constitucional 132/23, a possibilidade de instituição de um imposto sobre atividades danosas ao meio ambiente, o Imposto Seletivo.

No entanto, a utilização dos mecanismos tributários ainda é tímida quando se analisa o seu potencial como auxílio para a questão ambiental, havendo campo para aumentar a importância dos tributos para defesa do meio ambiente.

Afinal, como a Constituição Federal, ao eleger como seus mais caros valores a proteção ambiental, determinou que toda e qualquer ação do Estado seja orientada para a consecução dos citados direitos, fundamentos e objetivos constitucionais, todos os tributos devem estar alinhados à tal orientação.

Ainda, para além de criar instrumentos tributários aptos à proteção ambiental e de manejar os já existentes para perquirir tal objetivo, o Estado deve impedir que os tributos privilegiem atividades prejudiciais aos recursos naturais.

Na esteira do entendimento de que os tributos devem ser geridos de modo a efetivar os valores constitucionalmente eleitos como primordiais, não basta que sejam moldados para privilegiar ações direcionadas à proteção ambiental, uma vez que é igualmente necessário que sejam utilizados para coibir ações danosas ao ambiente.

E é nesse escopo que reside a análise da atual tributação dos agrotóxicos, visto que, neste caso, o Estado está privilegiando, através da tributação, uma atuação danosa ao meio ambiente, não só pelo efeito que os agrotóxicos têm no solo, no ar e na água mas também pelo seu impacto sobre as populações originárias, como os quilombolas.

Meio ambiente e quilombo

Da necessária proteção ambiental, prevista constitucionalmente, nasce o dever de lançar um novo olhar sobre a questão dos quilombos.

Inicialmente, é preciso conceituar o que são comunidades quilombolas ou quilombos:

> Contemporaneamente, portanto, o termo Quilombo não se refere a resíduos ou resquícios arqueológicos de ocupação

> temporal ou de comprovação biológica. Também não se trata de grupos isolados ou de uma população estritamente homogênea. Da mesma forma nem sempre foram constituídos a partir de movimentos insurrecionais ou rebelados mas, sobretudo, consistem em grupos que desenvolveram práticas cotidianas de resistência na manutenção e reprodução de seus modos de vida característicos e na consolidação de um território próprio (O'dwyer, 2002).

A Constituição Federal conferiu aos quilombos o devido prestígio ao dispensá-los os art. 215 e 216, que assentam, respectivamente, que o "Estado protegerá as manifestações das culturas populares [...] afro-brasileiras" e "Ficam tombados todos os documentos e os sítios detentores de reminiscências históricas dos antigos quilombos".

Ocorre que, ao analisar a postura dos quilombos quando do trato dos recursos naturais, verifica-se que os quilombolas, para além de figurarem como patrimônio histórico-cultural, são indispensáveis à proteção do meio ambiente, como um dos responsáveis pela manutenção da alta biodiversidade das florestas nacionais.

Dificilmente a existência de trechos de natureza preservada, que apresentam alta biodiversidade e bom estado de conservação, é apontada como fruto de atuação humana. No imaginário popular, a "mata virgem" é a mata intocada e, assim, preservada; mas essa visão é tida como uma utopia entre os pesquisadores, já que, dificilmente, há áreas completamente inabitadas no mundo (Silva, 2008).

Isso porque, de acordo com Nurit Bensusan (2006), a biodiversidade de uma área seria o produto da história da interação entre o uso humano e o meio ambiente. Logo, "o que é chamado de padrão natural não é senão o resultado de padrões de uso da terra e dos recursos associados, fruto de determinados estilos de vida ao longo do tempo" (Silva, 2008, p. 164).

Como explica Silva (2008), os pesquisadores que se debruçam a estudar a relação do homem com os recursos naturais frequentemente afirmam que o manejo dos recursos, decorrente do modo de vida das populações originárias, é responsável por conservar a cobertura florestal e a alta biodiversidade nas áreas por elas habitadas.

Para as populações tradicionais, a natureza não é tida apenas como fonte de recursos, mas como parte constituinte da vida, o que faz com que suas práticas cotidianas, como a agricultura itinerante, sejam responsáveis pela manutenção e pelo aumento da biodiversidade local.

Assim, é a forma com que a relação entre natureza e ser humano se dá que vai definir se uma região será preservada ou devastada. Tanto o é que, por exemplo, a agricultura de corte e a queima, a chamada coivara, tem estado presente nos ecossistemas florestais há milênios (Sampaio; Angelo-Furlan, 1995), havendo uma diferença entre a forma com que as populações originárias conduzem tal prática e as queimadas praticadas em larga escala por agricultores. A coivara, assim, pode ser realizada para abrir um pequeno trecho na mata para cultivo de alimentos ou para abertura de pequenas clareiras, seguida por um período de descanso após o cultivo, ou ser realizada através da queima de uma longa extensão de terra, com cultivo de monocultura por anos, até que a terra se torne improdutiva.

Como as populações tradicionais têm técnicas próprias de manejo dos recursos naturais, interferem no meio ambiente de modo diferente dos agricultores, mesmo que utilizando as mesmas práticas, provendo o aumento da biodiversidade de um local em vez de sua degradação.

Silva (2008) aponta que o que define se uma prática vai resultar em aumento ou diminuição da diversidade ambiental são os diferentes sistemas econômicos e sócio-políticos e o contexto regional, que moldam a interação humana com a natureza.

Inclusive, a riqueza da biodiversidade pode estar vinculada à atuação humana, principalmente à agricultura itinerante, que interfere no meio ambiente através do manejo das espécies, da domesticação e caça de animais, da proteção de plantas consideradas úteis ou sagradas, da dispersão de sementes, entre outros (Silva, 2008).

Outra diferença sensível entre o uso dos recursos reside no fato de que a forma de exploração das comunidades tradicionais não tem o mesmo objetivo da exploração feita em decorrência do sistema econômico capitalista. Dito de outra forma, enquanto as comunidades tradicionais têm na natureza uma aliada do seu modo de viver, cujos recursos são usados tanto para alimentação quanto para práticas religiosas, a agricultura em longa escala busca a expansão de terras cultiváveis para aumento da produção de monoculturas, visando ao lucro.

Desde que chegaram em terras brasileiras, com o início da escravidão, os negros já se comportavam de forma singular com relação ao manejo dos recursos naturais. Como aponta Andrade (2001, p. 85), enquanto os colonizadores destruíam florestas de modo a "expandir as suas culturas [...], os quilombolas derrubavam a mata em pequenas áreas para fazer culturas de subsistência, [...] que não [...] provocavam a derrubada da floresta".

Ao tratar da República de Palmares, Abdias do Nascimento descreveu como funcionam as comunidades quilombolas, destacando a diferença de produção agrícola quilombola e colonial:

> A República dos Palmares [...] dominou uma área territorial de mais ou menos um terço do tamanho de Portugal. Essa terra pertencia a todos os palmarinos, e o resultado do trabalho coletivo também era propriedade comum. Os autolibertos africanos plantavam e colhiam uma produção agrícola diversificada, diferente da monocultura vigente na colônia [...]. Eficientemente organizados, tanto social quanto politicamente, em sua maneira africana tradicional [...] (2022, p. 69).

Atualmente, como aponta Silva (2008), os territórios quilombolas coincidem com importantes remanescentes de Mata Atlântica, em diferentes estados do país. Do mesmo modo, a comunidade Kalunga, em Goiás, é apontada como área de grande preservação ambiental, no Cerrado, uma vez que o plantio e a colheita, além de feitos para subsistência dos moradores, não esgotam a terra (Taveira *et al.* 2023).

Assim, é inconcebível uma política pública de preservação e regeneração ambiental que não inclua as comunidades tradicionais, como os quilombolas. O papel que tais populações desempenham na manutenção e na expansão da biodiversidade nacional não pode ser relegado a segundo plano, mas deve assumir protagonismo ao pensar em políticas voltadas ao meio ambiente.

Do mesmo modo, não se pode cogitar uma tributação que não se preste a proteger as populações originárias, e, menos ainda, que se coloque como um incentivo à devastação do modo de viver dos quilombos.

Racismo ambiental

O cenário sociojurídico atual, contudo, em que pese à importância dos quilombos para a proteção do meio ambiente, não se mostra favorável e protetivo às comunidades tradicionais.

A questão ambiental, há muito, tem ocupado as manchetes com a necessidade de preservação dos recursos naturais, dada sua finitude e sua importância para a vida humana. Os recentes desastres ambientais que assolaram o país nos últimos tempos, como enchentes, desabamentos de terra, poluição, entre (tantos) outros, têm acendido um alerta quanto à urgência de tratar a questão ambiental com a importância devida, por causa da iminência dos danos irreversíveis.

Paralelamente, um outro alerta também acendeu desses recentes desastres, e diz respeito às pessoas que sofrem com as mazelas ambientais: é possível perceber que grupos historicamente marginalizados são, desproporcional e majoritariamente, as vítimas das catástrofes ambientais. Os que sofrem com desabamentos de terra e enchentes nos centros urbanos, por exemplo, são aqueles que estão nas favelas e em locais à margem de um espaço urbano construído de modo adequado. Do mesmo modo, na área rural, o que se verifica é que o envenenamento da água e do solo, por exemplo, atinge demasiadamente os povos originários.

Diante de tal observação, de que certas etnias são mais penalizadas que outras quando se analisa um desastre ambiental, seja ele de proporções urbanas ou rurais, cunhou-se o termo “racismo ambiental”, cujo conceito refere-se, em síntese, às injustiças ambientais “que recaem de forma desproporcional sobre etnias vulnerabilizadas. [...] Diz respeito a um tipo de desigualdade [...] muito específico: o que recai sobre suas etnias, bem como sobre todo grupo de populações ditas tradicionais [...]” (Herculano, 2008. p. 16).

E não é diferente com as comunidades quilombolas.

Como aponta Pacheco (2006), são, entre outros, os remanescentes de quilombos que, ou são expulsos de suas terras, ou são duramente explorados como mão de obra semiescrava, ou, ainda, são envenenados pelos agrotóxicos utilizados na produção de commodities.

A primeira situação enfrentada pelos quilombos é a luta por território. As monoculturas expulsam os quilombolas e invadem suas terras, em busca de expansão da produção. É assim com o eucalipto e com a cana-de-açúcar, nos estados de Espírito Santo, Bahia, Minas Gerais, Pernambuco e São Paulo, por exemplo[50].

A luta por território é também percebida quanto às pressões imobiliárias. Não é raro que locais em que residem os quilombos, cuja natureza é preservada, sejam buscados para serem cenários de grandes empreendimentos imobiliários, como resorts e hotéis, no litoral de São Paulo e da Bahia, por exemplo.

O quilombo Pitanga dos Palmares, na Bahia, também enfrenta ingerências externas no seu território, localizado próximo de indústrias cujas atividades são extremamente poluidoras, estando sobre dezenas de dutos de produtos tóxicos e tendo instalado dentro de sua fronteira, ainda, um aterro sanitário.

---

50 A Fiocruz desenhou um mapa dos conflitos ambientais, de modo a dar voz às populações que buscam justiça ambiental. O documento está disponível no endereço: https://mapadeconflitos.ensp.fiocruz.br/ (acesso em: 16 set. 2024).

Os exemplos são numerosos e apontam para uma direção: o descaso com as populações quilombolas.

Assim, a atual relação dos quilombos com o meio ambiente não se esgota no papel da proteção dos recursos naturais pelas comunidades tradicionais, uma vez que os quilombolas têm sido vítimas dos desastres ambientes. Para além da pressão por territórios, a degradação ambiental advinda das atividades agrícolas é deveras sensível aos povos tradicionais.

Os desequilíbrios ambientais decorrentes da derrubada de matas nativas para abrir espaço para cultivo de monoculturas, como assoreamento de rios, escassez de água e empobrecimento do solo, representam grande prejuízo à saúde dos trabalhadores das plantações e das pessoas que vivem em suas proximidades, devido ao envenenamento da água, do solo e do ar, decorrente do uso de defensivos agrícolas químicos, os chamados agrotóxicos.

O envenenamento, consequente da larga utilização de agrotóxicos, impede que a água e o solo sejam adequadamente utilizados e impacta sobremaneira as populações quilombolas. É possível perceber o abandono de alguns cultivos, como o de arroz, que deixaram de ser feitos por causa de alteração do regime do rio e do envenenamento das suas águas (Silva, 2008). A pesca também fica prejudicada, além da morte de animais domésticos que ingerem tais produtos. Não se pode olvidar, ainda, do empobrecimento do solo, que, ao perder nutrientes pelas constantes queimadas, deixa de servir para o cultivo de subsistência dos quilombos.

Os danos à saúde também são muitos. A Organização Panamericana de Saúde (Brasil, 1996) informa que os agrotóxicos, após absorvidos por via digestiva, respiratória e/ou dérmica, podem desencadear efeitos variados na saúde humana, prejudicando o sistema nervoso, o respiratório, o fígado, o sistema endócrino, entre outros. Ademais, não são poucos os estudos que relacionam os agrotóxicos aos mais variados tipos de câncer (Romano *et al.*, 2008).

Essas incontáveis pesquisas na área levaram o Instituto Nacional de Câncer (Inca) a lançar uma Nota Pública com o intuito de "[...] demarcar o posicionamento do INCA contra as atuais práticas de uso de agrotóxicos no Brasil e ressaltar seus riscos à saúde, em especial nas causas do câncer" (Brasil, [2015], local. 2).

É curioso notar que os quilombos também se utilizam de recursos para evitar as pragas em suas plantações e para aumentar a produtividade de seu cultivo. No entanto, em vez de defensivos e fertilizantes químicos, usam folhas de fumo misturadas com água, urina de vaca e adubo orgânico presente no esterco dos animais (Silva, 2008). Da mesma maneira, quilombolas e agricultores lançam mão da derrubada de matas para aumentar os espaços cultiváveis, mas enquanto aqueles buscam a rotação das culturas, estes buscam o aumento da exploração. Os resultados diversos obtidos com as práticas semelhantes de ambos os grupos é reflexo dos diferentes objetivos advindos da utilização da terra: os agricultores visam aos lucros da exploração, e os quilombolas buscam sua sobrevivência (física, cultural e religiosa).

A atual relação dos quilombos com o meio ambiente, assim, não se esgota no papel da proteção dos recursos naturais pelas comunidades tradicionais, mas reverbera no fato de que são vítimas numerosas dos desastres ambientes.

Nessa toada, o que se verifica é a ausência do Estado no que toca à proteção ambiental, perpassando pela proteção dos quilombos. E essa ausência é decorrente não apenas de uma omissão do Estado, um vácuo de atuação em defesa dos quilombos, mas também de uma atividade estatal voltada, especificamente, à manutenção da degradação e, consequentemente, do racismo ambiental.

Quando se analisa a tributação dos agrotóxicos, percebe-se que, apesar do dever estabelecido constitucionalmente de proteção do meio ambiente e das comunidades quilombolas, o Estado não é omisso, pelo contrário: estabelece isenções tributárias específicas aos defensivos agrícolas, tendo parte, portanto, na devastação ambiental.

Ou seja, diferentemente do que foi antes esposado no presente trabalho, de que os instrumentos econômicos, mormente à tributação, devem ser utilizados para induzir comportamentos no particular quanto à proteção do meio ambiente, o que na prática se vê, na verdade, é um incentivo estatal, conferido através da redução de tributos, da realização de práticas completamente contrárias às defendidas pelo texto constitucional.

Não há outra conclusão: a atual tributação dos agrotóxicos é um incentivo à degradação ambiental, seja pelo envenenamento da água, do solo e do ar, seja por representar um instrumento de extinção de comunidades quilombolas.

Conclusões

O presente artigo buscou demonstrar que, sendo a proteção ao meio ambiente valor constitucionalmente elegido como primordial para a sociedade brasileira, e sendo os quilombos importantes aliados na manutenção da biodiversidade e na recuperação dos recursos naturais, a atividade tributária do Estado deveria estar voltada à proteção dos recursos naturais e à proteção dos quilombos, dado o seu dever constitucional estabelecido, entre outros, nos art. 215, 216 e 225 da Constituição Federal.

Ocorre que, apesar das tímidas tentativas de estabelecer uma tributação verde no país, o que se verifica, na verdade, é a utilização dos tributos de modo a privilegiar produtos prejudiciais aos recursos naturais e à saúde daqueles que vivem nas proximidades do seu uso. Isso porque a União Federal e os Estados estabelecem incentivos fiscais específicos para o uso dos agrotóxicos, produtos que envenenam o solo, o ar, a água e a saúde daqueles que estão nas proximidades da sua utilização, no caso as populações tradicionais, entre elas os quilombos.

Logo, a agenda tributária no país está na contramão do que preconiza a Constituição Federal, dado o incentivo tributário concedido aos agrotóxicos. Não basta a tímida tentativa de utilização dos tributos em prol do meio ambiente, se há instrumentos fiscais que subvertem o sistema, premiando atividades prejudiciais à natureza e àqueles que nela vivem.

Portanto, não se pode conceber um modelo de tributação que não proteja as populações originárias, dado o seu papel à proteção ambiental. O que, todavia, verifica-se é que o Estado, na contramão dos dizeres constitucionais, atua como incentivador da degradação ambiental, através da isenção tributária de agrotóxicos.

REFERÊNCIAS BIBLIOGRÁFICAS

ANDRARE, Manoel Correia de. Geografia do quilombo. In: MOURA, Clóvis. **Os quilombos na dinâmica social do Brasil**. Maceió: Edufal, 2001. p. 75-86.

BALEEIRO, Aliomar. **Limitações constitucionais ao poder de tributar.** 7. ed. Rio de Janeiro: Forense, 1999.

BENSUSAN, Nurit. **Conservação da biodiversidade em áreas protegidas.** São Paulo: Editora FGV, 2006.

BRASIL. **Constituição da República Federativa do Brasil de 1988.** Nós, representantes do povo brasileiro, [...] promulgamos [...] a seguinte CONSTITUIÇÃO DA REPÚBLICA FEDERATIVA DO BRASIL. Brasília, DF: Presidência da República, 5 out. 1988. Disponível em: https://www.planalto.gov.br/ccivil_03/constituicao/constituicao.htm. Acesso em: 16 set. 2024.

BRASIL. Ministério da Fazenda. **Convênio ICMS 100/97.** Reduz a base de cálculo do ICMS nas saídas dos insumos agropecuários que especifica, e dá outras providências. Brasília, DF: Confaz, 6 nov. 1997. Disponível em: www.confaz.fazenda.gov.br/legislacao/convenios/1997/CV100_97#:~:text=Reduz%20a%20base%20de%20c%C3%A1lculo,especifica%2C%20e%20d%C3%A1%20outras%20provid%C3%AAncias.&text=Publicado%20no%20DOU%20de%2006.11,COTEPE%2DICMS%2017%2F97. Acesso em: 16 set. 2024.

BRASIL. **Decreto n. 11.158, de 29 de julho de 2022.** Aprova a Tabela de Incidência do Imposto sobre Produtos Industrializados – TIPI. Brasília, DF: Presidência da República, 29 jul. 2022. Disponível em: https://www.planalto.gov.br/ccivil_03/_ato2019-2022/2022/decreto/d11158.htm#:~:text=DECRETO%20N%C2%BA%2011.158%2C%20DE%2029%20DE%20JULHO%20DE%202022&text=Aprova%20a%20Tabela%20de%20Incid%C3%AAncia,que%20lhe%20confere%20o%20art. Acesso em: 16 set. 2024.

BRASIL. **Lei n. 14.785, de 27 de dezembro de 2023.** Dispõe sobre a pesquisa, a experimentação, a produção, a embalagem, a rotulagem, o transporte, o armazenamento, a comercialização, a utilização, a importação, a exportação, o destino final dos resíduos e das embalagens, o registro, a classificação, o controle, a inspeção e a fiscalização de agrotóxicos, de produtos de controle ambiental, de seus produtos técnicos e afins [...]. Brasília, DF: Presidência da República, 21 maio 2024. Disponível em: https://www.planalto.gov.br/ccivil_03/_ato2023-2026/2023/lei/l14785.htm. Acesso em: 16 set. 2024.

BRASIL. Ministério da Saúde. **Vigilância do câncer relacionado ao trabalho e ao ambiente.** 2. ed. rev. atual. Rio de Janeiro: Inca, 2010.

BRASIL. Ministério da Saúde. **Posicionamento do Instituto Nacional de Câncer José Alencar Gomes da Silva acerca dos agrotóxicos.** [S. l.]: Inca, [2015].

BRASIL. Ministério da Saúde. Secretaria de Vigilância Sanitária. **Manual de vigilância da saúde de populações expostas a agrotóxicos.** Brasília, DF: Opas, 1996.

CARNEIRO, Ricardo. **Direito ambiental:** uma abordagem econômica. Rio de Janeiro: Forense, 2001.

FIOCRUZ. **Mapa de conflitos:** injustiça ambiental e saúde no Brasil. [S. l.]: Fiocruz, c2024. Disponível em: https://mapadeconflitos.ensp.fiocruz.br. Acesso em: 30 abr. 2024.

HERCULANO, Selene. O clamor por justiça ambiental e contra o racismo ambiental. **Revista de Gestão Integrada em saúde do trabalho e meio ambiente,** [s. l.], v. 3, n. 1, p. 1-20, jan./abr. 2008. Disponível em: http://www3.sp.senac.br/hotsites/blogs/InterfacEHS/wp-content/uploads/2013/07/art-2-2008-6.pdf. Acesso em: 13 dez. 2023.

MILARÉ, Édis. **Direito do ambiente.** 5. ed. São Paulo: Revista dos Tribunais, 2007.

NASCIMENTO, Abdias. **O quilombismo:** documentos de uma militância pan-africanista. 3. ed. rev. São Paulo: Perspectiva, 2019.

O'DWYER, Eliane Cantarino. **Quilombos:** identidade étnica e territorialidade. Rio de Janeiro: Editora FGV, 2002.

PACHECO, Tânia. Desigualdade, injustiça ambiental e racismo: uma luta que transcende a cor. **Development in Practice,** [s. l.], v. 18, n. 6, nov. 2008.

ROMANO, Renata Marino *et al.* A exposição ao glifosato-Roundup causa atraso no início da puberdade em ratos machos. **Brazilian Journal of Veterinary Research and Animal Science,** [s. l.], v. 45, p. 481-487, 2008.

SAMPAIO, Francisco de Azevedo de Arruda; ANGELO-FURLAN, Sueli. **Políticas públicas, desmatamento e agricultura no Vale do rio Ribeira de Iguape.** São Paulo: Instituto de Pesquisas ambientais, 1995. Estudo de caso 5.

SILVA, Simone Rezende da. **Negros na Mata Atlântica, territórios quilombolas e a conservação da natureza.** 2008. Tese (Doutorado em Geografia) – Faculdade de Filosofia, Letras e Ciências Humanas, Universidade de São Paulo, São Paulo, 2008.

TAVEIRA, Ana Celuta Fulgêncio; QUADROS, Eduardo Gusmão de; PURIFICAÇÃO, Marcelo Máximo. Direito Ambiental: o uso da natureza na comunidade remanescente quilombola Kalunga. **Educação, Psicologia e Interfaces,** [s. l.], v. 5, n. 1, p. 1-18, 2023.

THOMÉ, Romeu. **Manual de Direito Ambiental.** 5. ed. Salvador: Juspodivm, 2015.

VIEIRA, Bruno Soeiro. **Os impostos municipais e a proteção do meio ambiente.** Porto Alegre: Nuria Fabris, 2011.

NARRATIVAS DE SALVAÇÃO DA LAVOURA: ENCILHANDO A ECONOMIA, SEM DISRUPÇÕES

Daniela Olímpio de Oliveira

Pesquisadora de temas de Justiça Tributária. Graduada em Direito. Mestre em Direito e Evolução Social pela Universidade Estácio de Sá. Mestre em Filosofia pela Universidade Federal de Juiz de Fora. Doutora em Ciências Jurídicas e Sociais pela Universidade Federal Fluminense. Pós-Doutora em História Econômica pela Universidade de São Paulo. Lattes: http://lattes.cnpq.br/7785243177344888

Notícia-fato: sem disrupções!

Em setembro de 2023, o Ministério Público Federal instaurou Inquérito Civil[51] que teve por objeto: *"Tráfico de pessoas negras escravizadas e o Banco do Brasil: direito à reparação"*[52]. A abertura do procedimento se deu a partir de um manifesto assinado por historiadores de diversas universidades do país, denunciando a contribuição do banco com o tráfico negreiro, solicitando, por fim, a apuração e o amplo debate sobre a responsabilidade das instituições brasileiras, sejam públicas ou privadas, na escravização secular de pessoas.

Houve relação do Banco do Brasil com a escravidão? É uma análise que envolve graus diversos de complexidade e, inclusive, de anacronismos, requerendo acertos no olhar do observador. Alguns fatos históricos econômicos marcaram a cena política sob o aparato do sistema bancário. Portanto, entender a fundação, a composição e a política do Banco do Brasil é um importante passo para

51 MPF, Inquérito civil n. 1.30.001.004372/2023-13. No despacho inicial, ao Banco do Brasil foram solicitadas informações sobre: (i) posição do banco a respeito da sua relação com o tráfico de pessoas negras escravizadas; (ii) existência de pesquisas financiadas pelo Banco do Brasil para avaliar a narrativa sobre a sua própria história; (iii) informações sobre traficantes de pessoas escravizadas e sua relação com o banco; (iv) informações sobre financiamentos realizados pelo Banco do Brasil e sua relação com a escravidão; (v) iniciativas do banco com finalidades específicas de reparação em relação a esse período.

52 NASCIMENTO, Álvaro Pereira do *et al.* **Banco do Brasil**: um banco nacional para um país escravista. Rio de Janeiro: Procuradoria da República, 20 set. 2023. Disponível em: https://labhstc.paginas.ufsc.br/files/2023/10/Documento-%C3%A0-procuradoria-da-Rep%C3%BAblica-BB-e-escravidao.pdf. Acesso em: 17 set. 2024.

compreensão mais ampliada sobre raça e fiscalidade, tributação, créditos e privilégios.

A história do Banco do Brasil conta com alguns intervalos, nos quais o banco foi encerrado e posteriormente tornou a operar. Data sua primeira criação de 1808, a pedido do príncipe D. João com a chegada da família real ao Brasil, tendo a finalidade de financiar a reestruturação da monarquia portuguesa. A necessidade de um banco para operação e desenvolvimento de linhas de crédito, emissão de moedas, facilitação das trocas e depósitos em dinheiro é parte integrante de uma etapa da modernidade alinhada com a razão progressista e com a nova dinâmica de governabilidade das nações.

O retorno da família real a Portugal, em 1821, ocasionou um desfalque nos recursos do banco, com os saques efetuados pela Coroa. O "primeiro" Banco do Brasil (1808-1829) se estabeleceu numa época em que havia apenas outros três bancos emissores no mundo – França, Inglaterra e Suécia.

> Como dom João VI levou consigo o ouro do banco quando regressou a Portugal em 1820, o novo Estado do Brasil começou com cédulas sem lastro. O filho de dom João VI, o imperador dom Pedro I, fez a guerra no Prata e forçou o Banco do Brasil a emitir cédulas fora de qualquer proporção com o pouco ouro disponível em seus cofres. [...]. O governo assumiu a responsabilidade pelas cédulas do Banco do Brasil após sua liquidação, transformando-as em papel-moeda (Schulz, 2013, p. 62).

Alguns poucos anos depois, em 1833, houve uma tentativa de retomar o projeto bancário e a Regência aprovou uma lei prevendo a criação de um novo banco nacional. Mas não foi uma iniciativa bem-sucedida, pois não houve investidores dispostos a avalizar o projeto.

Somente vinte anos depois, em 1853, Dom Pedro II assinou a chamada "lei bancária", Lei n. 683, de 5 de julho de 1853. Poucos meses antes, proferiu um discurso:

> – Augustos e digníssimos representantes da nação, recomendo-vos a criação de um banco solidamente constituído, que dê atividade e expansão às operações do comércio e da

indústria. Nas circunstâncias em que felizmente já nos achamos, semelhante instituição é um elemento indispensável de nossa organização econômica.
[1853, Dom Pedro II]

A lei autorizava o governo a conceder a incorporação e a aprovar os estatutos de um banco de depósitos, descontos e emissão, estabelecido na cidade do Rio de Janeiro.[53] O banco teria vigência inicial de trinta anos. O estatuto, na sequência, autorizou a fusão dos Banco Comercial do Rio de Janeiro (1838) e Banco do Brasil (1851), este último fundado pelo barão de Mauá. Teria, então, surgido, o terceiro Banco do Brasil, com esse nome. O controle da emissão do papel-moeda estava agora sob a tutela do governo imperial, mas somente em 1905, com a consolidação de decretos e aprovação de novos estatutos, o banco deixou de ser privado, passando ao controle acionário do governo.

Por todo esse histórico é que:

> Existem divergências sobre o ano de fundação do atual Banco do Brasil. Há aqueles que apontam 1808, por causa do banco criado por D. João, ou 1851, considerando o empreendimento do Barão de Mauá. O primeiro, contudo, foi fechado e não tem ligação direta com o atual. O segundo, por sua vez, foi puramente comercial e não esteve sob a tutela do Estado. Há, ainda, aqueles que entendem que o atual Banco do Brasil foi criado em 1905, quando o governo assumiu o controle acionário. Isso, porém, desconsidera que, apesar de ter passado por inúmeras reformas ao longo desse tempo, a instituição funcionava ininterruptamente desde a lei de 1853 (Westin, 2023).

53 Cf. BRASIL. **Lei n. 683, de 5 de julho de 1853**. Autorisa o Governo para conceder a incorporação, e approvar os Estatutos de hum Banco de depositos, descontos e emissão, estabelecido na cidade do Rio de Janeiro. Rio de Janeiro: Coleção de Leis do Império do Brasil, 1853. Disponível em: https://www2.camara.leg.br/legin/fed/leimp/1824-1899/lei-683-5-julho-1853-558579-publicacaooriginal-80017-pl.html#:~:text=Autorisa%20o%20Governo%20para%20conceder,cidade%20do%20Rio%20de%20Janeiro. Acesso em: 17 set. 2024.

Entre continuidades e descontinuidades, a história do Banco do Brasil está lastreada pela história política do Brasil. Aliás, importa destacar que vários dos primeiros-ministros do Império foram presidentes do Banco do Brasil e de outros bancos, indicando o alinhamento político com a instituição financeira:

> A elite financeira teve um contato estreito e permanente com a elite política por meio do Banco do Brasil e de outras instituições. Nada menos do que sete primeiros-ministros do Império – Itaborahy, Rio Branco, Sininbú, Dantas, Cotegipe, João Alfredo e Ouro Preto – foram presidentes de bancos em uma fase de suas vidas e podem ser considerados intimamente relacionados com a comunidade financeira (Schulz, 2013, p. 106-107).

Para não nos escusarmos no anacronismo, a atuação histórica do Banco do Brasil na escravidão e no pós-abolição está ancorada, antes, num contexto político-econômico de salvaguarda da lavoura (e, aqui, quando se diz "lavoura", leia-se "a grande propriedade agrícola"), que se dá num senso contínuo de créditos e privilégios fiscais e econômicos. Sem disrupção!

O Banco do Brasil, ou, antes, o sistema bancário atuou na transição do mercado escravocrata para o mercado consumidor, global, assalariado, industrializado, operário, monetário. A sustentação bancária representada por políticos e homens de negócio, cidadãos dos seus tempos, buscou garantir crédito para os empresários do mercado agrícola a partir de seus direitos de propriedade. Isto é, o sistema bancário atuou nas transações que envolviam os escravizados e a política de crédito, sob diversos vieses. Primeiro, ao utilizar da penhora de escravizados como mecanismo de garantia de operações creditícias, ainda que mercadoria tida como desvantajosa:

> Os escravos serviram como garantia para empréstimos de longo e curto prazo desde o período colonial. Obviamente, o escravo também apresentava grandes desvantagens como forma de garantia. Poderia morrer, fugir ou ser vendido sem

> a autorização do credor. Assim sendo, os bancos demonstravam pouco entusiasmo ao fazer empréstimos de longo prazo diretamente aos fazendeiros com essa garantia. **Por falta de uma alternativa melhor, o Banco do Brasil utilizou escravos como garantia quando criou a primeira carteira de hipotecas rurais do país, em 1866** (Schulz, 2013, p. 90, grifo nosso).

Tal política bancária – de aceitar garantia por intermédio de escravizados – foi se desconfigurando com o passar dos anos, perdendo força não por uma pauta ético-moral, mas pela desvalorização das "peças" em virtude da aproximação de uma decisão abolicionista. A partir de 1884, afinal, o Banco do Brasil deixou de aceitar escravizados como garantia. Alguns refinanciamentos foram feitos, e novas hipotecas restavam sem liquidez. Assim se deu, e, já "no início da campanha abolicionista, os diretores do Banco do Brasil questionaram o fato de basear o crédito sobre escravos que, àquela altura, além das dificuldades de serem tomados de seus senhores, em breve poderiam ser libertados".

> A política agrícola do século XIX servia invariavelmente aos interesses da elite. [...]. Leis de hipoteca protegiam tanto os fazendeiros de seus credores que a maioria dos potenciais financiadores se recusava a conceder empréstimos à agricultura. **O Banco do Brasil direcionou seu crédito, assim que se tornou disponível para a agricultura, exclusivamente aos grandes fazendeiros** (Schulz, 2013, p. 27, grifo nosso).

O sistema bancário é vilão? Estamos sendo anacrônicos se o considerarmos vilão. Foi peça de uma grande engrenagem na qual a ordem econômica vigente era exploratória, emancipacionista, mercantilista, protocapitalista. A lógica socioeconômica estava dada historicamente, secularmente. O sistema bancário é uma expressão de um fenômeno, de um fato social, composto de muitos sujeitos e muita objetificação. Retomemos mais um pouco a história, debruçando-nos sobre um peculiar fato histórico-social protagonizado pelo sistema bancário.

Encilhando a Economia

O apagar das luzes da Monarquia no Brasil veio acompanhado de fatos econômicos importantes. Uma bolha inflacionária tomou conta do Brasil no pós-abolição da escravidão, passando pelo proclamar e primeiros meses da República. Esse período, anos 1890-1892, foi chamado de *Encilhamento*. Em sentido literal, *encilhar* é o ato de colocar e apertar os arreios no cavalo, especialmente dito para o cavalo de corrida. Neste período histórico, as corridas de cavalo tornavam-se presentes na sociedade *nobre*, e assim também as apostas. O termo encilhamento também está envolvido com as especulações sobre as corridas e passou a ser empregado para o que se vivia na movimentação de créditos e compra de títulos e ações em novos bancos, com a inundação de oportunidades de negócio surgidas com as leis bancárias do período. Em metáfora, o que se deu foi um *encilhamento da dinâmica econômica.*

Para autores como Taunay (1892), o período correspondeu a um malversado ato republicano que, no afã de organização política sem bom senso, trouxe consequências inflacionárias negativas à sociedade. Para outros, como Bezerra, Araújo e Mattos (2020), o fenômeno é anterior, e o encilhamento decorre de um cenário global, especialmente pelos reflexos da crise na Argentina, com inclusive decreto de moratória (1890) e consequente falência do banco inglês Baring Brothers. Nesta corrente, o Brasil já vinha sofrendo com problemas de liquidez desde a década de 1860 e o encilhamento foi quase um desdobramento *natural* da incapacidade de gestão bancária brasileira. Aproximamo-nos, não obstante, de John Schulz, que estuda o encilhamento como uma *"crise financeira da abolição"*[54] e entende que foi a abolição da escravatura, *"mais do que as forças externas, que gerou a necessidade de uma reforma financeira no Brasil"* (Schulz, 2013, p. 30, grifo nosso).

---

54 Inclusive é o título do seu livro: SCHULZ, John. **A crise financeira da abolição**. Tradução: Denis Augusto Fracalossi. 2. ed. São Paulo: Edusp, 2013.

O período é, de fato, muito interessante, por representar cada uma dessas correntes aqui expostas: (i) a República ensaia seus primeiros passos a partir de uma corrida por inserção nas redes do progresso e da modernidade, com uma política monetária e bancária que se pretende muito promissora. Mas, também, com muitos atropelos, (ii) as inflexões do mercado internacional também estiveram presentes. Os conflitos entre centro e periferia mostravam-se mais claros, pós-emancipação das antigas colônias, e a dependência dos mercados estava evidente. Escassez monetária e de lastro propiciaram quebras de padrões (ouro) para a encampação de correntes mais heterodoxas do pensamento econômico, com a adoção de uma linha papelista (sem padronagem ouro) de emissão de moeda. Mas, (iii) estruturalmente, estamos aqui a considerar ainda mais fortemente o aspecto histórico encaminhado com o fim do tráfico negreiro e, a seguir, da mão de obra escravizada, como marca de uma sociedade econômica que, sem qualquer revisão estrutural, percebeu-se sem condições de suplantar os processos produtivos sem fazer uso de uma outra lógica de Estado – o crédito e o sistema bancário.

Visconde de Taunay (1891, p. 26, grifo nosso) enredou uma novela sobre o *Encilhamento* com escrita irônica e sagaz. Menciona ele a condenação da República como responsável pela crise econômica, com a necessidade política de apoio das elites, que ele chama de *"forças vivas do Brasil, representadas por economias quase seculares e de todo o tempo cautelosas, hesitantes"*. Em outros trechos, ele menciona "(a) jovem república brasileira tem de mostrar ao mundo o que são finanças manipuladas por um pulso de gigante [...]" (Taunay, 1891, p. 106, grifo nosso). E decreta: "(t)ornar-se o Brasil verdadeira república plutocrática; e tal regime só vive de papel bancário e sistema aduaneiro, levados às últimas exagerações" (Taunay, 1891, p. 180, grifo nosso).

Para Taunay, o governo foi o principal responsável pelo caos *encilhado*, seja pela vontade de encerrar a era monárquica, rural e escravocrata, seja pela afobação em criar, disruptivamente, uma república moderna, urbana e liberal. Para ele, "tratava-se a responsabilidade do país em somas pavorosas e brincava-se com o crédito, *o nome e o porvir da nação*" (Taunay, 1891, p. 29, grifo nosso). A razão iluminista para tanto estava dada na necessidade (ou na urgência, como diz Taunay) de consolidar novas instituições para atrair e intermediar crédito. A irresponsabilidade governamental, no entanto, deu-se como numa tragédia anunciada, na total liberação de apólices e emissão de moedas a partir de uma opção papelista, sem cuidado com lastro, sem controle, portanto. Uma irresponsabilidade justificada num discurso pró-modernidade e pró-futuro: *"Que melhor política do que sacar sobre o futuro, sacar sempre, a mais e mais com todo o desembaraço? Não é tão largo, tão extenso o futuro?"* (Taunay, 1891, p. 30, grifo nosso).

A corrida pelas benesses do establishment era uma corrida do ouro. Muitos souberam bem aproveitar a situação: "*– O Santa Firmina 20 contos; não duvido! Vendeu a fazenda do Canudo Velho por 700 contos à companhia União das Casas e Terras, quando, no tempo dos escravos, não valia 200* [...] *e meteu o filho de diretor* [...]" (Taunay, 1891, p. 198, grifo nosso). A proliferação de empresas teve uma razão de Estado: a facilitação do crédito. Veja a descrição do "esquema" pintado pelas tintas do Visconde de Taunay:

> Tipicamente, diversos banqueiros, comerciantes, advogados e políticos respeitados elaborariam um estatuto de uma companhia para realizar uma determinada atividade, como bancária, ferroviária ou têxtil, com um capital acima das necessidades reais da empresa, bem como das possibilidades dos futuros acionistas. Se possível, os fundadores obteriam uma concessão do governo – como uma cessão de terras – para dar algum valor intrínseco à associação. A concessão poderia ser feita à companhia e contaria como o capital social contribuído por seu grupo organizador. Os promotores em seguida venderiam ações ao público. Geralmente, apenas 10 a 20% desse capital seriam depositados no início, o restante com vencimento em algum prazo não definido. Dessa forma, uma companhia estaria totalmente subscrita com um capital

> nominal de 10 mil contos (5 milhões de dólares no câmbio corrente) e apenas mil contos em dinheiro.
> Os diretores do novo empreendimento abririam suas contas pagando 5% do total emitido, ou 500 contos, ao grupo fundador, que incluía esses diretores. O leitor não deixará de perceber que 5% do capital nominal corresponde a não menos do que 50% do capital integralizado. Para criar um clima favorável para atrair os 90% restantes do capital subscrito, os diretores usariam então os outros 500 contos em dinheiro para adquirir ações da companhia da bolsa. Consequentemente, o preço das ações do empreendimento aumentaria, atraindo ainda mais o interesse do investidor. Tão logo quanto possível, os diretores chamariam os outros 10% ou mil contos, de que eles precisavam agora para pagar seus próprios salários e começar as operações. A jovem companhia precisava de uma sede, que o grupo organizador venderia à companhia por um valor consideravelmente maior do que o real. Depois de um semestre em operação, os diretores declaravam um dividendo grande, para aumentar ainda mais o valor de suas ações. Como a companhia não tinha lucros, o dividendo também sairia do capital depositado. Após pagar os salários dos diretores e os dividendos, adquirir suas próprias ações e comprar bens superfaturados de seus fundadores, a companhia se encontraria novamente sem dinheiro. Os diretores chamariam os próximos 10% do capital subscrito e assim sucessivamente, até que os investidores percebessem a fraude. A essa altura, com certeza, os fundadores teriam vendido suas ações com um lucro notável (Taunay, 1891, p. 174-175).

O plano econômico também envolvia a substituição de mão de obra, antes escravizada, agora assalariada. Os novos bancos poderiam intermediar o financiamento de contratos com imigrantes. E, nesta bolha do encilhamento, o eclodir da imigração também se deu. "– *Contratos de imigração a dar com o pau, localização de milhares e milhares de famílias europeias em todas as terras devolutas – imagináveis, um nunca acabar, metade da Europa puxada a reboque para aqui, sem estorvo, nem dificuldade, que não fossem superados*" (Taunay, 1891, p. 28, grifo nosso). A vastidão das terras devolutas aptas a serem entregues aos colonos imigrantes era coisa certa. A política imigratória partiu de uma política agrária de fixação do colono às terras brasileiras. No enredo de Taunay, isso fica evidente nos diálogos, como este: "*– Mas, senhores, o que há a fazer em matéria de imigração é, só por si, um mundo. Essas larguíssimas terras abandonadas por toda parte, entregues ao mato sujo e à samambaia, todas elas divididas em lotes, com uma casinha limpa, bonitinha, à espera do colono* [...]" (Taunay, 1891, p. 111, grifo nosso). Os números sobre imigração trazidos pelo autor apontam um crescimento exponencial em São Paulo, de 5 mil imigrantes em 1884 para 92 mil em 1888 (Taunay, 1891).

Entre 1888 e 1890, alguns decretos criaram o cenário do sistema bancário. O Decreto 3403, de 24 de novembro de 1888, permitiu aos bancos emitir bilhetes ao portador conversíveis em moeda, e ao governo foi permitido contratar os bancos para o resgate do papel-moeda. Na prática, com lastro nesse Decreto 3.403, de 1888, os bancos recebiam dinheiro do Tesouro sem juros, por um prazo que poderia se estender até duas décadas, e, em seguida, deviam emprestar o dobro à lavoura com juros de 6%, por um prazo de até 15 anos. Essas emissões "*deveriam ser lastreadas em ouro, mas não conversíveis em ouro, uma impossibilidade por definição. Na realidade, uma emissão não conversível baseada em ouro não é lastreada em ouro*" (Schulz, 2013, p. 172, grifo nosso). Em 1890, destaque para o Decreto 165, de 17 de janeiro, segundo o qual os bancos receberam privilégios para além do campo monetário. Receberam terras devolutas, puderam desapropriar terrenos, obtiveram autorização para a construção de ferrovias e exploração de minas, incumbiram-se de drenagem do solo, abriram estradas, canalizaram rios.[55]

---

55 BRAZIL. **Decreto n. 165, de 17 de Janeiro de 1890**. Provê á organização de bancos de emissão. Conferir na página 138.

O ministro da Fazenda em 1888 era João Alfredo Correia de Oliveira, o qual foi responsável pela Lei de 24 de novembro de 1888, "Lei Bancária de 1888", como ficou conhecida, que autorizava o financiamento da lavoura e a criação de bancos privados de emissão, que poderiam emitir dinheiro adotando lastro metálico ou sobre títulos da dívida pública. Logo na sequência, em 1889, o Ministério da Fazenda é assumido pelo Visconde de Ouro Preto, que veio a criar o Banco Nacional do Brasil (BNB), com poderes para emitir moeda e controlar o câmbio. Essa autorização foi também estendida para o Banco de São Paulo (SP) e para o Banco do Comércio (RJ). O proclamar da República trouxe o ministro Ruy Barbosa, que deu sequência à reforma monetária, com base na escola heterodoxa papelista e na publicação do Decreto 165 antes mencionado, de 1890.

A expansão da oferta de dinheiro como meio circulante foi tida por muitos como questão de sobrevivência da nova ordem político-econômica. Bezerra, Araújo e Mattos (2020) entendem o período tomando por base as suas influências internacionais. Os planos econômicos se deram em meio a um clima de confiança e projeção do novo regime republicano, carregado de ilusões de dinheiro fácil, fraudes na bolsa de valores do Rio de Janeiro, falências e alta inflacionária (Bezerra; Araújo; Mattos, 2020). Mas o cenário internacional foi também decisivo. A dificuldade de economias periféricas como a brasileira se sustentarem na tônica do "padrão ouro" era enorme. Estávamos diante de uma *natural* tendência "ao desequilíbrio externo e o caráter pró-cíclico desse sistema" (Bezerra; Araújo; Mattos, 2020, p. 80).

Para Schulz (2013) havia uma diferença. A instabilidade monetária não seria fator determinante. O encilhamento seria "um evento conturbado, dentro de um longo período, de 1850 a 1914, de condições financeiras estáveis" (Schulz, 2013, p. 34). A opção de Estado foi a ostensiva *salvação da lavoura*.

Os efeitos imediatos da política econômica foram a criação vertiginosa de bancos e empresas, tudo com base na especulação financeira e monetária.

> Dados de Botelho Jr. (2002) mostram que o número de empresas listadas na bolsa de valores do Rio de Janeiro aumentou de 90 para 450 em apenas um ano. Dentre estas, muitas não existiram na prática, sendo chamadas de 'empresas fantasma'. Assim, no início da primeira década republicana, a resolução do problema de falta de liquidez deu lugar a outro: a euforia no mercado acionário (Bezerra; Araújo; Mattos, 2020, p. 79).

Realmente, o progresso veio. O progresso veio?

> Onde ficavam os *Novos Horizontes do Brasil*, de todos enublados, sem mais um raiozinho de luz após a compra de meia dúzia de fazendas velhas e alguns engenhos de fogo morto, só próprios para enriquecerem os organizadores e a primeira diretoria? Onde os Melhoramentos de tantos pontos do Brasil, que alguns com razão teimavam em apelidar Pioramentos? Onde as *Obras Federais*, tanto tempo conceituadas e em orgulhosa alta, elas que haviam, com perninhas finas, finas, esqueléticas, compridas, intermináveis, procurado abarcar o mundo inteiro? Onde as *Colonizadoras e Industriais* sem conta, que nada colonizavam e só faziam indústria para certo círculo de compadres? Onde os tais *Regionais*, ninho de estupenda, malversações? E os *Institutos Geográficos*? no lamentável aniquilamento, desgraçadas provinciazinhas romanas, depois de administradas, ou melhor, saqueadas por insaciáveis procônsules!
> Facilmente, porém, esquece o brasileiro o bem e o mal (Taunay, 1893, p. 348).

Uma grande engrenagem foi movida pela salvação da lavoura. Com efeitos econômicos questionáveis, como visto. Por outro lado, nenhuma ação foi pensada enquanto plano de governo, medida fiscal ou tributária, qualquer que seja, que pudesse compor uma política pública racial, seja de acolhida, inclusão ou de reparação. Sem disrupções.

Considerações primeiras, não finais

Voltando ao presente, à notícia-fato de 2023, 170 anos de aniversário do Banco do Brasil. Após a Representação do Ministério Público Federal, na manifestação preliminar do Banco do Brasil dentro do Inquérito, o banco apontou que não havia encontrado em seus arquivos elementos sobre a sua ligação com a escravidão.

Com os encaminhamentos do MPF, subsidiados por referências bibliográficas que indicaram pesquisas e estudos científicos sobre o envolvimento do banco com o tráfico negreiro, a instituição foi instada novamente a se posicionar, o que culminou com o pedido de desculpas ao povo negro, que se deu em 18 de novembro de 2023.

Além do pedido de perdão, o banco anunciou programas de fomento à diversidade e à inclusão racial, de empoderamento da mulher negra e de memória do povo negro, além de investimento em pesquisas e beneficiamento de carreira para funcionários negros.[56] Muito embora seja a mesma instituição – o Banco do Brasil –, e não pessoa estranha aos fatos, estamos diante de um fato social de estrutura peculiar. Trazer à tona a discussão sobre responsabilidade histórica na escravização e no tráfico de pessoas, ainda que à época o fato estivesse enluvado pelas balizas de um Estado de Direito, possibilita reconfigurar papéis e situações do presente, acertando rotas do caminho a partir da história. Aliás, essa também foi uma fala do Ministério Público Federal, que citou como necessário "o adequado tratamento da história 'oficial'", e lembrou que "não se trata [o processo de resgatar memória], a propósito, de fazer da população negra um objeto de estudo, pois o que se busca elucidar não é a trajetória das pessoas escravizadas". Mas "busca-se, em verdade, garantir os meios para entender a responsabilidade do próprio 'pacto da branquitude' na constituição dessa sociedade de-

56 Cf. BRASIL. Ministério Público Federal. **Inquérito civil n. 1.30.001.004372/2023-13**. Despacho. Rio de Janeiro: MPF, 2023. Disponível em: https://www.mpf.mp.br/rj/sala-de-imprensa/docs/pr-rj/pr-rj-00130026-2023.pdf. Acesso em: 2 mar. 2024.

sigual"[57]. Como desdobramento da ação reparadora proposta em 2023, destaca-se a criação de uma plataforma de pesquisas sobre a temática proposta pelo atual Banco do Brasil, com o financiamento de iniciativas de história pública e de material didático para ampla divulgação, ações estas com potencial de desencadear nova narrativa histórica.

Volto à pergunta anteriormente lançada: – O sistema bancário é vilão? E continuo a reflexão anteriormente iniciada. Estamos sendo anacrônicos se o considerarmos vilão. Mas, sem qualquer anacronismo, o sistema bancário integra uma ordem contínua, sem disrupção, que se serve de um mecanismo de mercado para sustentar grandes e graves perversidades contra a humanidade e, em especial, contra a população negra; perversidades essas, porém, sempre percebidas, sempre mantidas, atemporalmente, sem qualquer anacronismo. E, ultrapassando a discussão da vilania, o fato histórico é um dado que desemboca no presente, em que a desigualdade, a exclusão e o racismo são estados estruturais enxergados constitucionalmente, estados a serem combatidos jurídica, política e economicamente. Nesses estados, o sistema bancário atual, presente e sem disrupções, é uma roda da engrenagem, agente, sujeito e objeto de persecução judicial. Finalmente, e esperançosamente, em vista de uma real disrupção histórica.

57 Idem.

O Marechal Manoel Deodoro da Fonseca, Chefe do Governo Provisorio da Republica dos Estados Unidos do Brazil, constituido pelo Exercito e Armada, em nome da Nação:

Decreta:

Art. 1º. Poderão emittir bilhetes ao portador os bancos, que se fundarem com autorização do Governo, e cujo fundo social for constituido com apolices da divida publica, moeda corrente ou ouro, observadas as disposições seguintes:

[...]

§ 7º Os bilhetes emittidos em conformidade com as disposições deste decreto serão recebidos, e terão curso nas estações publicas, **gozando das regalias conferidas às notas do Estado.**

[...]

Art. 2º. Os bancos constituidos nos termos deste decreto poderão operar:

1) em emprestimos, descontos e cambios;

2) em hypothecas a curto e longo prazo, emittindo letras hypothecarias;

3) em penhor agricola sobre fructos pendentes, colhidos e armazenados;

4) em adeantamentos sobre instrumentos de trabalho, machinas, apparelhos e todos os meios de producção das propriedades agricolas, engenhos centraes, fabricas e officinas;

5) em emprestimos de caracter e natureza industrial para construcção de edificios publicos e particulares, estradas de ferro e outras, cáes, dócas, melhoramentos de portos, telegraphos, telaphones e quaesquer emprehendimentos industriaes;

6) em comprar e vender terras, incultas, ou não, parcellal-as, e demarcal-as, por conta propria, ou alheia;

7) encarregar-se de assumptos tendentes á colonização, fazendo os adeantamentos necessarios, mediante ajuste o contracto com os colonos, ou terceiros interessados;

8) incumbir-se, por conta propria ou alheia, de deseccamento, drenagem e irrigação do sólo;

9) tratar do nivelamento e orientação de terrenos, abertura de estradas e caminhos ruraes, canalisação e direcção de torrentes, lagôas e rios, e facilitar os meios necessarios - mediante ajuste e condições - a qualquer cultura, criação de gado de todas as especies e exploração de minas, principalmente de carvão de pedra, cobre, ferro e outros metaes;

10) finalmente, poderão effectuar todas as operações de commercio e industria, por conta propria ou de terceiros.

[...]

Art. 3º. E' concedido aos bancos fundados nos termos do presente decreto:

a) **cessão gratuita, á discrição do Governo, de terras devolutas,** na zona da sua circumscripção, para localisação de colonos e fundação de estabelecimentos industriaes de qualquer ordem;

b) **preferencia, em igualdade de condições, na construcção de estradas de ferro e outras obras e melhoramentos projectados pelo Governo;**

c) preferencia, em condições iguaes, para exploração de minas de qualquer especie, comprehendidas na sua circumscripção territorial, e bem assim para exploração de canaes e communicações fluviaes, que servirem ás ditas minas, ou dellas se avizinharem;

d) **preferencia, em igualdade de condições, nos contractos com o Governo sobre objectos de colonisação e immigração na sua circumscripção territorial;**

e) **direito de desapropriação** nos termos da lei n. 816 de 10 de julho de 1855 e seu regulamento, que baixou com o decreto n. 1664 de 27 de outubro do mesmo anno, e bem assim isenção de decimas, impostos e direitos aduaneiros para os estabelecimentos industriaes, que fundarem, emquanto os houverem sob sua administração, e material de qualquer especie, que importarem com destino e applicação a esses estabelecimentos, estradas de ferro, exploração de rios, minas e outras fontes de producção.

[...]

Art. 4º Para que os bancos possam pretender os favores do presente decreto, e gozar da faculdade da emissão de notas, devem obrigar-se, em favor do Estado:

[...]

4º. a emprestar á lavoura e industrias auxiliares, a juro nunca superior de 6 %, commissão de 1/2 % e prazo maximo de 30 annos, sobre hypotheca de immoveis ruraes, urbanos e industriaes, e bem assim a effectuar com ella transacções de penhor de productos e outros titulos, que offereçam garantia, a prazo nunca superior a tres annos.

[...]

Sala das sessões do Governo Provisorio, 17 de janeiro de 1890, 2º da Republica.

Manoel Deodoro da Fonseca.

Ruy Barbosa.

[sic]

(grifos nossos)

REFERÊNCIAS BIBLIOGRÁFICAS

ABREU, Alice. Tax Counts: Bringing Money-Law To Latcrit. In: INFANTIL, Anthony C.; CRAWFORD, Bridget J. (ed.). **Critical Tax Theory An Introduction.** Cambridge: Cambridge University Press, 2009. p.109-115.

BEZERRA, Lohana Monaco; ARAÚJO, Victor Leonardo de; MATTOS, Fernando Augusto Mansor de. Para além das reformas monetárias: contribuições ao debate sobre a crise do encilhamento. **Geosul**, Florianópolis, v. 35, n. 75, p. 69-97, mai./ago. 2020. Disponível em: https://periodicos.ufsc.br/index.php/geosul/article/view/1982-5153.2020v35n75p69. Acesso em: 13 abr. 2023.

BRASIL. **Decreto n. 1.455, de 30 de dezembro de 1905.** Aprova os estatutos do Banco do Brasil. Rio de Janeiro: Coleção das leis da República dos Estados Unidos do Brasil, 1907. v. 1, p. 191-203.

BRASIL. Ministério Público Federal. **Inquérito civil n. 1.30.001.004372/2023-13.** Despacho. Rio de Janeiro: MPF, 2023. Disponível em: https://www.mpf.mp.br/rj/sala-de-imprensa/docs/pr-rj/pr-rj-00130026-2023.pdf. Acesso em: 2 mar. 2024.

GOLDSMITH, Raymond. **Brasil 1850-1984:** desenvolvimento financeiro sob um século de inflação. São Paulo: Harper & How, 1986.

NASCIMENTO, Álvaro Pereira do *et al.* **Banco do Brasil:** um banco nacional para um país escravista. Rio de Janeiro: Procuradoria da República, 20 set. 2023. Disponível em: https://labhstc.paginas.ufsc.br/files/2023/10/Documento-%C3%A0-procuradoria-da-Rep%C3%BAblica-BB-e-escravidao.pdf. Acesso em: 17 set. 2024.

OLIVEIRA, Daniela Olímpio de. **As paredes da estrutura:** atravessamentos tributários. Belo Horizonte: Letramento, 2023.

SCHULZ, John. **A crise financeira da abolição.** Tradução: Denis Augusto Fracalossi. 2. ed. São Paulo: Edusp, 2013.

TAUNAY, Visconde de. **O encilhamento.** Cenas contemporâneas da Bolsa do Rio de Janeiro: 1890, 1891 e 1892. São Paulo: Editora Montecristo, 2023.

WESTIN, Ricardo. Criado há 170 anos, Banco do Brasil era privado e financiou a Guerra do Paraguai. **Agência Senado,** [Brasília, DF], 7 jul. 2023. Disponível em: https://www12.senado.leg.br/noticias/especiais/arquivo-s/criado-ha-170-anos-banco-do-brasil-era-privado-e-financiou-a-guerra-do-paraguai. Acesso em: 29 abr. 2024.

TRIBUTAÇÃO: RAÇA, GÊNERO E EFETIVIDADE DO PRINCÍPIO DA CAPACIDADE CONTRIBUTIVA

Edvaldo Brito

É Professor do PPGD da Universidade Federal da Bahia (UFBA) e da Universidade Católica do Salvador (UCSal). Livre-docente e doutor pela Universidade de São Paulo (USP), em cuja Faculdade de Direito foi aprovado em dois concursos: professor titular de Direito Civil e de Legislação Tributária. Mestre em Direito Econômico pela UFBA. Vereador no município de Salvador. Foi prefeito e vice-prefeito da cidade de Salvador, capital do estado da Bahia. Secretário de estado, na Bahia, quatro vezes, em governos diferentes: Saúde Pública e Assistência Social; Educação e Cultura; Justiça; Assuntos Estratégicos. Secretário de Negócios Jurídicos no município de São Paulo.

Tributação

Noção.

É uma *técnica de transferência* do *patrimônio* do particular para o social, com o objetivo de custear os encargos da *vida* de relação.

Estuda-se, sob esse entendimento, a *natureza jurídica obrigacional do direito tributário* e, então, examinam-se as prerrogativas jurídicas típicas do *polo ativo* do *vínculo*, as quais explicitam, por sua vez, um *poder-dever* que peculiariza a *estrutura obrigacional tributária*, a ponto de a Constituição da República Federativa do Brasil outorgar ao *polo passivo* uma proteção normativa prenhe de *princípios*, também, com peculiaridades, compondo o *Estatuto do Contribuinte* como legitimidade.

Estudar a *natureza jurídica* de qualquer *objeto* do conhecimento é pesquisar a sua *essência*, no plano da Ciência do Direito, no qual o *regime* normativo desse *objeto* não surge em desnexo com a organização exterior.[57]

É que o Direito, *objeto cultural*, não nasce da cabeça de Minerva – a deusa da sabedoria – e, sim, é a *conduta humana na sua interferência intersubjetiva*[58], sendo a *norma* o pensamento dessa conduta, de tal maneira que a Lógica e a Semiótica dão o sentido necessário para que esse *objeto cultural* seja percebido com rigor científico no mundo da linguagem, sob pena de a valoração positiva ou nega-

---

57 VILANOVA, Lourival. **Causalidade e relação no direito**. 2. ed. São Paulo: Saraiva, 1989, p. 7.

58 COSSIO, Carlos. **La teoria egologica del derecho y el concepto jurídico de libertad**. 2. ed. Buenos Aires: Abeledo-Perrot, 1964, p. 531.

tiva, típica do seu caráter, embaçar esse sentido, tirando-lhe a certeza conceitual.

A *norma* jurídica é, nestes termos, um *conceito*, uma *hipótese* ou um *pressuposto* que pensa essa *conduta humana*. É um juízo de *dever ser*, razão pela qual se pode afirmar que a *norma* pensa a *conduta humana* em sua *liberdade*, formulando *hipóteses*, inclusive a da sanção, descrevendo *fatos* que qualifica, dessa forma, como *lícitos* dentro dessa *liberdade* das pessoas; por isso, o *regime* normativo não pode surgir em desnexo com o fato que ele disciplina e que é o propulsor da relação jurídica surgida.

O *regime* normativo que se chama Direito Tributário não foge a essa descrição. Ele é a disciplina de um *fato* que consiste em um *vínculo* jurídico entre dois polos, o *ativo* e o *passivo*, o qual é conhecido no mundo do Direito como *obrigação*.

A obrigação tributária

Obrigação é um *vínculo* jurídico de natureza *patrimonial* que une dois polos, o ativo e o passivo. O ativo é habitado pelo titular (*sujeito ativo*) de uma *prerrogativa*, que é caracterizada, juridicamente, como um *direito subjetivo* de exigir de outrem (*sujeito passivo*), que se encontra, pois, no polo passivo, o cumprimento de um *dever jurídico*.

A *patrimonialidade* é a pedra de toque desse *vínculo*, porque o seu conteúdo é uma relação entre crédito e débito, ou seja, o *direito subjetivo* é de *crédito* e o *dever jurídico* é de *débito*, por isso o direito alemão prefere a expressão *Direitos de Crédito* àquela que consagramos como *Direito das Obrigações*.

Outra característica desse *vínculo* está na circunstância de essa *prerrogativa* nascer com a *pretensão*, isto é, com o poder jurídico de exigir a *prestação* em que se corporifica a responsabilidade *pessoal* do *devedor* convertida, pelo inadimplemento, em responsabilidade *patrimonial*.

Essa estrutura do *vínculo* é a mesma na chamada *obrigação tributária:*

O polo *ativo*, nessa *obrigação tributária*, é habitado pela Administração Tributária, composta pelas autoridades administrativas em matéria de fiscalização, de aplicação e de competência definidas pela legislação tributária. Fala-se, aqui, com Teixeira de Freitas[59], de *Fazenda Pública*, isto é, da repartição das finanças do Estado, ou, na explicação de Castro Nunes[60], em "mera sobrevivência do Fisco, como Caixa do Estado", e, considerando que a palavra *Estado* tem o conteúdo semântico técnico de poder político imbuído de *potestade*, por isso envolve todas as entidades intraestatais, Castro Nunes continua lembrando que a designação Fazenda (nacional, estadual, etc.) não deve indicar o Estado quando não está em juízo promovendo uma cobrança fiscal ou qualquer interesse material ou econômico.

Logo, o *vínculo* não se forma com o Estado, poder político, mas com a administração dos seus *créditos* de natureza tributária ou não tributária[61], conforme se vê na legislação de piso, ao dispor sobre o seu gerenciamento, inclusive o da chamada *dívida ativa*.

Esta advertência impõe-se a fim de que não se confunda o Estado Potestade com o Estado Administração, esse integrante do *vínculo* e, assim, titular do *crédito tributário* em torno do qual giram os demais elementos desse liame.

Essa afirmativa é explicada pela *natureza obrigacional* do *direito tributário*, a qual decorre do seu *objeto*, que é sempre uma prestação, tal como definida anteriormente.

Efetivamente, a situação jurídica tributária envolve um *vínculo* de direito pelo qual uma pessoa assume o *dever* para com outra de *dar*-lhe ou *fazer* ou *não fazer* alguma coisa, ou, ainda, *tolerar* algo que constitua manifestação de poder jurídico dessa outra pessoa.

---

59 FREITAS, Teixeira de. **Vocabulário jurídico**. São Paulo: Saraiva, 1983, p. 78, t. 1.

60 NUNES, Castro. **Da Fazenda pública em juízo**. 2. ed. Rio de Janeiro; São Paulo: Freitas Bastos. 1960, p. 306.

61 Por exemplo, a lei n. 4.320, de 17 de março de 1964.

Essa circunstância coloca a pessoa, que tem esse *dever*, na posição de sujeito passivo da obrigação e, a outra, a credora da *prestação*, na de sujeito ativo.

Dir-se-ia que, como nas demais situações jurídicas que se especificam numa relação jurídica obrigacional, também, na tributária, essa posição do sujeito ativo geraria para este apenas o direito subjetivo de exigir a *prestação* consubstanciada no *dever jurídico* de *dar*, de *fazer*, de *não fazer* alguma coisa ou de *tolerar* algo.

Tal, porém, não é a realidade dessa situação, a ponto de alguns autores alemães, dentre os quais sobressaía Otmar Bühler, sustentarem que, em matéria tributária, a relação existente entre o Estado e os particulares não é uma relação de direito, e sim uma relação entre um *poder superior* e uns *sujeitos* (súditos) submetidos a esse *poder*. Haveria, enfim, uma relação de força ou uma relação de poder denominada *Gewaltverhältnis*[62].

Essa sustentação, hoje, não tem qualquer fundamento porque a relação jurídica tributária, embora *complexa*, é uma relação *obrigacional*, estruturalmente igual a qualquer outra da mesma natureza, ainda que tenha ao seu lado outras relações completamente distintas, mas que dela se originam. É essa *complexidade* que gera a confusão desses autores, embora deva ser examinada como uma *situação jurídica típica*, entendida essa expressão como um *complexo* de direitos e deveres, de prerrogativas e de ônus que se criam em torno de um fato, ou de um estado, ou de um ato, que engendre efeitos jurídicos[63].

O polo passivo e suas peculiaridades

O polo passivo é habitado pelo devedor cuja participação na relação jurídica tributária – obrigacional – é a de

62 JARACH, Dino. **Curso superior de derecho tributário**. Buenos Aires: Liceo Profesional Cima, 1969, p. 157.

63 ROUBIER, Paul. **Droits subjectifs et situations juridiques**. Paris: Dalloz, 1963, p. 138.

quem cumpre um *dever jurídico* – a *prestação* – que tem natureza *patrimonial*.

O seu estudo é objeto deste trabalho.

A *circunstância* de o sujeito ativo ter a prerrogativa de editar as normas disciplinadoras da relação jurídica, ainda que monitorada pela Constituição; a *circunstância* de a tributação ser um mecanismo de alcance, pelo sujeito ativo, ao *patrimônio* do sujeito passivo; a *circunstância* de o sujeito ativo ter a prerrogativa de *liquidar* a obrigação tributária; todas essas *circunstâncias* fazem com que essa mesma Constituição proteja o *sujeito passivo*.

Essa proteção é veiculada por *normas-princípio* que disciplinam *direitos subjetivos públicos* arrolados entre os direitos fundamentais do homem.

Direito subjetivo público outorga ao seu titular a *faculdade* de invocá-lo *erga omnes* porque a sua fonte é a Constituição. Portanto, nem o *legislador* ordinário pode contrariá-lo, nem o *juiz* pode eximir-se de aplicá-los, no caso concreto. Nem se necessita falar da *Administração*, cuja vontade é a do *legislador*.

O tema das *normas-princípio* implica examinar aquelas *normas* explícitas na Constituição e que estão *sistematizadas* em termos que constituem o *"Estatuto do Contribuinte"*, a seguir sob comento; outras tantas *normas* dessa categoria que, embora estejam expressas, não se incluem nessa *sistematização*, aplicam-se, contudo, às relações tributárias; alguns que não constam da Constituição, porém fazem parte do patrimônio jurídico das pessoas em todo o tempo e em todo lugar, como o são os princípios da *segurança jurídica* e da *certeza do direito*. Nem sempre distinguem-se com precisão, daí que muitos consideram-nos como idênticos[64].

---

64 PÉREZ LUÑO, Antonio-Enrique. **La seguridad jurídica**. Barcelona: Editorial Ariel, 1991, p. 20.

O Estatuto do Contribuinte como legitimidade da tributação

O primeiro contato do autor deste estudo com essa expressão foi em um texto de Louis Trotabas[65] – *Le statut de contribuable en matière d'impôt direct et indirect* –, no qual está dito que o caráter legal do imposto determina a natureza das relações jurídicas que existem entre o contribuinte e o fisco, fixando o *estatuto do contribuinte* que é do tipo *geral* e *impessoal*, como todas as situações legais ou regulamentares, e os elementos que o compõem são a lei do imposto — aqui, a lei de todos os *tributos* e de todas as *contribuições* —, a lei orçamentária e certos atos administrativos.

Inspirado nesse texto de Trotabas, datado de 1958, o autor deste estudo vem sustentando que o *"Estatuto do Contribuinte"* é o repositório de *normas-princípio*, portanto com sede constitucional.

Com o processo legislativo instaurado, para a elaboração do texto constitucional de 1988, o autor deste estudo colaborou, pois foi convidado para participar, como expositor, da sexta reunião da *subcomissão de tributos, participação e distribuição de receitas*, quando, em 29 de abril de 1987, manifestou, aos legisladores constituintes, esse seu pensamento sobre a matéria, resultando exitosa a proposta para que se disciplinasse, *sedes materiae*, na Constituição a nascer, um *sistema tributário brasileiro* com abrangência *nacional* e com preeminência de um *"Estatuto do Contribuinte"*.[66]

Lembre-se o seguinte: o "*Estatuto*", sendo do *contribuinte*, não pode ser alterado em prejuízo dos *direitos* e *garantias* nele inscritos, como se pretendeu através da Emenda Cons-

---

65 TROTABAS, Louis. **Précis de science et technique fiscales.** Paris: Librairie Dalloz, 1958, p. 259 et seq.

66 BRASIL. **Diário da Assembleia Nacional Constituinte,** supl. 85, de 27 de junho de 1987. p. 82 et seq.

titucional n. 3, de 17 de março de 1993, que introduziu, no texto constitucional, o inconstitucional §7º do art. 150[67].

O tributo, enfim, em termos *lógico-linguísticos*, é uma prestação em dinheiro devida por um particular a uma corporação de direito público titular de soberania (daí o caráter compulsório do cumprimento da *prestação*). Nessa corporação opera, por esse modo, a *transferência* de *patrimônio* desse particular para atender às necessidades públicas, obedecendo a um *núcleo* legal consistente em critérios que garantem o particular contra possíveis iniquidades do exercício dessa *soberania*.

É por isso que esse *núcleo*, em regra, está expresso nesse "*Estatuto*" que se insere na Constituição da forma seguinte:

1. Competência tributária da entidade intraestatal - arts.145, 147, 148, 149, 153, 154, 155 e 156
2. Legalidade - art.150, I
    - 2.1. - irretroatividade - art.150, III, "a"
    - 2.2. - anterioridade - art.150, III, "b"
    - 2.3. - anualidade - art. 165, §2º
    - 2.4. - espera nonagesimal - art.150,III "c"
    - 2.5. - tipicidade - art.145, I a III e 146, III
    - 2.6. - eficácia da lei complementar - art. 146
3. Isonomia - art.150, II
    - 3.1. - capacidade contributiva - art.145, §1º
4. Proibição do efeito tributário confiscatório - art.150, IV
5. Garantia da unidade econômica e social - arts.150, V, 151, I e II, 152
6. Imunidade - art.150, VI.

A norma jurídica que consubstancia a *hipótese* do *fato gerador* do tributo tem de refletir todos esses *princípios-ga-*

67 "§7º - A lei poderá atribuir a sujeito passivo de obrigação tributária a condição de responsável pelo pagamento de imposto ou contribuição, cujo fato gerador deva ocorrer posteriormente, assegurada a imediata e preferencial restituição da quantia paga, caso não se realize o fato gerador presumido." Veja sobre o tema: BRITO, Edvaldo. Reforma tributária inconstitucional. In: MARTINS, Ives Gandra da Silva (coord.). **Curso de direito tributário**. 5. ed. Belém: Cejup: Centro de Extensão Universitária, 1997. p. 423-445.

rantia para a *legitimidade* dos elementos constitutivos identificadores dessa *prestação coativa*.

O princípio da *justiça tributária* decorre da integração dos *princípios* da *isonomia* e do corolário deste, o da *capacidade contributiva*, com a regra que define, no art. 3º da Constituição, os objetivos fundamentais da República; por essa regra, todos os tributos, *sempre que possível*, terão de ser *instituídos* com *progressividade* necessária ao cumprimento do *princípio da justiça tributária* veiculado por esse art. 3º da Constituição, combinado com o §1º do seu art. 145, porque a tributação respeitadora do *caráter pessoal*, segundo *capacidade econômica* do contribuinte, exige não só da Administração Tributária mas também do legislador e do juiz conferir a efetividade desses objetivos, mediante a identificação do *patrimônio*, dos rendimentos e das atividades econômicas do sujeito passivo.

O legislador cumprirá o *princípio* da *capacidade contributiva* quando, na composição da *hipótese do fato gerador da obrigação tributária*, fixar, relativamente, a cada tributo, a respetiva *base de cálculo* com respeito a esses elementos – *raça, sexo* e *cor*, art. 3º da Constituição, e *patrimônio*, rendimentos e atividades econômicas do contribuinte, §1º do art. 145.

O administrador tributário cumprirá, quando proceder ao *lançamento*.

As fases do crédito tributário

O exposto impõe recordar as três fases do *crédito tributário*, quais sejam: *existente, exigível* e *exequível*.

É *existente* quando ocorre o acontecimento descrito pela norma jurídica que formula a *hipótese do fato gerador*, porque aqui se forma o *vínculo* (a *obrigação*) e com ele o *direito subjetivo de crédito*.

O Código Tributário Nacional é elucidativo quando disciplina a matéria nos seus arts. 114, 139 e segs.

É *exigível* quando a Administração Tributária procede ao *lançamento, constituindo-o,* ou seja, verificando se, realmente, o *crédito é existente*; verificando se há matéria a tributar nas circunstâncias ocorridas; calculando o montante do tributo devido através da aplicação da *alíquota* sobre a *base de cálculo*.

Este procedimento da Administração Tributária impõe-lhe, sobretudo se provocada, agir em consonância com os arts. 3º e §1º do art. 145, ambos da Constituição.

É *exequível* quando a Administração Tributária, alegando inadimplemento da *prestação*, submete a sua execução a um regime forçado perante o juiz, que, por sua vez, tem, aí, a oportunidade de aplicar os dispositivos constitucionais invocados (art. 3º e §1º do art. 145). Há mecanismos processuais pelos quais, também, o sujeito passivo pode antecipar-se e pedir a tutela jurisdicional.

Efetividade do princípio da capacidade contributiva

A *capacidade contributiva* consiste na aptidão da pessoa física e da pessoa jurídica de participarem do custeio dos gastos públicos na medida de suas forças econômico-financeiras, consideradas, assim, respectivamente, com respeito a uma vida com dignidade.

A Constituição, ao plasmar o *"Estatuto do Contribuinte"*, abrange todos os tributos e é explícita ao determinar a *isonomia* e ao proibir o *efeito confiscatório*.

É errado supor que a atribuição do caráter de *pessoalidade* à exação seja exclusividade da espécie *imposto*, porque a cláusula "*sempre que possível*" do §1º do seu art. 145 não significa que, somente, pode ser observada quanto à referida espécie.

A referência constitucional à *capacidade econômica do contribuinte* é abrangente para todo e qualquer sujeito passivo de obrigação tributária.

O legislador há de estar atento à fixação compatível da *base de cálculo* e da *alíquota* quando estabelecer a *mensuração* da *matéria tributável*, ou seja, do *objeto* da *hipótese do fato gerador*.

Ontologicamente, a *capacidade contributiva* tem de ser caracterizada no bojo do sistema jurídico positivo, sem sacrifício dos seus elementos constitutivos. O Brasil, hoje, caracteriza-a dentro do sistema constitucional tributário como sendo um princípio, vale dizer, como um *fundamento*, entre tantos, em que se sustenta a tributação, sendo um componente do *Estatuto do Contribuinte* formado sob a *integração* de outros dois *princípios*: o da *isonomia*, de que é corolário e o do *não confisco*.

O princípio da *capacidade contributiva* é, efetivamente, corolário do princípio da *isonomia*, visto que este importa igual imposição para idêntica *capacidade contributiva* e pressupõe, sempre, por parte do legislador ordinário, prescrever uma igualdade de situações tomadas em consideração, desde quando a noção de *capacidade contributiva* implica uma avaliação da idoneidade do indivíduo para suportar a carga tributária[68].

Uma idoneidade *abstrata*, enquanto avaliada pelo legislador, mas *concreta*, quando o for, pelo aplicador da norma ao caso específico.

Essa imbricação da *isonomia* sobre a *capacidade econômica do sujeito passivo da obrigação tributária* chega ao ponto de se poder afirmar que são ambos *princípios constitucionais* que se *integram*, atuando como identificadores da medida das possibilidades econômicas, a qual, para os causalistas, é a *causa* jurídica da imposição, cumprindo, por isso, ao juiz investigá-la como fundamento da tributação para que possa aplicar a norma tributária no caso concreto[69].

A matéria tem sido festejada na sua importância; por isso, Ives Gandra da Silva Martins[70] é taxativo no dizer de que o direito formal e o estrutural, em sua projeção financeira, não

68 MICHELI, Gian Antonio. **Curso de direito tributário**. São Paulo: Revista dos Tribunais, 1978, p. 96.

69 TOMAGNO, Roberto. **El contribuyente**. Buenos Aires: Libreria y Casa Editora de Emilio Perrot, 1953, p. 42.

70 MARTINS, Ives Gandra da Silva. **Teoria da imposição tributária.** São Paulo: Saraiva, 1983, p. 27.

prescindem da percepção preliminar do princípio da *capacidade contributiva* que alicerça a espinha dorsal das normas que os regulamentam; e esse mesmo pensamento é exposto por outros estudiosos[71].

Consequentemente, arrimados em Baleeiro e verificando que a Constituição hospeda o *princípio* entre os categorizados como gerais do *sistema tributário nacional*, dúvida não pode existir quanto à sua vinculação à expressa *limitação* constitucional ao *poder de tributar,* veiculada pelo inciso II do art. 150; também, dúvida não pode existir quanto a admitir-se que a *norma-princípio* do §1° do art. 145 não tem endereço, apenas, ao legislador ordinário, mas, também, ao aplicador da norma de tributação, v.g., o juiz ou o administrador tributário, diante de um *caso concreto*[72].

A partir dessa conclusão, fácil é repetir que a análise do dispositivo o decompõe em três princípios consociados para o fim da justiça social: personalização dos tributos, progressividade e capacidade contributiva.

A inspiração desse dispositivo, pela primeira vez inserido no Brasil em texto de lei suprema, por decisão da Constituinte de 1946, foi o precedente encontrado em estatutos políticos de nações civilizadas objetivando resguardar o contribuinte contra o fiscalismo injusto.

O exemplo direto foi o art. 37 da Constituição francesa de abril de 1946, determinando que a participação de cada um no custeio das despesas públicas deveria ser progressiva e calculada em função da importância da fortuna e dos rendimentos, considerados os encargos familiares.

---

71 ATALIBA, Geraldo *et al*. **IV Curso de especialização em Direito Tributário**. São Paulo: Resenha Tributária, 1978, p. 242 et seq; BRITO, Edvaldo. **Reflexos jurídicos da atuaçao do Estado no domínio econômico**. 3. ed. rev. atual. e ampl. São Paulo: SaraivaJur, 2022, p. 72 e 79.

72 BALEEIRO, Aliomar. **O direito tributário da Constituição**. Rio de Janeiro: Edições Financeiras, 1959, p. 181.

Baseado nessa formulação, Baleeiro[73], pai do dispositivo, explicou que a cláusula *"terão caráter pessoal"* envolve, por exemplo, as deduções por encargos de família, o mínimo de existência, etc., e lembrou que todos os impostos podem ser regulados de modo *pessoal*, segundo as condições e circunstâncias individuais de cada contribuinte (discriminações por idade, estado civil, encargos de família, presença ou ausência dos pais, existência de dívidas, etc.), porque, dessa forma, imprime-se ao *sistema tributário* mais justiça e perfeição.

A Constituição, portanto, ao determinar que os impostos terão *caráter pessoal*, impõe ao *legislador* o dever de mensurar as circunstâncias inidividuais de cada contribuinte a ser alcançado pelo tributo, mediante critérios, ainda que fixados em termos *abstratos*, os quais serão apurados no *caso concreto* pelo *aplicador* da norma.

A regra não espanca os demais tributos, ao contrário, inclui-os por *interpretação integrativa* com o resto do *sistema*, especialmente pela sua origem na Constituição de 1946, onde o signo utilizado é *tributo* (cf. art. 202) e se acompanha da cláusula *"sempre que possivel"*, para confirmar a faculdade do julgador do *caso concreto* buscar as avaliações subjetivas motivadas pelas circunstâncias descritas pelo art. 37 da Constituição francesa de 1946: a participação de cada um nas despesas públicas deve ser progressiva e calculada em função da importância da fortuna e deduzidos os encargos de família; ou dispostas no art. 53 da atual Constituição italiana de 1º de janeiro de 1948: *todos têm a obrigação de contribuir para as dessas públicas na medida de sua capacidade contributiva.*

Consequentemente, a *personalização* dos *tributos* e a sua progressividade em razão da *capacidade* de pagar de cada pessoa são critérios preferenciais na técnica de imposição que o *legislador* há de adotar cada vez que instituir a espécie tributária, e o *juiz* não pode desconhecer, "toda vez que

---

73 BALEEIRO, Aliomar. **Alguns andaimes da Constituição**. Rio de Janeiro: Aloisio Maria de Oliveira, 1950, p. 65.; BALEEIRO, Aliomar. **Alguns andaimes da Constituição.** 2. ed. Rio de Janeiro: Forense, 2019, p. 64 et seq.

houver uma controvérsia sobre o entendimento da norma jurídico-tributária", nem o *administrador fiscal* pode ignorar no procedimento de *lançamento*.

Há equivocada ideia quando a *capacidade contributiva* tem a ver com a incidência de tributo cuja referência é a *propriedade* ou o *proprietário* de bem imóvel, considerado, erradamente, como *tributo real*, porque assim se entende aquele tributo que *só* leva em conta, *unicamente*, a matéria tributável, desprezando as condições peculiares do sujeito passivo, porque, no Brasil, não há tal situação jurídica.[74]

Pode-se afirmar que a Constituição adotou, apenas, um tributo com estrutura na qual se conta, em primazia, a existência do *objeto*, isto é, da *matéria*, por ser este *objeto* um *bem material*, mas a técnica de imposição terá a possibilidade de considerar o *atributo* da pessoa do contribuinte, especialmente o de fato ou indireto. Trata-se do IPI – imposto sobre *produtos* industrializados. Essa *matéria* é, portanto, o *produto* industrializado que não é *atributo*, ou seja, algo *próprio* do *ser* do fabricante, nem do adquirente, enquanto ente humano.

Outrossim, pode-se afirmar, nessa mesma linha de fundamentação, que não se confundem *tributo real* e *obrigação real*, pois *obrigação tributária*[75] pode revestir-se dessa qualificação e, no entanto, o tributo ser pessoal, porque se admite que a tributação enquadre-se na *circulação*, circunstância que ocorre quando há pluralidade de pessoas referenciadas a um bem que se movimenta, economicamente, típica situação da *obrigação real*, pois esta é espécie de *obrigação ambulatória*.

74 BRITO, 2022, p. 79.

75 BRITO, Edvaldo. Imposto territorial rural e progressividade. In: BRITO, Edvaldo; ROSAS, Roberto (coord.). **Dimensão jurídica do tributo**: homenagem ao professor Dejalma de Campos. São Paulo: Meio Jurídico, 2003. p. 258 et seq.; COELHO, Sacha Calmon Navarro. O IPTU na Constituição. In: MARTINS, Ives Gandra da Silva; GODOY, Mayr (coord.). **Tratado de direito municipal**. São Paulo: Quartier Latin, 2012., v. 2, p. 395-396.

Carnelutti[76] adverte que, no caso, deve-se distinguir entre circulação *física* e circulação *econômica*, a fim de que se aceite o "fenômeno", no plano jurídico, de modo a falar-se, nesse âmbito, de circulação de um bem imóvel.

A *obrigação tributária* toma, em razão disto, a feição de obrigação *ambulatória*, da qual a obrigação *real (ob rem, propter rem, in rem)* – repete-se – é uma espécie. O "fenômeno", portanto, ocorre quando o elemento *material* da hipótese do fato gerador é a *propriedade*.

Lembre-se: enquanto o IPI é um *tributo real*, porque grava o próprio bem do mundo físico *(produto industrializado)*, o IPTU – imposto sobre a *propriedade* predial e territorial urbana –, o ITR – imposto sobre a *propriedade* territorial rural –, o IPVA – imposto sobre a *propriedade* de veículos automotores –, os ITIVs – impostos sobre as *transmissões* (da *propriedade*) de bens – e a contribuição de melhoria sobre a *propriedade* imobiliária são *tributos pessoais*, porque têm como propulsor um fato (*jurídico*) que desencadeia uma relação jurídica cujo objeto é *bem imaterial*: a *propriedade*, que é um *atributo* da pessoa, qual seja o *atributo "ser proprietário"*.

A *propriedade* imobiliária ou mobiliária, que constitui a *materialidade* da hipótese de fato gerador desses *tributos*, é um *direito* que se adquire por um *modo*.

O *gravame* tributário, nestes casos, não recai no *bem* sobre o qual se exerce o *domínio*, por qualquer dos seus elementos constitutivos (a *posse*, por exemplo), mas, sim sobre o *atributo "ser proprietário"*, ou seja, *"ter o domínio"*, tanto que o legislador complementar pode estabelecer a *circulação*, nos termos da lição de Carnelutti, elegendo o sujeito passivo na *pessoa* de quem estiver exercendo esse *domínio*, no momento do *lançamento* e/ou do pagamento, pouco importando a época em que houve a incidência com a ocorrência do *fato gerador: "os créditos tributários relativos a impostos cujo fato gerador seja a propriedade, o domínio útil ou a pos-*

76 CARNELUTTI, Francesco. **Teoria giuridica della circolazione**. Padova: Casa Editrice Dott: Antonio Milani, 1933, p. 2.

se de bens imóveis, e bem assim os relativos a taxas pela prestação de serviços referentes a tais bens, ou a contribuições de melhoria, sub-rogam-se na pessoa dos respectivos adquirentes" (art. 130 do Código Tributário Nacional).

Aqui é que se encontra a *caracterização* da obrigação *propter rem*[77] (em razão da coisa), portanto *ambulatória* porque o vínculo *circula* – onde for a coisa, aí estarão, dentro dela [*in rem*], o *direito de crédito* e a respectiva *prestação* – sem que se possa reduzir essa situação à de incidência do *gravame* de um *tributo real*, porque, como se vê, consiste em uma outra situação, considerando que, neste tipo de exação, a tributação recai sobre a *propriedade* (atributo de um sujeito) do *bem* e não sobre o *bem* (a coisa) em si.

Sacha Calmon Navarro Coelho[78] mostra-se perplexo com quem faz essa confusão, atribuindo-a à "*a*) má assimilação de lição de Ciência das Finanças; e *b*) a insuficiente acuidade de análise jurídica, decorrente de repetição, sem espírito crítico, de avelhantadas afirmações", e aqui se acrescenta: a ignorância sobre o direito privado e a sua *integração* com o direito tributário, *"ex-vi"* dos arts. 109 e 110 do Código Tributário Nacional[79].

Todo o exposto demonstra o fundamento constitucional da *tributação* considerando-se a *raça e o gênero*, tomada a necessidade de *efetividade* do *princípio* da *capacidade contributiva.*

Talvez uma das pouquíssimas coisas que prestem nessa Emenda Constitucional n. 132, de 20 de dezembro de 2023, que "altera o sistema tributário nacional", seja uma contemplação do gênero, embora singela, ao dispor, no item VI do

---

77 WAYAR, Ernesto C. **Derecho civil** – Obligaciones I. Buenos Aires: Ediciones Depalma, 1990, p. 98: "se llama 'obligación real' a la obligación que le incumbe a uma persona en razón de una cosa. Es ésta la acepción más apropiada de la expresión 'obligación real'".

78 COELHO, Sacha Calmon Navarro. **O IPTU na Constituição.** In: Martins; Godoy, 2012, p. 395-396.

79 BRITO, Edvaldo. **O contrato com pessoa a declarar, no Brasil, é um pacto.** Transversalidade entre direito privado e direito tributário. São Paulo: Noeses, 2023.

§1° do seu art. 9º, que a lei complementar, que instituir o imposto de que trata o art. 156-A e a contribuição de que trata o art. 195, V, ambos da Constituição Federal, preveja os regimes diferenciados de tributação, de que trata o referido artigo, para produtos de cuidados básicos à saúde menstrual, desde que sejam uniformes em todo o território nacional e sejam realizados os respectivos ajustes nas alíquotas de referência com vistas a reequilibrar a arrecadação da esfera federativa. O tema é objeto da lei n. 14.214, de 6 de outubro de 2021, que institui o Programa de Proteção e Promoção da Saúde Menstrual.

Falta, contudo, a fim de efetivar, nos termos *constitucionais*, o princípio da *capacidade contributiva*, mais contemplação à tributação de *gênero*, sobretudo a de modo direto ao *patrimônio*, a fim de efetivar justiça tributária à *mulher* e, em especial, à *mulher negra*; bem assim, ao consumo de utilidades e ao *patrimônio* da *raça negra*, em geral, na sua genuína descendência de gerações de subjugados, por isso, até hoje, impossibilitadas de ascensão social.[80]

80 BRITO, Edvaldo. Reforma tributária (palestra). In: PAIM, Paulo. **Reformas, raça, gênero e políticas de inclusão social**. Seminário realizado na Comissão de Constituição e Justiça e de Cidadania do Senado Federal, no dia 13 de maio de 2003, p.71 et seq.; BRITO, Edvaldo. Prefácio. In: OLIVEIRA, Eduardo Alves *et al.* (coord.). **Tributação**: temas atuais. Barueri: Atlas, 2022, p. IX et seq.

REFERÊNCIAS BIBLIOGRÁFICAS

ATALIBA, Geraldo *et al.* **IV Curso de especialização em Direito Tributário.** São Paulo: Resenha Tributária, 1978.

BALEEIRO, Aliomar. **Alguns andaimes da Constituição.** Rio de Janeiro: Aloisio Maria de Oliveira, 1950.

BALEEIRO, Aliomar. **Alguns andaimes da Constituição.** 2. ed. Rio de Janeiro: Forense, 2019.

BALEEIRO, Aliomar. **O direito tributário da Constituição.** Rio de Janeiro: Edições Financeiras, 1959.

BRASIL. **Diário da Assembleia Nacional Constituinte.** Supl. 85, de 27 de junho de 1987.

BRITO, Edvaldo. Imposto territorial rural e progressividade. In: BRITO, Edvaldo; ROSAS, Roberto (coord.). **Dimensão jurídica do tributo:** homenagem ao professor Dejalma de Campos. São Paulo: Meio Jurídico, 2003.

BRITO, Edvaldo. **O contrato com pessoa a declarar, no Brasil, é um pacto.** Transversalidade entre direito privado e direito tributário. São Paulo: Noeses, 2023.

BRITO, Edvaldo. Prefácio. In: OLIVEIRA, Eduardo Alves *et al.* (coord.). **Tributação:** temas atuais. Barueri: Atlas, 2022.

BRITO, Edvaldo. **Reflexos jurídicos da atuaçao do Estado no domínio econômico.** 3. ed. rev. atual. e ampl. São Paulo: SaraivaJur, 2022.

BRITO, Edvaldo. Reforma tributária inconstitucional. In: MARTINS, Ives Gandra da Silva (coord.). **Curso de direito tributário.** 5. ed. Belém: Cejup: Centro de Extensão Universitária, 1997.

BRITO, Edvaldo. Reforma tributária (palestra). In: PAIM, Paulo. **Reformas, raça, gênero e políticas de inclusão social.** Seminário realizado na Comissão de Constituição e Justiça e de Cidadania do Senado Federal, no dia 13 de maio de 2003.

CARNELUTTI, Francesco. **Teoria giuridica della circolazione.** Padova: Casa Editrice Dott: Antonio Milani, 1933.

COELHO, Sacha Calmon Navarro. O IPTU na Constituição. In: MARTINS, Ives Gandra da Silva; GODOY, Mayr (coord.). **Tratado de direito municipal.** São Paulo: Quartier Latin, 2012, v. 2.

COSSIO, Carlos. **La teoria egologica del derecho y el concepto jurídico de libertad.** 2. ed. Buenos Aires: Abeledo-Perrot, 1964.

FREITAS, Teixeira de. **Vocabulário jurídico.** São Paulo: Saraiva, 1983.

JARACH, Dino. **Curso superior de derecho tributário.** Buenos Aires: Liceo Profesional Cima, 1969.

MARTINS, Ives Gandra da Silva. **Teoria da imposição tributária.** São Paulo: Saraiva, 1983.

MICHELI, Gian Antonio. **Curso de direito tributário.** São Paulo: Revista dos Tribunais, 1978.

NUNES, Castro. **Da Fazenda pública em juízo.** 2. ed. Rio de Janeiro; São Paulo: Freitas Bastos, 1960.

PÉREZ LUÑO, Antonio-Enrique. **La seguridad jurídica.** Barcelona: Editorial Ariel, 1991.

ROUBIER, Paul. **Droits subjectifs et situations juridiques.** Paris: Dalloz, 1963.

TOMAGNO, Roberto. **El contribuyente.** Buenos Aires: Libreria y Casa Editora de Emilio Perrot, 1953.

TROTABAS, Louis. **Précis de science et technique fiscales.** Paris: Librairie Dalloz, 1958.

VILANOVA, Lourival. **Causalidade e relação no direito.** 2. ed. São Paulo: Saraiva, 1989.

WAYAR, Ernesto C. **Derecho civil** – Obligaciones I. Buenos Aires: Ediciones Depalma, 1990.

O CARÁTER PESSOAL DO IMPOSTO DE RENDA E A POPULAÇÃO NEGRA NO BRASIL

Eliane Barbosa da Conceição

Professora do curso de Administração Pública da UNILAB. Pesquisadora do Centro de Pesquisa em Administração Pública e Governo da FGV-CEAPG. Doutora em Administração (FGV-EAESP). Coordenadora do projeto de pesquisa, extensão e intervenção social Tributação JUSTA, Reparação Histórica. Autora do livro **Tributação Justa, Reparação Histórica: uma discussão necessária**

Introdução

Embora seus propositores e defensores insistam em vincular a reforma tributária em curso no país aos princípios da igualdade e justiça social, é fato que a chamada primeira fase desse processo, que tratou principalmente da tributação sobre o consumo, enfrentou problemas necessários outros que não aqueles que geram a regressividade do sistema. Considerando as mudanças realizadas nas regras gerais da tributação sobre o consumo, que serão colocadas em prática ao longo dos próximos anos, o sistema seguirá como um dos mais regressivos do mundo, com os subalternizados e trabalhadores pagando proporcionalmente mais tributos que os ricos e poderosos. A luz no finalzinho do túnel é a possibilidade que, acreditamos, deverá ser disputada nas ruas, de uma segunda parte da reforma que, como foi prometido, tratará da tributação sobre a renda. Com um pouco mais de consciência fiscal, pelo menos 95% da sociedade brasileira se uniria e mobilizaria em torno dessa agenda, buscando alterar o acentuado desiquilíbrio do sistema. No que diz respeito à população negra, esse percentual seria ainda mais elevado, visto que, como já abordamos antes (Conceição, 2022), no geral, ao ascender minimamente à pirâmide de renda do país, essa parcela da população se acha em *déficit* com o passado, precisando, muitas vezes, suprir necessidades econômicas de pais, cônjuges, irmãos, situação que torna esse mesmo salário, que as coloca, por exemplo, entre os 5% mais ricos do país, infinitamente menor do que o daqueles que, estando na mesma faixa de renda, contam com um “colchão de proteção” social, na forma de patrimônio acumulado pelas famílias, rede de relacionamento e maior solidez na formação profissional.

Olhando para a segunda parte da reforma, que já está ocorrendo de forma fracionada, compreendemos, junto com outros estudiosos, que ela deve ser balizada pelo princípio da capacidade contributivo-econômica, posto que está intimamente ligado aos princípios da igualdade e da solidariedade. Como salienta Roque Antonio Carrazza (2015), o princípio da capacidade contributiva é *um dos mecanismos mais eficazes para que se alcance, em matéria de impostos, a tão almejada Justiça Fiscal.* Diante disso, este pequeno ensaio busca tratar, de um modo ainda inicial, das razões pelas quais, para a parcela negra da população, uma reforma do imposto sobre a renda das pessoas físicas que o tornasse efetivamente progressivo e personificado representaria um caminho promissor para a superação de desigualdades raciais que foram historicamente construídas. Para cumprir essa agenda, desenvolveremos mais duas seções, para então expor breves considerações finais. A primeira delas apresentará, de modo resumido, fatos históricos que revelam o papel ativo que Estado e sociedade brasileira assumiram na produção e manutenção das desigualdades raciais, o que reforça a visão já pacificada em diversas correntes das ciências humanas e sociais de que os desequilíbrios raciais que conformam as relações sociais do Brasil contemporâneo têm raízes que se perpetuam, especialmente, em função de diferenças socialmente tidas como raciais. Na segunda seção, faremos uma minuta, ou seja, um rascunho inicial, que será refinado em textos futuros, sobre o princípio da capacidade contributiva, buscando sugerir que a observação do legislador ordinário a essa norma constitucional mostra-se como um dos caminhos, entre tantos outros, que necessariamente deve ser trilhado para alcance da tão sonhada justiça social.

Racismo e desigualdades raciais no Brasil contemporâneo: origens

Não há consenso entre os estudiosos sobre o momento histórico em que raça e racismo passaram a informar os comportamentos e a organização de sociedades humanas. Existem, porém, poucas dúvidas sobre o fato de que eventos ocorridos na Europa a partir do século XV deram lugar à emergência do racismo como hoje o conhecemos, período que também assistiu à ascensão da Europa, num primeiro momento, e, em seguida, dos Estados Unidos, ao domínio global. Dominação, imperialismo e escravatura não eram no momento inicial do nosso período institutos novos na história, mas a ligação simbiótica entre império, escravatura e racismo, sim (Acharya, 2022; Hasenbalg, 2005; Mazrui, 1994), manifestando-se essa relação como um traço distintivo da ordem capitalista inicialmente liderada pela Europa Ocidental.

O racismo pode ser compreendido como uma ideologia essencialista que postula a divisão da humanidade em grandes grupos com características físicas semelhantes, pressupondo hierarquia entre tais grupos pela relação intrínseca entre o físico e o moral, o físico e o intelecto, o físico e o cultural (Munanga, 2004, p. 7-8). Decorre do que se convencionou chamar de eurocentrismo uma narrativa ideológica que simplifica o processo civilizatório e estabelece a Europa Ocidental como padrão normativo no campo dos costumes e das práticas sociais, e a branquitude como parâmetro de humanidade. Dennis de Oliveira (2021, p. 67) pontua que a branquitude normativa se apresenta como centro hegemônico de uma tipologia de classificação racial que se expressou primeiramente na dimensão metafísica/religiosa, passando pela racional-científica, e hoje se manifesta a partir dos sentidos civilizatórios que dividem os chamados povos desenvolvidos daqueles tidos como não desenvolvidos.

Como o patriarcado, seu primo mais velho, o racismo é uma ideologia que subjuga grupos humanos, e o faz com base nas mais diferentes ideias, valores e crenças. John Solomos e Les Back (1996) sugerem que uma característica importante do racismo ao longo dos anos tem sido a forma como conseguiu combinar elementos diferentes, e muitas vezes contraditórios, em contextos sociais e políticos específicos. Para eles, o racismo não é um conjunto coerente de proposições que permanece invariável ao longo do tempo, sendo mais bem concebido como uma ideologia necrófaga, que ganha o seu poder com base na sua capacidade de selecionar e utilizar ideias e valores de outros conjuntos de ideias e crenças em contextos sócio-históricos específicos (Solomos; Back, 1996, p. 230).

Com relação à escravização moderna – fenômeno que deu origem ao racismo como o conhecemos (Oliveira, 2021; Hasenbalg, 2005; Williams, 1944) –, Ali Al'amin Mazrui (1994), cientista social queniano, chama a atenção para o fato de que o continente africano conheceu uma tripla herança escravagista: indígena, islâmica e ocidental (transatlântica). Ressalta que, embora os dois primeiros processos – o que se deu entre os próprios indígenas, ou seja, entre os povos originários de África, e as formas islâmicas – fossem mais antigos do que sua versão transatlântica, as primeiras se deram em menor escala, além de permitirem mais mobilidade social ascendente das pessoas escravizadas. Nos sistemas indígenas, o regime era unirracial, isto é, senhores e escravos eram negros, nativos do continente. Quanto às formas islâmicas, estas eram multirraciais, podendo ser tanto os senhores quanto os escravizados de qualquer raça ou cor. Mazrui enfatiza que os sistemas escravistas ocidentais do período moderno foram os mais racialmente polarizados – "senhores brancos, escravizados negros, sendo sistemas birraciais" (Mazrui, 1994, p. 1, tradução nossa).

Neste sentido, Amitav Acharya (2022) ressalta que no sistema escravista arábico, que subjugou a África entre os séculos VII e XVI, a força laboral dos escravizados era utilizada tanto para trabalhos domésticos como para o serviço militar. Como Mazrui (1994), Acharya sublinha que, no contexto islâmico, uma pessoa oprimida pela escravidão poderia vir a se tornar um alto funcionário, como no Império Otomano, ou mesmo um governante, como na "dinastia escravista" da Índia do século XIII. Em contraste, pontua o autor, a escravização transatlântica levou à mercantilização e à total desumanização dos povos originários do continente africano.

De fato, a economia colonial tornou anônimos os escravizados, tratou africanos e seus descendentes como coisas, comercializados em mercado, no qual eram selecionados puramente com base nas características físicas, como produtos nas prateleiras de uma loja. Os árabes, ressalta Acharya (2022), tal como os romanos e os gregos, possuíam escravos negros e brancos. A escravidão não estava ligada à cor da pele. Para o autor, com a ascensão do Ocidente, no século XVIII, especialmente das colônias na América do Norte, a escravidão foi identificada exclusivamente com a cor da pele. Neste ponto, o autor menciona o primeiro documento de que se tem notícia a realizar essa associação: a Constituição de Carolina, no Sul dos EUA, em março de 1669.

No Brasil, do ponto de vista das relações humanas, o regime escravista representou um cenário de horror. As pessoas escravizadas foram desumanizadas e tratadas como objetos, podendo seus senhores delas dispor como bem desejassem. No âmbito das relações humanas, a escravidão se caracterizou, sobretudo, pelo duro e, muitas vezes, cruel tratamento dispensado aos escravizados: era trabalho em excesso, alimentação e vestimenta inadequadas, castigos ultrajantes e violências múltiplas (Santos, 2013). Apesar disso, a população escravizada figurou não apenas como vítima da relação senhor-escravo, pois muitas vezes resistiu aos maus-tratos, construindo alternativas coletivas para fazer face ao status quo. Além disso, a situação de subjugamento não impediu que atuasse como importante ator na construção deste país, posto que seu trabalho e seu conhecimento foram fundamentais nesse processo.

Como resumiu Luiz Aranha Corrêa do Lago (2014) na introdução do seu livro, durante os três primeiros séculos da colônia portuguesa na América do Sul, a agricultura foi seu mais importante setor de atividade econômica, sendo as principais mercadorias exportadas quase que exclusivamente produzidas pelo trabalho escravo. O autor salienta que, mesmo já na primeira metade do século XIX, apesar de o país ter alcançado sua independência política e a população livre ter aumentado de maneira substancial, o Brasil continuou a depender significativamente do regime escravagista. Situação que apenas veio a ser alterada a partir do final daquele século, com o avançar do processo de industrialização do país.

Como destaca Mario Theodoro (2022), até meados do século XIX o papel destinado aos africanos e seus descendentes no contexto econômico e social era bem definido, mas a centralidade da força de trabalho desse contingente populacional no regime escravista foi aos poucos mitigada com os prenúncios do fim do regime. A partir de 1850, a sociedade brasileira voltou-se com mais intensidade ao debate sobre a questão da abolição, buscando um novo projeto de país (Theodoro, 2022). Abominando a possibilidade de que viesse a se tornar uma nação negra (Schwarcz, 1993) e temendo um levante dos afrodescendentes como o ocorrido no Haiti, a partir de 1791, a Eugenia apresentou-se como resposta às interrogações das elites sobre o povo brasileiro.

Em que pese a fundamental importância dos agricultores pretos e mestiços para a construção do país, firmou-se naquele momento um pacto pelo branqueamento da nação, processo que se deu pelo incentivo à imigração europeia e pelo abandono dos ex-escravizados à própria sorte. O cálculo era de que em pouco tempo a sociedade se tornaria branca. Algumas medidas adotadas pelo

Estado brasileiro e por suas então províncias tiveram por finalidade o alcance deste fim:

(1) O não incentivo ao ingresso da população escravizada nas escolas, como são exemplos leis publicadas em diversas províncias, a partir de 1835, proibindo ou dificultando a matrícula de pessoas não livres. Como se pode concluir do estudo de Surya de Barros (2016), embora não seja possível afirmar que africanos e seus descentes fossem proibidos de ingressar nas escolas no século XIX, não eram poucas as leis provinciais que lhes dificultavam o acesso. Embora isso não tenha se dado de modo uniforme, é possível afirmar que numerosas restrições legais e práticas reiteradas de uma sociedade dominada por uma diminuta elite branca atuavam como forças contrárias ao ingresso da população cativa, como também da liberta, nas escolas oficiais ao longo daquele século (Barros, 2016; Dávlla, 2001). Há de se notar, porém, que alguns indivíduos negros receberam um nível mínimo de formação, graças a iniciativas particulares como irmandades e associações; à atuação de professores particulares – custeados pelas próprias famílias libertas ou por pessoas brancas –; e à própria possibilidade de acesso desse grupo social a algumas escolas públicas ou particulares (Barros, 2016). É importante destacar que, até as primeiras décadas do século XX, ainda não existia uma política educacional nacional, não havendo consenso entre os legisladores locais sobre a omissão ou a negação da educação aos trabalhadores africanos e seus descendentes (Dávilla, 2001; Theodoro, 2022).

(2) A interdição do acesso à terra a quem não detivesse documento de propriedade registrado em cartório. A partir da segunda metade do século XIX, e especialmente no pós-abolição, a situação dos trabalhadores africanos e seus descendentes se viu sobremodo agravada pela edição da Lei de Terras, em 1850. Theodoro (2008b, p.

80) argumenta que "na prática, [a lei] resgatou o antigo regime das sesmarias e garantiu a posse das terras para os grandes proprietários, alienando-as das mãos de milhões de trabalhadores", ou seja, tirando-as das mãos daqueles que delas dependiam para a subsistência e nelas trabalhavam efetivamente.

Theodoro (2008) destaca que com a Lei de Terras surgiram os dois problemas fundamentais que, desde então, têm perpassado a história do Brasil: a questão da falta da posse de terra para muitos daqueles que nela trabalham e a questão do excedente estrutural de mão de obra, gerando desemprego, subemprego e informalidade. Sem a propriedade da terra e longe das ocupações dinâmicas da economia, a população negra concentrou-se nos segmentos mais pobres, reforçando a associação entre pobreza e cor. Nesse contexto, a naturalização da pobreza se revela como a outra face do preconceito racial, cujas bases mantêm-se profundas no país.

(3) O incentivo e financiamento da imigração europeia para o Brasil, que ocasionou a precária inserção dos trabalhadores africanos e seus descendentes no mercado de trabalho. Durante o período de transição do regime (aproximadamente entre os anos de 1850-1930), o Estado deixou de adotar medidas necessárias para garantir a esse contingente populacional lugar no nascente mercado de trabalho livre e assalariado. Mais do que isso, passou, particularmente por meio da Província Paulista, a subsidiar a entrada de imigrantes europeus para ocupar tais posições, negando a pretos e mestiços essa oportunidade (Theodoro, 2008a, p. 15).

Assim, a segunda metade do século XIX – embora convivesse com o trabalho escravizado e com um crescente contingente de trabalhadores pretos e mestiços livres e disponíveis para a indústria nascente – assistiu a uma alteração no perfil de ocupação da força de trabalho. Na nova conformação, o imigrante se fez cada vez mais presente nas grandes fazendas de produção de café. Theodoro (2008a) ressalta que não houve a valorização dos antigos escravizados, ou mesmo dos afrodescendentes livres e libertos que possuíssem alguma qualificação. Logo, a população preta e mestiça não ascendeu ao trabalho livre, que se constituía como a nova base da economia, mas adentrou maciçamente o setor de subsistência e de atividades mal remuneradas.

Esse quadro piorou com a entrada de um número maior de imigrantes, subsidiados a partir do final dos anos de 1870, pois, como salientou Lúcio Kowarick (1994), no momento que se seguiu à abolição, pretos e mestiços tenderam a ser absorvidos pelo processo produtivo apenas em áreas de economia estagnada, ou seja, em recantos nos quais a imigração internacional foi pouco numerosa ou mesmo nula. Em vez de buscar a força de trabalho dos migrantes domésticos – composta por ex-escravizados que se deslocavam de regiões economicamente decadentes, sobretudo do Nordeste –, os fazendeiros de café tentaram, depois de 1870, substituir os escravizados pelos imigrantes do velho continente, embora, naquele momento, ambos os grupos possuíssem habilidades muito semelhantes (Lamounier, 2008; Theodoro, 2005, 2008a). A única função que viam como apropriada para os brasileiros natos era o trabalho pesado (Skidmore, 1976).

É importante destacar que, a partir de 1911, com a publicação do Decreto n. 9.081, a imigração europeia foi ainda mais fortemente incentivada. O Decreto apresentou-se como um programa estatal de fomento ao desenvolvimento humano e social do imigrante em solo brasileiro, prevendo gratuidade de passagem de navio de vinda, alimentação, serviço médico, assentamento em colônias com escolas técnicas, escolas exclusivas para os filhos dos imigrantes, terras gratuitas para estrangeiros que se casassem com cidadãos brasileiros, terras para comprar por preços módicos, gêneros de primeira necessidade, sementes, ferramentas agrícolas a preços de custo, ajuda de custo, passagem de volta, se solicitado.

Decisões políticas, como as aqui exemplificadas – que resultaram na interdição concreta do acesso da população negra à educação, à terra, ao emprego e a outros, hoje chamados direitos sociais, políticos e econômicos –, ao longo do processo de formação do país, em contraste com as que favoreceram a vinda e emancipação de imigrantes europeus em território nacional, embora não tenham levado à materialização do ideal de branqueamento, constituem variáveis importantes na explicação das abismais desigualdades raciais que persistem no Brasil até os dias atuais.

Desigualdades raciais

Como ideologia, o racismo informa comportamentos e crenças, que se materializam em decisões políticas e privadas destinadas a manter o *status quo*. Nesse sentido, os mecanismos institucionais erigidos pela sociedade brasileira durante o século XIX, antes e na pós-abolição, eram destinados a manter as condições de vida da população negra – naquele momento geralmente referida como preta e mestiça – no antigo padrão de não pertencimento e aviltamento. Ou, mais que isso, intentaram agravar tais condições, podemos dizer, quando consideramos o imperativo do ideal do branqueamento, que em última instância previa a gradual extinção daquele contingente populacional. Disso se constata que a ideologia racista e genocida está entranhada na estrutura da própria sociedade brasileira. É evidente que preconceitos, maus-tratos e estereótipos também informaram em todo o tempo o comportamento de indivíduos brancos contra a população negra. Foram, no entanto, as decisões tanto governamentais como privadas que, no período que antecedeu e sucedeu à abolição formal, negaram à população negra o acesso à terra, à educação, ao trabalho e e outras oportunidades políticas, sociais e econômicas.

No Brasil, conforme ressalta a socióloga Marcia Lima (2014), a tradição de estudos sobre desigualdades raciais é um legado de Carlos Hasenbalg e Nelson do Valle Silva, que analisaram causas e efeitos de tais desequilíbrios, avaliando a distribuição desigual de recursos e de oportunidades e suas consequências. Em 1988, Hasenbalg e Nelson do Valle Silva propuseram, como instrumento teórico de análise, o modelo de realização socioeconômica, no qual demonstram que cada etapa do ciclo de vida da pessoa tende a produzir um impacto causal nas etapas seguintes, "chegando a ter, em algumas situações, uma feição de cumulação de desvantagens" (Lima, 2014, p. 925) para os grupos não brancos, para utilizar a expressão adotada pelo autor. Os brancos, no entanto, são beneficiados com "ganhos cumulativos (tanto econômicos quanto não-econômicos)", ganhos que advêm da dominação racial (Hasenbalg, 2005, p. 172).

Charles Tilly (1999), em sua obra *Durable Inequality*, se refere a efeitos diretos e indiretos das relações sociais desiguais entre grupos categóricos, em que, de um lado, um deles é discriminado ante uma fronteira socialmente relevante, como sexo, raça/cor, origem ou religião. Tais relações geram efeitos diretos e indiretos na vida dos que as experimentam, estendendo-se os indiretos também às gerações futuras. Os efeitos, tanto os diretos como os indiretos, podem ser positivos ou negativos, dependendo do lado da fronteira em que o grupo se encontra. Os efeitos diretos decorrem da organização das relações sociais no próprio local e tempo em que as categorias estão instaladas, como, por exemplo, considerando o lado dos discriminados, os efeitos da não oportunidade de ingressar em escolas e no mercado de trabalho assalariado, como examinamos anteriormente. No Brasil, essa interdição negou ao grupo de pessoas negras, diretamente envolvidos naquele arranjo, o direito ao desenvolvimento de habilidades humanas e profissionais, vedando-lhes, por conseguinte, a oportunidade de emancipação pessoal e profissional. Mas não apenas isso, as privações sofridas pelos pais limitaram as possibilidades dos filhos, gerando um círculo vicioso, que permanece ativado, multiplicando-se de geração em geração, levando ao acúmulo de desvantagens e desigualdades persistentes até os dias atuais (IBGE, 2023; Osório, 2021).

Os efeitos indiretos da desigualdade categórica, em última análise, resultam dos efeitos diretos acumulados na experiência individual ou coletiva das pessoas, e difundem-se no tempo e no espaço, não podendo ser captados por uma análise de desigualdade fundamentada em paradigmas individualistas. Pelo contrário, estendem-se para o grupo, por diversas gerações, e, geralmente, resultam de uma nutrição diferenciada entre os grupos; do acesso desigual à informação e à educação; do diferente processo de socialização que vivenciam; das crenças que compartilham, inclusive daquelas que dizem respeito à sua própria categoria e às experiências emocionais que acumulam. Tais efeitos irão responder pela média das diferenças categóricas no desempenho pessoal de cada pessoa, porque pairam sobre tão ampla região da vida humana, que a experiência categoricamente diferenciada pode possivelmente responder pela maior parte da média das diferenças intergrupos dos testes de desempenho em que alguns geneticistas costumam basear seus argumentos sobre a superioridade de algumas categorias em detrimento de outras (Tilly, 1999).

Diante das reflexões apresentadas, é possível afirmar que o desenho institucional com o qual o Brasil adentrou o século XX e que, em parte, se estende até os dias atuais – considerando os exemplos trazidos na primeira seção do presente texto: sistema educacional, mercado de trabalho e acesso à terra, que foram negados à população negra e franqueados aos imigrantes brancos, para não falar de outras áreas tão fundamentais quanto, como a participação política e a violência, que, em função dos limites de extensão estipulados para este capítulo, aqui não foram abordadas –, resultou no apartamento desses dois grupos raciais, levando um a acumular desvantagens e outro à acumulação de ganhos e vantagens, com ambos os ciclos de acumulação se estendendo e, por vezes, se aprofundando a cada geração.

Além desse ponto de partida histórico, devemos salientar que a sociedade de classes conferiu novas funções e significados ao preconceito e à discriminação racial. Desse modo, nas relações microeconômicas, as práticas racistas tenderam a desqualificar os não brancos para a competição pelas posições mais almejadas, como salientou Hasenbalg (2005). No campo macroeconômico, cujas políticas são geralmente consideradas neutras, também há produção e reprodução de desigualdades raciais (Brenck; Couto, [2023?]; Menezes, 2023) e, dentro deste, a tributação vem, recentemente, sendo apontada como lócus importante desse processo (Gomes *et al.*, [2022]; Nascimento; Tolentino, 2021; Nunes, 2016; Oliveira, 2023; Silveira *et al.*, 2024). Parte desse padrão é explicado pela conformação de um sistema tributário altamente regressivo como o brasileiro, que fornece peso maior à tributação indireta e negligência, quase no todo, o potencial progressivo da tributação direta. Logo, nosso sistema tributário acaba por penalizar as famílias e os indivíduos mais pobres, entre os quais a população negra está sobrerrepresentada.

O princípio da capacidade contributiva

O artigo 145, §1º, da Constituição institui o princípio da capacidade contributiva, quando estabelece que os impostos, sempre que possível, terão caráter pessoal e serão graduados segundo a capacidade econômica do contribuinte. Para conferir efetividade a esses objetivos, o legislador constituinte complementa, facultado à administração tributária, identificar o patrimônio, os rendimentos e as atividades econômicas do contribuinte, respeitados os direitos individuais e nos termos da lei.

Trata-se de um importante princípio, posto que, como pontuei na "Introdução", é considerado um dos mecanismos mais eficazes para o alcance da almejada Igualdade e Justiça Fiscal, por meio da solidariedade social. No Brasil, Aliomar Baleeiro (2010) nos lembra que essa regra esteve pela primeira vez presente no ordenamento jurídico no artigo 202 da Constituição Federal de 1946 e que, embora revogado pela Emenda n. 18/1965, o preceito permaneceu subjacente na Constituição Federal de 1969 (art. 153, § 36).

Ricardo Lodi Ribeiro (2011) destaca que, em seu aspecto objetivo, o princípio da capacidade contributiva determina que os fatos geradores de cada imposto tenham origem nas duas espécies de riqueza existentes: a renda (dimensão pessoal) e o patrimônio (dimensão real), sendo que os demais tributos do sistema apresentam como fatos geradores situações que se apresentam como desdobramento desses dois fenômenos econômicos. Por essa lógica, os impostos são divididos em reais e pessoais, sendo reais aqueles cujo valor é determinado por critérios objetivos, ou seja, por critérios que são inteiramente independentes da pessoa do contribuinte. De modo contrário, os pessoais são aqueles cujo processo de apuração toma por base critérios subjetivos, valendo-se de elementos próprios da pessoa do contribuinte. Assim, ao se referir, no art. 145, § 1º, da Constituição, ao caráter pessoal do tributo, o legislador traz como critério a ser considerado na determinação do valor de certos impostos elementos referentes à pessoa do contribuinte, o que significa dizer que, dependendo das circunstâncias materiais do sujeito passivo da relação tributária, o valor da exação fiscal poderá ser maior ou menor (Machado, 2015).

Embora, segundo a compreensão majoritária, o princípio da capacidade contributiva deva reger todo o sistema, a Constituição Federal lhe faz menção expressa quando estabelece regras gerais para o imposto sobre a renda e proventos de qualquer natureza (IR) e sobre o imposto predial e territorial urbano (IPTU). Quanto ao primeiro, prevê tributação das pessoas físicas (PF) e jurídicas, podendo incidir, como explicou Ribeiro (2011), sobre a renda bruta (receita bruta, prestação de serviços), a renda líquida (lucro), a renda aplicada a determinada finalidade (folha de salários), a renda oriunda da alienação de patrimônio (circulação de bens, transmissão de bens) e a sua manutenção (propriedade, grandes fortunas). A partir da lente de Roque Antonio Carrazza (2015), e de modo muito resumido, aqui trataremos apenas do IRPF.

Ao estabelecer o IR, a Constituição Federal, art. 153, § 2º, II, assegura que a pessoa física ou jurídica com rendimentos mais expressivos deveria ser proporcionalmente mais tributada do que aquelas que têm rendimentos menores. Carrazza (2015) ressalta ser possível sustentar, considerando o art. 145, § 1º, da *Lei das Leis*, que quem tem parcos rendimentos (deu exemplo do salário mínimo) ou apenas o suficiente para sobreviver, está imune a tal tributação. Isso porque, diz o autor, *o assalariado mínimo, por injunção constitucional, ganha o mínimo indispensável para manter-se e a seus familiares. Sendo assim, não tem capacidade contributiva e nada lhe pode ser retirado, nem mesmo a título de imposto sobre a renda.* É evidente que o exemplo trazido pelo autor não esgota o conjunto de situações que podem levar uma pessoa a, apesar de receber um salário classificado como de classe média, ter como renda disponível ao final de cada mês o valor que a deixe em condições de ter apenas o suficiente para sobreviver. É esse o relato de muitas pessoas negras que conseguiram de algum modo furar a bolha, estudar e se colocar no mercado de trabalho bem remunerado. Elas denunciam que, embora tenham um salário nominal alto, para os padrões do país, precisam com seus rendimentos mensais dar conta não apenas de si mesmas e de seu núcleo familiar mas também de outros familiares, e muitas vezes de amigos que ficaram para trás[81].

O autor critica a tabela do imposto de renda,[82] ressaltando que o número de alíquotas é limitado; que as classes são muito próximas umas das outras; e que os valores das classes em si são muito reduzidos. A Tabela 1 adiante reproduz a tabela do IRPF vigente a partir de fevereiro de 2024, com os valores atualizados das classes, posto que o número e o percentual das alíquotas permanecem idênticos aos que foram alvo da crítica de Carrazza (2015). O autor considera esse modelo como inadequado e desigual, ou como disse: uma inexpressiva tentativa de imprimir ao IRPF caráter pessoal, graduando-o de acordo com a capacidade econômica do contribuinte. Ressalta que a escolha do legislador que limitou o campo de incidência do tributo – reduzindo o número e o limite máximo de alíquotas, e deixando inexpressivos e muito próximos uns dos outros os valores das classes, que terminam por não abarcar de modo satisfatório o universo de rendimentos mensais possíveis para as pessoas físicas – agride o princípio da capacidade contributiva – especialmente no que diz respeito às dimensões da progressividade e da personificação –, assim como o próprio princípio da isonomia, visto que, acima do limite máximo contemplado na tabela, pessoas em situações econômicas diversas são tributadas sob a mesma alíquota de 27,5% (Carrazza, 2016).

---

81 Esse relato tem por base a trajetória de vida da autora e conversas em sala de aula nos cursos de graduação em Administração Pública, na Unilab-CE (2016 e 2023) e FGV-EPPG (2023-2024), e no curso de aperfeiçoamento profissional da Enap (2023-2024) ministrados pela autora.

82 Na edição consultada, Carrazza faz menção à tabela do ano calendário 2015. A aqui apresentada refere-se ao ano calendário 2024, que pouca alteração sofreu ante à primeira, sendo a elevação da primeira classe a mudança mais significativa. Eram esses os valores vigentes à época: a) 0% (alíquota zero) para rendimentos mensais de até R$ 1.787,77; b) 7,5% para rendimentos mensais entre R$ 1.787,78 e R$ 2.679,29; c) 15% para rendimentos mensais entre R$ 2.679,30 e R$ 3.572,43; d) 22,5% para rendimentos mensais entre R$ 3.572,44 e R$ 4.463,81; e e) 27,5% para rendimentos mensais superiores a R$ 4.463.

Neste sentido é importante lembrar, como contam Sérgio Gobetti e Rodrigo Orair (2016), que, embora no Brasil, como no Europa, o imposto de renda tenha nascido com alíquotas bastante moderadas, com uma máxima de 8%, o tributo incidia sobre uma base super ampla de rendimentos do capital e do trabalho. Mas, paulatinamente, essa alíquota máxima foi sendo elevada, atingindo 20% em 1944 (vinte anos após a sua instituição no país), daí saltando para 50% em 1948, após o fim da Segunda Guerra Mundial. Percentual que permaneceu até 1961, quando o então presidente, Jânio Quadros, elevou a máxima para 60% e, em seguida, seu sucessor, João Goulart, para 65% – sendo este o mais alto percentual de toda a história brasileira.

Gobetti e Orair (2016) também reportam como esse percentual sofreu reduções consecutivas a partir do governo militar, tendo adotado como uma de suas primeiras medidas a redução da alíquota máxima do imposto de renda, trazendo-a de volta para 50%. Apesar disso, salientam eles, a estrutura do imposto de renda continuou bastante progressiva durante aquele regime, não só pela alíquota máxima mas também por incidir sobre um amplo espectro de rendas, tanto do capital quanto do trabalho, e pela existência de 12 classes de tributação, bem diferente do que ocorre hoje, que temos apenas cinco, como bem criticou Carrazza (2015) e ilustra a Tabela 1 a seguir.

Segundo Gobetti e Orair (2016), o IRPF seguiu progressivo até 1988-1989, como recorda Dão Real Santos (2024),quando o então presidente, José Sarney, reduziu abruptamente o número de faixas do imposto de renda de 11 para apenas três e a alíquota máxima de 50% para 25%. A partir daí, justamente quando a Constituição introduzia as bases para o Estado de bem-estar social no país, com o *reconhecimento de uma série de demandas sociais represadas durante a ditadura militar, nunca mais o imposto de renda haveria de ter a estrutura progressiva do passado.* Mais adiante, no governo do presidente,

Fernando Henrique Cardoso, a tabela sofreria mais um golpe: com a promulgação da Lei n. 9.249/1995, os mais ricos deixaram de pagar Imposto de Renda *por conta da isenção dos lucros e dividendos distribuídos e dos juros sobre o capital próprio* (Santos, 2024).

Tabela 1 – IRPF: em vigor a partir de fevereiro de 2024

Base de cálculo	Alíquota	Dedução
Até R$ 2.259,20	-	-
De R$ 2.259,21 até R$ 2.826,65	7,5%	R$ 169,44
De R$ 2.826,66 até R$ 3.751,05	15,0%	R$ 381,44
De R$ 3.751,06 até R$ 4.664,68	22,5%	R$ 662,77
Acima de R$ 4.664,68	27,5%	R$ 896,00

Fonte: Brasil (2024).[83]

Diante de todas os ataques à legislação do IRPF, o modelo utilizado hoje no Brasil para a incidência dessa espécie tributária não mais atende os ditames constitucionais. De fato, na melhor das hipóteses, o IRPF observa apenas em parte o princípio da progressividade, como vem demonstrando um número cada vez maior de estudos realizados nos últimos 20 anos. A Figura 1 a seguir ilustra esse fenômeno, revelando que as rendas médias são proporcionalmente mais tributadas pelo IRPF que as mais altas.

83 BRASIL. Ministério da Fazenda. **Tributação de 2024.** Brasília, DF: Receita Federal, 9 fev. 2024. Disponível em: https://www.gov.br/receitafederal/pt-br/assuntos/meu-imposto-de-renda/tabelas/2024. Acesso em: 4 maio 2024.

Figura 1 – Alíquota efetiva média de IRPF por faixa de salário mínimo, Brasil, 2020 (%)

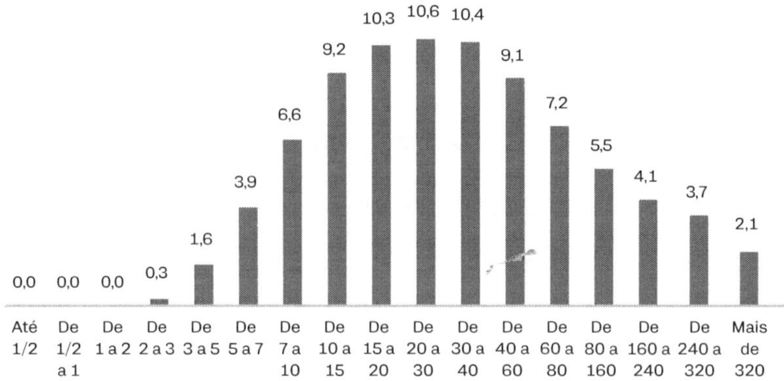

Fonte: Vieceli e Avila (2023, p. 13).

Roque Antonio Carrazza (2015) traz algumas observações sobre possíveis ajustes na legislação desse imposto, que julgamos essenciais para fazer progressiva a tributação sobre a renda das pessoas físicas no país, razão pela qual aqui as enumero de modo resumido:

1. A legislação do IRPF deve passar a autorizar deduções de despesas realizadas com bens e serviços que garantam a subsistência do contribuinte e de seus dependentes – como aquelas efetivadas com educação, saúde, habitação, alimentação, vestuário, entre outros. Embora a legislação vigente admita algumas deduções, o que o autor sugere não se confunde com o atual sistema, visto que os valores hoje passíveis de redução não guardam relação com a real necessidade do contribuinte, sendo, em suas palavras, irrealistas. Chamamos a atenção para os valores gastos com plano de saúde, que, pelo atual sistema, podem ser deduzidos em plenitude da base de cálculo do IRPF. Constituem-se, dessa forma, uma exceção à regra e, além disso, devemos notar que a sistemática termina por favorecer o contribuinte rico.

2. Os direitos constitucionais subjetivos à educação e à moradia merecem especial atenção, pois, se todos a eles fazem jus e se, para usufruí-los, o contribuinte tiver que pagar uma escola particular e locar um imóvel urbano, a ordem jurídica garante o total abatimento dessas despesas, por ocasião do ajuste anual. E isso independentemente do que vier a dispor a legislação do IR, que, por óbvio, não se sobrepõe à Constituição Federal.

3. A tributação por meio de imposto de renda deve deixar intocado o mínimo vital do contribuinte, isto é, aquela porção de riqueza que lhe garante, e a seus dependentes, uma existência digna de cidadão. Por essa razão, o IRPF não deveria tributar o rendimento bruto, o que termina acontecendo com os parâmetros atuais, em que não se permite abatimentos de despesas necessárias à sobrevivência digna do contribuinte. Pelo contrário, em atenção ao princípio da capacidade contributiva, a lei deve garantir que a renda tributável seja obtida subtraindo-se da renda bruta global os gastos necessários do contribuinte, representados por seus encargos familiares.

Considerações finais

A reforma da tributação sobre a renda é urgente e deve ser balizada pelo princípio da capacidade contributiva, com cuidadosa observação aos subprincípios da progressividade e da personificação. Entre as alterações que devem ser realizadas, reforçamos a necessidade de que o campo de incidência do tributo seja ampliado, para alcançar não apenas os rendimentos do trabalho mas também a parcela hoje desonerada dos rendimentos de capital. Além disso, em obediência ao critério da progressividade, devem ser criadas mais classes de renda e com intervalos intraclasses mais amplos do que aqueles praticados segundo os ditames da regra atual. Para isso, devem ser observados como parâmetro os salários praticados pelo mercado e pelo setor público, sabendo que a elevação da alíquota para as classes mais elevadas apenas onerará os relativamente pouco trabalhadores que nelas se encaixam.

Sobre a observação de Roque Carrazza acerca do mínimo vital necessário, é preciso ponderar que – dada a trajetória histórica da parcela negra da população brasileira, que a coloca em situação de flagrante desvantagem[84] ante a branca que se encontra em sua mesma faixa de renda – é necessário considerar com cuidado redobrado a aplicação do subprincípio da personificação. Não é razoável que, após a segunda parte da reforma, pessoas negras das classes médias inferiores permaneçam oferecendo à tributação base de cálculo que desconsidere as despesas que efetivam com a educação e habitação, que lhes foram negadas por séculos, como sugeriu Antonio Carrazza. E essa base tributável deve também ser deduzida da parcela de despesas empregadas no sustento de seus antecedentes e colaterais, que, abandonados que foram durante toda a história deste país, dependem hoje de um ou dois de seus pupilos, que, graças aos esforços coletivos do movimento negro e às recentes políticas de ações afirmativas, conseguiram trabalhar por salários mais dignos.

REFERÊNCIAS BIBLIOGRÁFICAS

ACHARYA, Amitav. Race and racism in the founding of the modern world order. **International Affairs**, [s. l.], v. 98, n. 1, p. 23-43, 10 jan. 2022.

BALEEIRO, Aliomar. **Uma introdução à ciência das finanças.** Rio de Janeiro: Forense, 1995. v. 1, p. 239-240.

BARROS, Surya Pombo de. Escravos, libertos, filhos de africanos livres, não livres, pretos, ingênuos: negros nas legislações educacionais do XIX. **Educ. Pesqui.**, São Paulo, v. 42, n. 3, p. 591-605, jul./set. 2016. Disponível em: ht-

84 Desvantagens que se estabelecem em função dos seguintes fatores: o acúmulo e aprofundamento de déficits sociais; a situação de vulnerabilidade ante os arranjos institucionais que produzem e mantêm as desigualdades raciais e ante preconceitos e discriminações nas relações interpessoais a que ainda estão sujeitas.

tps://www.scielo.br/j/ep/a/9ZhqHKsrZg987cSGqd7SbNg/?format=pdf&lang=pt. Acesso em: 18 set. 2024.

BRENCK, Clara; COUTO, Patrícia. NPE 33: A política monetária de elevações na taxa de juros reforça desigualdades de gênero e raça no Brasil? **Made**, São Paulo, [2023?]. Disponível em: https://madeusp.com.br/publicacoes/artigos/npe-33-a-politica-monetaria-de-elevacoes-na-taxa-de-juros-reforca-desigualdades-de-genero-e-raca-no-brasil/. Acesso em: 18 set. 2024.

CARRAZZA, Roque Antonio. **Curso de Direito Constitucional Tributário.** 30. ed. São Paulo: Malheiros, 2015.

CONCEIÇÃO, Eliane Barbosa da. A parábola do estado malvado: tributos e população negra no Brasil. In: SANTOS, Helio (org.). **A resistência negra ao projeto de exclusão racial:** Brasil 200 anos (1822-2022). São Paulo: Jandaíra, 2022. p. 155-179.

DÁVILA, Jerry. **Diploma de brancura:** política social e racial no Brasil – 1917-1945. São Paulo: Unesp, 2006.

GOBETTI, Sergio Wulff; ORAIR, Rodrigo Octávio. **Progressividade tributária:** a agenda esquecida. Rio de Janeiro: Ipea, 2016. Disponível em: https://repositorio.ipea.gov.br/bitstream/11058/6633/1/td_2190.pdf. Acesso em: 18 set. 2024.

GOMES, João Pedro de Freitas et al. NPE 27: Privilégio branco na estrutura tributária brasileira: uma análise interseccional de impostos diretos e transferências. **Made,** São Paulo, [2022]. Disponível em: https://madeusp.com.br/publicacoes/artigos/npe-27-sistema-impostos-brasileiro-racismo-estrutural/. Acesso em: 18 set. 2024.

HASENBALG, Carlos. **Discriminação e desigualdades raciais no Brasil.** Minas Gerais: Editora UFMG; Rio de Janeiro: Iuperj, 2005.

INSTITUTO BRASILEIRO DE GEOGRAFIA E ESTATÍSTICA. **Síntese de indicadores sociais:** uma análise das condições de vida da população brasileira. Rio de Janeiro: IBGE, 2023. Disponível em: https://biblioteca.ibge.gov.br/index.php/biblioteca-catalogo?view=detalhes&id=2102052. Acesso em: 18 set. 2024.

KOWARICK, Lúcio. **Trabalho e vadiagem:** a origem do trabalho livre no Brasil. Rio de Janeiro: Paz e Terra, 1994.

LAGO, Luiz Aranha Corrêa do. **Da escravidão ao trabalho livre:** Brasil, 1550-1900. São Paulo: Companhia das Letras, 2014.

LAMOUNIER, Maria Lúcia. Entre a escravidão e o trabalho livre. Escravos e imigrantes nas obras de construção das ferrovias no Brasil no século XIX. **EconomiA, Selecta**, Brasília, DF, v. 9, n. 4, p. 215-245, dez. 2008.

LIMA, Márcia. A obra de Carlos Hasenbalg e seu legado à agenda de estudos sobre desigualdades raciais no Brasil. **DADOS – Revista de Ciências Sociais,** Rio de Janeiro, v. 57, n. 4, p. 919-933, 2014. Disponível em: https://www.scielo.br/j/dados/a/PpZ57zcqpk5D4GS6Fq87wTd/?format=pdf&lang=pt. Acesso em: 18 set. 2024.

MACHADO, Hugo de Brito. **Curso de Direito Constitucional Tributário.** 31. ed. rev. atual. e ampl. São Paulo: Malheiros, 2015.

MAZRUI, Ali A. Global Africa: From Abolitionists to Reparationists. **African Studies Review,** [s. l.], v. 37, n. 3, p. 1-18, 1994. Disponível em: http://www.jstor.org/stable/524900. Acesso em: 2 abr. 2023.

MENEZES, Luiza Machado de O. **Tributação e desigualdades de gênero e raça:** como o sistema tributário discrimina as mulheres na tributação sobre os produtos ligados ao cuidado e à fisiologia feminina. Belo Horizonte: Letramento, 2023.

MUNANGA, Kabengele. **Uma abordagem conceitual das noções de raça, racismo, identidade e etnia.** Niterói: Eduff, 2004.

NASCIMENTO, Flávio; TOLENTINO, Philipe Anatole Gonçalves. Por uma abordagem interdisciplinar do contrato social moderno. Políticas fiscais, desigualdades raciais e os direitos humanos. **ATÂTÔT,** Anápolis, v. 2, n. 2, p. 42-60, jan./jun. 2021.

NUNES, Cleucio Santos. **Justiça e equidade nas estruturas endógena e exógena da matriz tributária brasileira.** 2016. Tese (Doutorado em Direito) – Universidade de Brasília, Brasília, DF, 2016.

OLIVEIRA, Daniela Olímpio de. **As paredes da estrutura:** atravessamentos tributários. Belo Horizonte: Letramento, 2023.

OLIVEIRA, Dennis de. **Racismo estrutural:** uma perspectiva histórico-crítica. São Paulo: Dandara Editora, 2021.

OSORIO, Rafael. **A desigualdade racial no Brasil nas três últimas décadas.** Rio de Janeiro: Ipea, 2021. Texto para discussão n. 2657.

RIBEIRO, Ricardo Lodi. O princípio da capacidade contributiva nos impostos, nas taxas e nas contribuições parafiscais. **Revista da Faculdade de Direito da Uerj,** Rio de Janeiro, p. 1-25, 2011. Disponível em: https://www.e-publicacoes.uerj.br/index.php/rfduerj/article/view/1371. Acesso em: 4 abr. 2023.

SANTOS, Dão Real. Reforma tributária aprovada posterga avanços na justiça fiscal. Instituto **Justiça Fiscal**, Porto Alegre, 24 jan. 2024. Disponível em: https://ijf.org.br/reforma-tributaria-aprovada-posterga-avancos-na-justica-fiscal/. Acesso em: 20 mar. 2024.

SANTOS, Maria A. Princípios tributários e a questão racial. In: MASCITTO, Andréa *et al.* (org.). **Coletânea tributária em homenagem à professora Elizabeth Nazar Carrazza.** São Paulo: Blucher, 2022.

SCHWARCZ, Lilia Moritz. **O espetáculo das raças:** cientistas, instituições e questão racial no Brasil 1870-1930. São Paulo: Companhia das Letras, 1993.

SKIDMORE, Thomas E. **Preto no branco:** raça e nacionalidade no pensamento brasileiro. Rio de Janeiro: Paz e Terra, 1976.

SILVEIRA, Fernando *et al.* **O papel da política fiscal no enfrentamento da desigualdade de gênero e raça no Brasil.** Brasília, DF: Ipea, jan. 2024. Disponível em: https://repositorio.ipea.gov.br/bitstream/11058/12834/1/TD_2956_Web.pdf. Acesso em: 18 set. 2024. Texto para discussão n. 2956.

SOLOMOS, John; BACK, Les. **Racism and Society.** Nova York: Palgrave Macmillan, 1996.

THEODORO, Mário L. As características do mercado de trabalho e as origens do informal no Brasil. In: JACCOUD, Luciana (org.). **Questão social e políticas sociais no Brasil contemporâneo.** Brasília, DF: Ipea, 2005. cap. 3, p. 91-126.

THEODORO, Mário L. A formação do mercado de trabalho e a questão racial no Brasil. In: THEODORO, Mário L. (org.). **As políticas públicas e a desigualdade racial no Brasil:** 120 anos após a abolição. Brasília, DF: Ipea, 2008a. cap. 1, p. 15-43.

THEODORO, Mário L. Exclusão ou inclusão precária? O negro na sociedade brasileira. **Inclusão Social,** Brasília, DF, v. 3, n. 1, p. 79-82, out. 2007/mar. 2008b. Disponível em: https://revista.ibict.br/inclusao/article/view/1622. Acesso em: 7 out. 2012.

THEODORO, Mário L. **A sociedade desigual:** racismo e branquitude na formação do Brasil. São Paulo: Zahar, 2022.

TILLY, Charles. **Durable Inequality.** Berkeley: University of California Press, 1999.

VIECELI, Cristina; AVILA, Róber Iturriet. **Tributação e desigualdade de gênero e classe no Brasil:** uma análise a partir do IRPF 2020 e da POF 2017-2018. Porto Alegre: IJF: FES, 2023.

WILLIAMS, Eric. **Capitalism and Slavery.** Carolina do Norte: The University of North Caroline Press, 1944.

ARQUEOLOGIA FISCAL TROPICALISTA: ESCRAVIDÃO, RAÇA E ESTADO BRASILEIRO

Flávio Batista do Nascimento

Flávio Batista é professor e pesquisador. Integra o Grupo de Estudos Sócio-Fiscais da Universidade Federal de Goiás (GESF-UFG). Mestre e doutorando em Direitos Humanos no Programa de Pós-Graduação Interdisciplinar em Direitos Humanos, da Universidade Federal de Goiás (UFG), graduado em Licenciatura em Geografia (UFG).

> Eu vou roubar o patrimônio do seu pai
> Dar fuga no Chevette e distribuir na favela
> Não vão mais empurrar sujeira pra debaixo do tapete
> E nem pra debaixo da minha goela, eu sou ladrão!
>
> *Djonga*

Introdução

A literatura especializada sobre os balanços e as despesas do Império ressaltou a fragilidade do orçamento público, destacando o impacto da economia exportadora e apontando deficiências nas contas públicas.[85] Poucas análises exploraram a dimensão tributária que ultrapassa o registro econômico dos balanços, ao enfatizar a importância das rubricas financeiras utilizadas para cobrir os déficits contábeis do Império. Falar sobre raça e tributação no contexto do Império Brasileiro pode parecer peculiar. Afinal, impostos e finanças públicas são debates repletos de técnicas, são instrumentos modernos adaptados à realidade contemporânea. Os especialistas estão, portanto, preocupados com as questões do presente: quais são as melhores alíquotas, incidências, ou ainda se as normas estão adequadas à jurisprudência vigente. Tudo isso se desenrola em torno da discussão daquela primavera de 1988: a Constituição brasileira. Para muitos especialistas, na Constituição encontra-se o marco zero, o leme que guia o navio, o desenho do horizonte possível do futuro.

---

85 Abreu, Lago e Villela (2022).

As querelas brasileiras do passado parecem ter alcançado um consenso naquela primavera de 1988. Optamos por uma abordagem distinta: a persistência da escravidão e da questão racial como elementos essenciais do Estado nacional, bases fundamentais da tributação e das relações tributárias. Para isso, ajustamos nossa perspectiva. Utilizamos o Brasil como ponto de partida para investigar a formação do sistema-mundo. Os acontecimentos são contextualizados dentro de processos estruturais mais amplos.

Assim, focamos os primeiros anos da formação do que Angelo Alves Carrara chamou de Brasil, entre 1808-1829. Desse modo, direcionamos nossa análise para o período em que as tropas napoleônicas cruzaram o rio Tejo e a família real portuguesa navegou pelo Atlântico em direção à terra *brasilis*. A chegada da família real ocorreu em meio a um cenário de hostilidades no velho mundo, onde França e Inglaterra disputavam cada palmo de chão europeu. Revoluções, guerras e conflitos fervilhavam em ambos os lados do Atlântico. O mundo moldado pela chegada dos europeus às Américas e pelo antigo regime estava desmoronando. As transformações desse contexto possibilitaram um dos grandes eventos na história do Brasil: a chegada da família real, a elevação do país à condição de reino e a reorganização das finanças estatais. Com o apoio dos ingleses, os Bragança desembarcaram no Brasil, porém isso não veio sem custos. Os ingleses impuseram condições favoráveis a Londres, tanto nas tarifas dos produtos importados pelos brasileiros quanto no posicionamento político do país, como o fim do tráfico negreiro. Os portugueses conseguiram adiar os efeitos imediatos dos tratados, pois não queriam prejudicar uma das principais fontes de renda: o tráfico de escravos.

Os portugueses garantiram aos ingleses condições particulares de alíquotas para produtos vindos de Londres, enquanto para os brasileiros a Coroa ampliou sua condição de mera colônia para reino, libertando-os do controle dos intermediários que comercializavam os produtos nacionais em Lisboa. Posteriormente, a continuidade da escravidão tornou-se o ponto central dos conflitos que minaram a harmonia entre a Coroa e os brasileiros. A independência pode ser vista como o desfecho dessa crise. O ponto de ruptura assegurou a unidade nacional, essencial para a sobrevivência de um novo país no novo arranjo do sistema mundial.

Nossa investigação se concentra nas tramas por trás desse processo, considerando as finanças públicas e a escravidão ilegal como elementos constituintes do Estado brasileiro. Dividimos a investigação em duas seções: na primeira, narramos como esse contexto foi produzido e como seus arranjos nos permitem compreender melhor o movimento das finanças públicas. Na segunda seção, construímos um olhar panorâmico para o orçamento do Brasil comandado pela Coroa e pelo primeiro reinado. Recorremos ao acervo digital da Biblioteca do Ministério da Fazenda no Rio de Janeiro (MEB-BMF) e aos estudos de Angelo Alves Carrara sobre a história financeira do Brasil entre 1808 e 1889, bem como às pesquisas de Tâmis Parron sobre a escravidão brasileira. Utilizamos ambas as seções para sustentar nosso argumento de que o Brasil do século XIX encapsula a dinâmica sócio-histórica do financiamento do estado brasileiro, servindo como antessala para a produção dos números presentes nos balanços e nas despesas do império. Do outro lado dos fluxos fiscais existem corpos, sangue e ilegalidade.

O lado Sul do mapa: escravidão, monarquia e estado nacional

> Ei, senhor de engenho, eu sei bem quem você é
> Sozinho cê num guenta, sozinho cê num entra a pé
>
> *Racionais Mc's*

O Palácio do Museu Nacional já serviu como residência oficial da família real. Originalmente conhecido como Palácio de São Cristóvão, embora evocasse o que hoje seria o

Palácio da Alvorada, a habitação da família real não foi concebida para ser oficial, era a casa de Elias Antônio Lopes, comerciante enriquecido com o mais valioso comércio da época: o tráfico de escravos. Naquele momento, o tráfico de escravos era legal e sancionado por lei. A metamorfose de um palacete, considerado o ápice do luxo naquele período, erigido pelo capital escravocrata, em residência oficial do governo, materializa a relação íntima entre o Estado brasileiro e a escravidão. No entanto, a chegada dos Bragança não seria possível sem a ajuda dos ingleses.

O século XIX, conhecido como o século da emancipação, não se restringiu apenas à abolição do tráfico e da escravidão sob a pressão do Império Britânico. A expansão do trabalho escravo negro nas Américas durante esse período foi marcada por mudanças nas fronteiras comerciais. Isso se evidenciou em regiões como Cuba, nos estados incorporados à Confederação Americana, após 1810, e nas novas áreas de fronteira escravista no Brasil. Até o século XVIII, o algodão era uma matéria-prima essencial na indústria manufatureira da Índia, embora ainda não estivesse totalmente integrado aos processos fabris. Contudo, na transição para o século XIX, emergiu como uma importante base para a Revolução Industrial.

Paralelamente, produtos como café e algodão, antes raros e associados à indústria metropolitana, estavam restritos à demanda de consumo de luxo. Sua popularização ocorreu simultaneamente à ampla disseminação desses itens entre a crescente população urbana, braços fundamentais da indústria em expansão. O avanço do capitalismo industrial ao longo do século XIX desempenhou papel significativo na expansão da escravidão negra, uma vez que os produtos resultantes do trabalho escravo integraram-se à reprodução do regime de trabalho assalariado nas grandes metrópoles. Dale Tomich chamou a atenção para essa ruptura com o antigo escravismo, argumentando que a "segunda escravidão" reorganizou-se dentro dos processos capitalistas. As mãos escravas, segundo ele, produziram as condições estruturais para a ampliação do capitalismo, seja garantindo as matérias-primas para o desenvolvimento industrial, como o algodão, seja na produção de alimentos baratos que asseguraram a dieta básica para os trabalhadores industriais. Não se tratava mais da escravidão baseada no protecionismo mercantilista; o advento do livre cambismo nos espaços coloniais permitiu aos escravistas aumentarem sua produção e venderem livremente nos grandes mercados europeus. Foi nesse contexto que a Coroa chegou ao Brasil, onde o livre cambismo, as revoluções, a ambição napoleônica, a organização das finanças para sua sobrevivência e a escravidão eram peças centrais para garantir sua própria sobrevivência. A sorte estava lançada.

Se o tráfico de escravos era tão lucrativo a ponto de permitir a um dos seus mais ilustres comerciantes, o conhecido Elias Antônio Lopes, construir a casa mais luxuosa do Rio de Janeiro e doá-la aos governantes recém-chegados, sua importância não seria diferente para as finanças do Estado. Quando a Revolução Haitiana (1791-1804) abalou o Novo Mundo naquele verão de 1791 em Saint-Domingue, também elevou os preços e produziu novas oportunidades para a tríade das commodities tropicais: café, açúcar e algodão. O xadrez do sistema mundial nunca mais foi o mesmo. De um lado, as guerras napoleônicas transformaram a Europa em um campo de batalha onde seus exércitos se enfrentaram e apenas dois grandes atores pareciam decidir o rumo da contenda: França e Inglaterra. Por outro lado, boa parte dos alimentos fornecidos pelo Novo Mundo já não chegavam ao seu principal mercado consumidor: a Europa.

Entre 1750 e 1815, a Europa passou por mudanças profundas, como o crescimento populacional e o aumento do consumo. A alta demanda e a dificuldade de atender à oferta resultaram em uma conjuntura hiperinflacionária, fazendo produtos como café, açúcar e algodão alcançarem preços elevados. A revolução industrial e a urbanização transformaram irreversivelmente as paisagens do Velho Mundo, aumentando a necessidade calórica dos trabalhadores. Para garantir a sobrevivência dos trabalhadores sem comprometer os lucros, os administradores precisavam acessar os bens agrícolas a preços mais baixos. Não é coincidência que, entre 1802 e 1806, a América Portuguesa tenha fornecido dois terços dos produtos exportados por Lisboa.[86]

Naqueles anos dramáticos da ascensão de Napoleão e diante de seu bloqueio continental, o destino dos portugueses não poderia ser decidido sem levar em conta o lugar mais dinâmico do reino: o Brasil. Os ingleses, por sua vez, diante da estratégia diplomática napoleônica, corriam o risco de perder o acesso aos mercados brasileiros, por onde escoavam seus têxteis; além disso, a comunicação com suas colônias caribenhas poderia ser desestabilizada. Diante da tendência inflacionária das cotações internacionais e da reorganização dos fluxos de mercadorias na Europa, os impérios ultramarinos viram-se compelidos a reformar seus estados, buscando potencializar suas colônias agrícolas americanas. Não é difícil encontrar razões para a escolha dos portugueses diante deste cenário. Ingleses e portugueses haviam percebido na encruzilhada da conjuntura do século XIX que uma possível aliança poderia garantir aos dois impérios a sobrevivência de seus interesses.

Ao desembarcar no Brasil, a Corte Joanina enfrentou dois grandes desafios: organizar as finanças da colônia, agora elevada à condição de reino, e ao mesmo tempo evitar conflitos com o grupo mais influente economicamente: os senhores de escravos. Quando os ingleses facilitaram a vinda da família real, não o fizeram sem primeiro estabelecer um acordo importante para Londres: o "Tratado Econômico de Abertura dos Portos" às nações amigas. Esse

86 Até 1804, a balança comercial portuguesa contou com um período de expansão econômica, seguido por uma contração a partir de 1805 e uma queda significativa nos anos subsequentes. Conforme demonstrado por Valentim Alexandre (1993), o superávit na balança comercial externa entre 1796 e 1804 foi acompanhado por um saldo positivo acumulado na balança comercial com o Brasil. Cf. ALEXANDRE, Valentim. **Os sentidos do império**: questão nacional e questão colonial na crise do antigo regime português. Porto: Edições Afrontamento, 1993. p. 25-75.

tratado não apenas facilitou a chegada da coroa ao Brasil mas também interessava aos ingleses os portos daquelas terras tropicais. Com o tratado, os portugueses perderam o monopólio colonial, não sendo mais apenas Lisboa capaz de comercializar com os brasileiros. Além disso, houve uma mudança significativa na margem do Atlântico que banhava o litoral brasileiro, agora recebendo bens importados. Os ingleses, ao garantirem destino para suas mercadorias, obtiveram condições favoráveis para seus produtos, conquistaram os mesmos direitos que as embarcações nacionais, reduzindo as taxas de entrada de 30% para 24%.[87]

Londres não parou por aí. Os mercados europeus estavam fechados para os britânicos devido às vitórias napoleônicas, tornando sua diplomacia de bloqueio uma preocupação para a chancelaria inglesa. Era imperativo encontrar novos mercados para seus produtos. Em 1810, encontraram uma solução nos Tratados de Aliança e Amizade, Comércio e Navegação. Com o primeiro, conseguiram vantagens para seus produtos, com um teto aduaneiro de 15% ad valorem, abaixo dos 16% pagos pelos produtos portugueses e muito abaixo dos 24% pagos pelos demais países. O segundo tratado exigia algo que poderia abalar as bases do Império no Brasil: o fim do tráfico negreiro. Não se tratava aqui de uma ação ética pelo fim do tráfico e, automaticamente, da escravidão. Os ingleses não tinham obstáculos morais para recusar produtos produzidos por mãos escravas, como açúcar, algodão e café. Também não era uma incompatibilidade do Iluminismo, da liberdade e do capitalismo com a escravidão, mas sim uma ação calculada

87 Com exceção de vinhos, aguardentes e azeites, que duplicavam tais direitos. Autorizou a saída para portos nacionais e estrangeiros de quaisquer produtos provenientes do território brasileiro (com exceção do pau-brasil, cuja saída se declarava proibida) e declarou sem efeito todas as leis que impediam "neste Estado do Brasil o recíproco comércio e navegação". Cf. CARDOSO, José Luís. A abertura dos portos do Brasil em 1808: dos factos à doutrina. **Ler História**, [s. l.], v. 54, p. 9-31, 2008. Disponível em: https://journals.openedition.org/lerhistoria/2342. Acesso em: 5 mar. 2024.

em razão das mudanças na economia capitalista do sistema-mundo, como Wallerstein chamou.

Quando Napoleão foi derrotado e o bloqueio continental chegou ao fim, os mercados imperiais europeus abraçaram entusiasticamente o protecionismo tarifário. Na realidade, o livre cambismo encontrou sua aplicação principalmente na periferia do mundo. Além disso, os Estados Unidos suspenderam a compra de produtos têxteis ingleses, o que levou Londres a desmantelar o monopólio da East India Company (EIC) e abrir oportunidades para atores privados no Oriente.[88] Os acordos napoleônicos pós-guerras, estabelecidos no contexto dos impérios ultramarinos, estimularam a circulação dos artigos tropicais produzidos nas colônias.

Na prática, Brasil, Cuba e Estados Unidos puderam vender para diferentes compradores no Norte Global. No entanto, as colônias inglesas, que produziam açúcar, e a ainda incipiente produção de algodão indiano, que não estava completamente controlada por Londres, enfrentaram o lado mais difícil da livre concorrência: a perda de lucro. Foi nesse cenário que os debates sobre a escravidão começaram a surgir no parlamento, embora sem justificativas matemáticas evidentes além da lógica da perda de lucro. Nesse mundo em constante transformação, Índia e Brasil compensaram as perdas dos britânicos no mundo atlântico. O Império inglês começava a realinhar seu foco em direção à Índia, devido à crescente competitividade dos espaços escravistas americanos.

A reorganização da ordem do sistema mundial demandaria novos arranjos que minassem as vantagens dos competidores de Londres. A proibição do tráfico de escravos representava uma importante saída diplomática para os ingleses, embora não pudessem impor tal condição aos norte-americanos. Porém, para os portugueses em sua nova empreitada nas terras brasileiras, era uma possibili-

88 PARRON, Tâmis Peixoto. Revolução Industrial e circuitos mercantis globais: a crise da escravidão no império Britânico. **Revista USP**, São Paulo, v. 1, p. 185-213, 2022.

dade viável. Os tratados assinados entre 1808-1815 foram estabelecidos em uma conjuntura em que os portugueses tinham poucas opções. No entanto, com o declínio do poder de Napoleão, Lisboa vislumbrou uma oportunidade de se desvencilhar de seu parceiro inglês. O reordenamento mundial, no contexto europeu, foi concretizado no Congresso de Viena. Os líderes do Velho Mundo buscavam evitar a eclosão de uma segunda versão da Revolução Francesa e de Napoleão, estabelecendo as regras do novo arranjo conhecidas como "o princípio da legitimidade". A busca pelo "equilíbrio de poder" permitiu "respostas individuais" a um mundo influenciado por Londres.

Considerando o panorama geral, a prática de protecionismo seletivo por parte do centro e da semiperiferia, que permitia o livre-comércio de café, mas não de cereais, e aceitava a livre troca de algodão, mas não a de tecidos de algodão, provocou uma reorganização na economia global.[89] Portugal buscou uma aproximação com Moscou, na tentativa de se desvincular de Londres, porém foram pegos de surpresa pelos planos de Alexandre I, o Czar russo. Este, preocupado com as ambições de Madri sobre regiões da Itália, sugeriu aos espanhóis a ideia de incorporação de Portugal.[90] Nesse contexto, os ingleses conseguiram firmar o Tratado Antitráfico Anglo-Português, em 22 de janeiro de 1815. Tornou-se imperativo proibir o comércio de escravizados para regiões não portuguesas e encerrar o tráfico na costa africana ao norte do Equador. Além disso, o Brasil seria compelido a punir aqueles que violassem o acordo. Como parte do entendimento, a Coroa portuguesa renunciaria ao empréstimo britânico de 600 mil libras contraído em 1809. Em face da dificuldade do cumprimento do tratado, foi só a

89 PARRON, Tâmis Peixoto. **A política da escravidão na era da liberdade**: Estados Unidos, Brasil e Cuba, 1787-1846. 2015. Tese (Doutorado em História) – Programa de Pós-Graduação em História Social, Universidade de São Paulo, São Paulo, 2015.

90 *Ibid.*, 2015.

partir da convenção de 1817 que as medidas para cumprir as disposições do Tratado de 1815 apareceram.

No entanto, o aumento das buscas dos navios ingleses feitas nos navios portugueses ao sul do Equador exigiu uma resposta da Coroa. A convenção instituía o direito recíproco de visita de embarcações para inspecionar navios suspeitos de tráfico de escravos ao norte do Equador, bem como comissões ou tribunais mistos para julgar apreensões feitas nessas circunstâncias e apresentar a figura legal e social do "africano livre", cuja liberdade era concedida por tribunais estrangeiros comprometidos com o antiescravismo. Ao legitimar e proteger o tráfico português de escravos ao sul do Equador, sem estabelecer um prazo para seu término, a convenção pode ser interpretada como uma vitória diplomática sobre o Reino Unido, protegendo os interesses dos traficantes e dos círculos da Corte de Portugal. A coroa proporcionou um escudo contra o avanço do antiescravismo, bloqueando qualquer acordo internacional que limitasse o tráfico. A convenção atendeu aos interesses de setores brasileiros e de estadistas próximos ao rei, que vislumbravam o futuro político da Monarquia Portuguesa a partir da América.

Quando Dom João VI foi chamado para as Cortes de Lisboa e, logo depois, seu filho, Dom Pedro I, redigiu a Carta às Nações Amigas, o processo de independência do Brasil não resultou da luta contra o retorno ao colonialismo. A escolha pela monarquia em plena era em que muitas repúblicas se espalhavam pela América Latina está intimamente ligada à manutenção da escravidão. A trama por trás dos acontecimentos girava em torno do futuro da gestão do Estado, da definição dos conceitos fundamentais e da escravidão. Quando as Cortes de Lisboa estenderam a cidadania para os escravizados por meio de alforrias, não encontraram resistência dos brasileiros.

Afinal, a emancipação desencadeada pelo Tratado de 1817 estava limitada ao norte do Império, enquanto o tráfico brasileiro ocorria ao sul do Equador, na ligação direta entre as costas africanas e brasileiras, quase como uma "terceira margem" do Atlântico Sul.[91] Na prática, isso implicava que os africanos livres possuíam direitos civis e políticos nas duas margens do Atlântico, mas isso estava limitado à parte setentrional do acordo. O futuro do tráfico estava confinado à dinâmica interna portuguesa e longe do espectro do abolicionismo inglês. Quando os brasileiros perderam a batalha da proporcionalidade nas Cortes de Lisboa e não conseguiram ter controle sobre assuntos internos delicados, como a escravidão, o retorno para o Brasil estava consolidado.

Os brasileiros se sentiram muito à vontade participando das decisões do Império, não havia neles nenhum sentimento nacionalista contra o colonialismo português; mas, ao perderem as rédeas do Estado e do funcionamento da cidadania e da escravidão, as coisas mudaram. Se antes a chancelaria joanina conseguiu salvar-se dos franceses, construir o aparato estatal nos trópicos e resistir aos avanços antiescravistas dos tratados com os ingleses, agora, diante das decisões das Cortes de Lisboa, os problemas que emergiram naquela quadra histórica ameaçaram elementos centrais do poderio tropical: o acesso às praças econômicas europeias, o controle sobre as consequências dos conceitos fundamentais e a proteção ao tráfico. Ao romper com o centro decisório de poder, os brasileiros passaram a enfrentar dois dilemas que colocavam em risco seu futuro e o de sua base de sustentação: era necessário obter o reconhecimento mundial de seu novo status em um universo que questionava o futuro do cativeiro.

---

91 A "terceira margem" do Atlântico Sul é uma metáfora que nos parece apropriada para a construção das relações históricas, sociais e culturais entre as duas margens atlânticas, africanas e brasileiras, para além da relação triangular criada por Portugal. É o que pode ser encontrado em Guimarães Rosa no conto intitulado "A terceira margem do rio". Cf: ROSA, Guimarães. A terceira margem do rio. In: ROSA, Guimarães. **Primeiras estórias**. Rio de Janeiro: Nova Fronteira, 2011. p. 14-48. A partir de uma perspectiva histórica, podemos encontrar essa relação na obra do embaixador Alberto da Costa e Silva intitulada Um rio chamado Atlântico. Cf: SILVA, Alberto da Costa e. **Um rio chamado Atlântico**: África no Brasil e o Brasil na África. Rio de Janeiro: Nova Fronteira, 2011.

Quando Londres enfrentou o protecionismo europeu e dos Estados Unidos, não apenas a América Portuguesa ajudou a escoar seus produtos mas também o volume econômico proveniente do monopólio das Índias Orientais. Os britânicos começaram a deslocar seu foco de interesse e investimento do Atlântico para o Índico, visualizando na Ásia o futuro do Império Vitoriano. Ao encontrarem barreiras tarifárias na nova conjuntura após a queda de Napoleão, os ingleses alteraram o eixo de seu Império, resultando no conflito de interesses entre o Caribe Britânico e a metrópole. Foi nesse contexto que surgiu o abolicionismo nas colônias inglesas e a equalização dos preços do açúcar. A nova geografia dos circuitos mercantis de Londres possibilitou a consolidação de sua defesa no livre-comércio.

Nesse emaranhado de acontecimentos, o Brasil embarcou na jornada rumo à independência. A unidade mantida pelos portugueses ao longo dos últimos 300 anos impunha desafios significativos para Dom Pedro I e José Bonifácio. Para suprimir as revoltas e preservar a integridade territorial, tornou-se necessário recorrer à abundante fonte de recursos disponível: o sistema escravocrata.

No entanto, diversos obstáculos surgiram ao longo desse processo. Primeiramente, era crucial garantir a admissão no cenário internacional, pois, sem o respaldo da soberania estatal, seria difícil proteger o tráfico de escravos, que agora se tornava um alvo prioritário para os ingleses. Neste ponto, o(a) leitor(a) poderia supor que os interesses britânicos estivessem motivados por preocupações morais em relação ao fim do tráfico. Contudo, a realidade parece menos idealizada. Como discutimos anteriormente, as disputas comerciais pós-napoleônicas, marcadas pelo protecionismo na Europa e nos Estados Unidos, deixaram o livre-comércio como a única opção viável para a periferia do mundo.

É inegável que, durante o período em análise, os clubes abolicionistas na Inglaterra e nos Estados Unidos existiam, porém careciam de poder suficiente para desafiar o sistema escravista. Não subestimamos a importância do movimento abolicionista, mas destacamos, prezado(a) leitor(a), algo que muitas vezes escapa à observação mais superficial: mesmo na era das revoluções e do liberalismo do século XIX, a escravidão persistiu. Dentro dos novos arranjos estatais desse período, o sistema escravista não só sobreviveu mas também se reinventou. A manutenção da escravidão não estava apenas ligada aos interesses de indivíduos gananciosos mas igualmente ao papel ativo do Estado no interior do capitalismo emergente. No contexto brasileiro, havia uma particularidade que o diferenciava de outros espaços escravistas: a presença do africano livre. Diante desse cenário, os líderes da Independência brasileira foram obrigados a se inserir no novo mundo delineado pelas revoluções, buscando legitimidade por meio da soberania estatal e das constituições, visando proteger o mercado, a propriedade e os direitos dos cidadãos, entretanto nem todos foram chamados para usufruir da cidadania.

Escravidão e fiscalidade tropical: as tramas por trás dos números

> Eles querem que alguém que vem de onde nós vem
> Seja mais humilde, baixe a cabeça
> Nunca revide, finja que esqueceu a coisa toda
> Eu quero é que eles se...
>
> *Emicida*

Quando a família real cortou as águas do Atlântico, a cidade do Rio de Janeiro nunca mais foi a mesma. Naquelas paragens, a condição fiscal não era favorável, com Minas Gerais superando o Rio de Janeiro em receitas fiscais durante grande parte do século XVIII. Os eventos dramáticos na Europa alteraram o curso da Corte de Dom João VI e consagraram o Rio de Janeiro como peça central do tabuleiro político do estado. Angelo Carrara denominou esse período como a "construção do estado nacional".[92] Além dos aspectos jurídicos e administra-

92 Carrara, 2022, p. 183.

tivos, a estruturação do aparato estatal demandou a formação de um arranjo político para moldar a política fiscal do Brasil. Carrara, ao observar o movimento, não se limitou apenas aos movimentos de curta duração, como as ações dos indivíduos daquela época. Ele ampliou sua análise e investigou a história fiscal brasileira entre os anos de 1808 e 1888. Os desafios políticos e fiscais da chegada da família real começaram a desenhar os acontecimentos que desembocam no Estado Nacional Brasileiro. Uma olhadela rápida nesses eventos pode circunscrever aos tempos sociais dos acontecimentos, munidos de condições cíclicas de crises econômicas e sociais que informaram as ações humanas dos contemporâneos.

Foi Braudel que lembrou que o tempo das estruturas sociais pode ser utilizado como ponto de partida para observarmos a vida social.[93] Nas lacunas da constituição do estado fiscal havia alguns fios que conectavam o tecido social que forjou na nação brasileira as finanças públicas e a produção de riqueza. Existem determinadas permanências que custam a mudar. Se por um lado o sistema tributário constituído no Império brasileiro perdurou por décadas, e a Constituição de 1824 seguiu forte por 64 anos; por outro lado, uma permanência duradoura que atravessou esses processos foi a escravidão e seu papel nas finanças públicas.

Por isso, caro(a) leitor(a), nossa lupa está interessada não nos acontecimentos mais visíveis, mas nas permanências. O fugaz, o acontecimento, a vida dos indivíduos e os registros oficiais são como vaga-lumes, até brilham, mas não iluminam o caminho.[94] O próprio Braudel já afirmou que a escala muda tudo. Inspirado pelos trabalhos do historiador francês, Immanuel Wallerstein ampliou sua escala para analisar as es-

93 BRAUDEL, Fernand. **História e ciências sociais**: a longa duração. Tradução: Ana Maria Camargo. Revista de História, [s. l.], v. 30, n. 62, p. 194-261, abr./jun. 1965.

94 Paráfrase de uma frase proferida por Fernand Braudel. "Os acontecimentos são como os vaga-lumes nas noites brasileiras: brilham, mas não iluminam o caminho." Fernand Braudel descobriu a metáfora na noite em que seu carro quebrou na estrada de Feira de Santana.

truturas e as permanências de longa duração. [95]O sistema-mundo capitalista e sua tonalidade tornaram-se sua unidade de observação e de análise. Seu trabalho não foca a história do mundo, mas a perspectiva; sua definição não reside no objeto em particular estudado (unidade de observação), mas na perspectiva que emerge como unidade de análise. O sistema-mundo capitalista é um conjunto de estados soberanos que interagem via mercado mundial. Ao adotar a escala (ou perspectiva) do sistema-mundo, os acontecimentos não são analisados como processos acabados, mas como a ação social, o processo histórico e o espaço social interagem e iluminam as lacunas que uma escala menor não consegue observar. Tamanha abrangência contém mudanças profundas que marcaram seu processo, tal sistema-mundo não poderia conter as mesmas formas de governar ou os mesmos modos de acumular riqueza.

Giovanni Arrighi chamou de ciclos sistêmicos de acumulação as transformações pelas quais o sistema-mundo passou.[96] A formação dos ciclos de acumulação de Arrighi lança luz sobre o que o autor denomina como "zonas de sombras" na produção do capitalismo. Este movimento não está centrado nas múltiplas relações capitalistas. Arrighi emprega a estrutura conceitual de Marx para definir os ciclos sistêmicos de acumulação e suas sucessões, considerando-os como o mecanismo que regula as interações entre as potências capitalistas no sistema-mundo. Cada ciclo, de acordo com Arrighi, percorre uma fase de expansão material e comercial (D-M), sucedida por uma crise capitalista que abre caminho para uma subsequente expansão financeira (M-D').

Seu argumento destaca a inevitabilidade de crises como componentes cruciais na reconfiguração do sistema, proporcionando uma narrativa histórica que conecta formas de go-

95 WALLERSTEIN, Immanuel. **The Modern World-System I**: Capitalist Agriculture and the Origins of the European World-Economy in the Sixteenth Century. Berkeley: University of California Press, 2011.

96 ARRIGHI, Giovanni. **O longo século XX**. Rio de Janeiro: Contraponto; São Paulo: Unesp, 1996.

verno e padrões de investimento às dinâmicas fundamentais do capitalismo ao longo dos séculos. As formações estatais estão diretamente influenciadas pelo modo de governar e de acumular de um desses ciclos. Apesar de essa perspectiva ser de grande ganho para nossa análise, das finanças públicas e da escravidão, o regime do cativeiro não abalou o gigantesco sismógrafo de Wallerstein. Howard Winant, ao adotar a perspectiva do sistema-mundo, concorda com Wallerstein sobre existir algo diferente na produção do sistema mundial moderno. Sua produção e influência alcançaram o mundo todo sem, necessariamente, exigir uma regra unificadora.

A forma de organização histórica mundial desse sistema foi gradualmente reproduzindo elementos organizacionais e categorias sociais, mas mudou o significado desses componentes para alcançar uma sinergia que unificou esse processo e ampliou-se no mundo todo. Para Winant, a modernidade seria um projeto de formação racial global.[97] A raça seria um dos ingredientes fundamentais da unificação dos diferentes ciclos de acumulação e produtora da modernidade. A história poderia ser interpretada em termos de *longue duree* racial, porque ela foi responsável pela constituição de nações e impérios, pelos arranjos da relação capital e trabalho, e da própria concepção de culturas e identidades. Ela não seria um mero fenômeno a desaparecer com as relações capitalistas, mas estaria no interior da relação entre significados e estrutura.[98] Em outro estudo, demonstramos como a raça e as políticas fiscais influenciaram a concretização dos direitos humanos e das disparidades raciais no contrato social moderno. Assim, o sistema tributário não pode ser considerado neutro diante das desigualdades raciais.[99]

---

97 WINANT, Howard. **The world is a ghetto**. Race and democracy since world war II. Nova York: Basic Books, 2001.

98 OMI, Michael; WINANT, Howard. **Racial formation in the United States**. 3. ed. Nova York: Routledge, 2014.

99 NASCIMENTO, Flávio Batista do. **O mundo é diferente da ponte para cá**: fiscalidade, raça e direitos humanos no Brasil contemporâneo. 2020. Dissertação (Mestrado em Direitos Humanos) – Universidade Federal de Goiás, Goiânia, 2020.

Nossa escala reside no processo amplo que permitiu à família real brasileira desembarcar em solo tropical, as permanências da escravidão como elemento de poder e de acumulação de capital e como a raça atravessou esses processos na sua dimensão social, jurídica e, claro, nas finanças públicas. Os elementos que moldaram o sistema fiscal brasileiro nos anos de 1830 já estavam presentes no início do século XIX, e lá estava a escravidão; mas sua permanência ao ingressar em outro ciclo de transformação do sistema-mundo ganha novas roupagens. Essa lacuna escapa às análises dos acontecimentos. Para o estado florescer é necessário que o sistema fiscal garanta sua sobrevivência, e foi esse o primeiro desafio dos administradores brasileiros e portugueses quando os problemas no velho mundo fizeram a Coroa desembarcar nas terras cariocas. Era preciso integrar as funções administrativas e controlar bem todo o aparato estatal, militar, político, econômico e fiscal. Os custos desse novo empreendimento na história contemporânea, a mudança de sede do governo, sem dúvidas tirou o sono dos administradores.

Foi necessário reestruturar completamente o Rio de Janeiro para acomodar a Casa Real portuguesa, elevando a condição da cidade de colônia para reino, um empreendimento custoso. Apenas em 1808, 20% das despesas totais foram destinadas à adaptação da Casa Real, sobrecarregando os recursos da capital carioca. Essa situação só mudou quando Dom João VI retornou a Portugal em 1820. Essa mudança não apenas impactou os cofres públicos mas também marcou os primeiros anos da constituição estatal brasileira com a incapacidade de saldar prontamente essas despesas. Ao analisar os dados dos Balanços do Erário, observa-se que as despesas com a Casa Real aumentaram significativamente (ver Gráfico 1). Para enfrentar o desafio de financiar o novo estado, foram adotadas medidas essenciais, como redirecionar todas as remessas das capitanias para o Rio de Janeiro, anteriormente enviadas para Lisboa; estabelecer o Erário Régio; introduzir novos tributos; confiscar todo o ouro em pó armazenado ou disponível na capitania de Minas Gerais; recorrer aos empréstimos do Banco do Brasil e (re)cunhar moedas espanholas de prata com um ágio de 28%.[100]

Entre as medidas tomadas, a criação de novos tributos estava condizente com a estruturação do elemento central do Estado: sua base fiscal. O novo imposto sobre os escravizados foi criado pelo decreto de 13 de maio de 1809 e incidia sobre os escravizados novos que entrassem pela Alfândega, pelos quais dever-se-iam pagar 800 réis para a Guarda da Polícia e iluminação da cidade do Rio de Janeiro.[101] Os direitos de saída dos escravizados da Costa d'África para os portos do sul foram também estabelecidos pelo decreto de 13 de maio de 1809: pelos escravizados novos e ladinos exportados para os portos do sul, deveria pagar-se na Intendência, na ação de receber o despacho, 4.800 réis. A meia siza foi criada pelo decreto de 3 de junho de 1809, correspondente a 5% sobre o valor de compra e venda de escravos ladinos, isto é, nascidos no Brasil.

Gráfico 1 – Despesas do Erário Régio do Rio de Janeiro, 1809-1820, em contos de réis

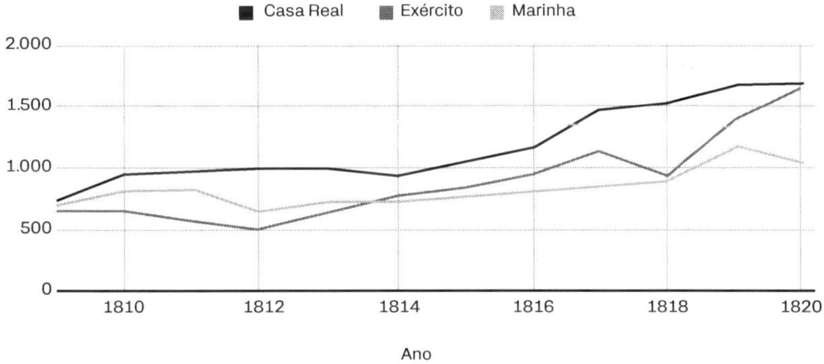

Fonte: Elaborado pelo autor com base em MEB-BMF e Carrara (2022).

100 Carrara, 2022.

101 Conforme Carrara (2022) ressaltou, esse tributo parece ter substituído os direitos na importação dos escravos, vigente anteriormente. Cf. CARRARA, Angelo Alves. **As finanças do estado brasileiro**: 1808-1898. Belo Horizonte: Fino Traço, 2022. E-book.

Diante dos desafios surgidos com as transformações no sistema-mundo, a ameaça napoleônica havia desaparecido, e os interesses dos portugueses também se modificaram. Ao convocarem seu rei de volta, Dom João VI, sem conceder espaço aos brasileiros, o destino do Brasil foi selado: era preciso separar-se de Portugal. Se antes toda a estrutura para financiar o Estado já mostrava sinais de desgaste, agora, diante de uma crise política de emancipação, os custos dessa empreitada se tornaram ainda maiores. Perante a dificuldade de acessar os dados sobre os primeiros anos da atividade financeira da família real no Brasil, optamos por uma análise panorâmica do primeiro reinado para examinar a capacidade orçamentária brasileira.

Gráfico 2 – Evolução da receita e da despesa total entre 1820-1828 em bilhões de réis

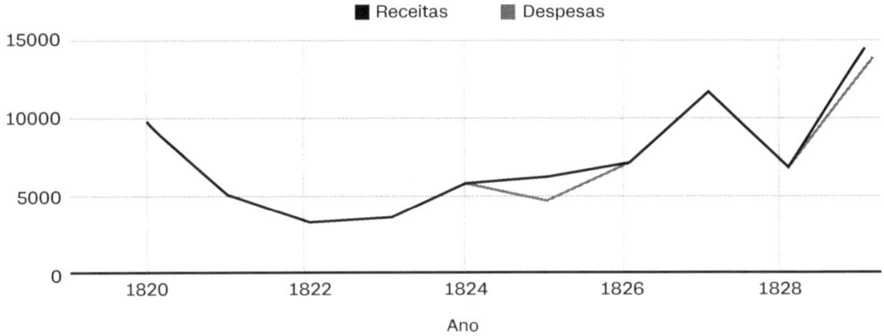

Fonte: Elaborado pelo autor com base em MEB-BMF e Carrara (2022).

A fragilidade do orçamento do Império reflete a dificuldade da receita das capitanias em suprir as necessidades financeiras, a impossibilidade de aumentar impostos e a preferência por empréstimos, emissão de moeda e arranjos contábeis alternativos (Ver Gráfico 2). Nesse contexto, os brasileiros não tiveram outra opção senão buscar empréstimos em Londres e obter sua chancela como novo estado membro das nações soberanas. A balança comercial brasileira também revelou sua fragilidade ao longo da década de 1820, mostrando-se deficitária com relação à produção de alimentos tropicais e à exportação de matérias-primas (Ver Gráfi-

Tabela 2 – Receita, despesas e tributos da escravidão 1820-1829 em milhões de réis

Ano	Receitas	Despesas	Tributos da escravidão
1820	9771.11	771.11	183.50
1821	5209.94	5209.94	253.53
1822	3907.33	3907.21	350.43
1823	4239.27	4239.27	246.39
1824	6053.96	6053.96	442.63
1825	6580.11	5143.09	554.79
1826	7578.47	7427.21	593.35
1827	12068.47	11842.92	536.70
1828	7258.16	7130.12	444.37
1829	14406.24	14047.91	952.90

Fonte: Elaborado pelo autor com base em MEB-BMF e Carrara (2022).

O(A) leitor(a) deve se recordar de nossa discussão anterior sobre como a Coroa portuguesa protegeu os interesses dos escravocratas diante das pressões antiabolicionistas inglesas e da política britânica para o fim do tráfico, visando aumentar a competitividade de seu novo eixo imperial na Índia. Além disso, é importante lembrar o papel dos ingleses no processo de chegada da família real ao Brasil e na independência, mediados por tratados e empréstimos. A diplomacia de Dom João VI estabeleceu condições favoráveis para o tráfico (ver seção 1), enquanto Dom Pedro I, munido da constituição e dos novos tratados, ampliou essa prática. Esses números só podem ser compreendidos dentro desse contexto. As revoltas durante o processo de independência exigiram recursos e apoio político, porém, como observado por Tâmis Parron, o tráfico proporcionou o capital necessário para reprimir os movimentos separatistas nas regiões periféricas do império, evidenciando a interseção entre escravidão e interesse nacional. Era crucial garantir aos escravocratas o acesso a seu principal recurso: os escravos. Portanto, não foi coincidência que os constituintes, ao definirem a cidadania, evitassem abordar a questão dos emancipados por meio da alforria. O problema residia na situação dos africanos livres. Dos tratados assinados entre 1815 e

1818 surgiu a necessidade de conceder cidadania aos libertos sem direitos políticos, deixando os africanos livres em um limbo político. Na Constituição de 1824, o artigo 6, inciso I, que trata da cidadania, estabelecia que aqueles nascidos no Brasil, independentemente de serem livres ou libertos, desde que o pai não fosse estrangeiro residente a serviço de sua nação, eram considerados cidadãos.

Gráfico 5 – Taxa de câmbio - libra esterlina / mil réis - anuais

Fonte: Elaborado pelo autor com base em MEB-BMF e Carrara (2022).

A persistência da escravidão não estava apenas nos interesses individuais, mas nas fissuras do tecido social e fiscal brasileiro. O aumento dos impostos sobre a escravidão estava diretamente ligado à corrida para importar mais cativos. Na arena internacional, a era das revoluções, particularmente a revolta dos escravizados no Haiti, estava levando os agentes do sistema-mundo a novos acordos, incluindo o fim do tráfico negreiro, que estava fadado à ilegalidade. Com a aproximação da Independência, a escravidão assumiu o centro das discussões, não como uma luta contra o colonialismo português, mas sim como um meio de garantir acesso à mão de obra cativa em uma era de incerteza. Após o término das guerras na Europa, houve mudanças significativas, incluindo a queda nos preços das commodities tropicais, o que desvalorizou o real em relação à libra esterlina (ver Gráfico 5). O mundo dos negócios tornou-se mais volátil do que nunca, e muitos acreditavam que o fim do tráfico era inevitável. Garantir os braços necessários era essencial, tanto para os escravocratas quanto para o governo, este último aumentando sua receita por meio de tributos, enquanto aqueles asseguravam a mão de obra para o futuro, especialmente para a produção de café e para o aumento de seu valor. Contudo, essa é outra história.

Conclusão

Nas complexas tramas sociais por trás da constituição do estado brasileiro, a escravidão ilegal e as finanças públicas emergem como elementos basilares na construção do seu arcabouço jurídico e nas relações de trabalho capitalista. Esse movimento insere-se no contexto do sistema mundial que reconfigurou a ordem global, os fluxos econômicos e as dinâmicas sociais. A trajetória brasileira ao longo das primeiras décadas do século XIX foi moldada pela transformação dos circuitos mercantis globais pela reestruturação da escravidão durante as revoluções burguesas e pela emergência de uma nova lógica capitalista.

As finanças públicas não se limitam aos meros resultados dos fluxos fiscais; sua dimensão contábil é inegável, uma vez que nenhum Estado pode subsistir sem uma base fiscal robusta, crucial também para a sustentação dos direitos fundamentais na democracia moderna. Para além da superfície dos fluxos fiscais, residem os processos sociais, cuja dinâmica não segue um percurso linear. Esses processos não geram particularidades fora do contexto histórico, e as relações sociais moldadas por esse contexto legitimam os arranjos públicos. O Brasil do século XIX carrega em sua trajetória sócio-histórica a complexa dinâmica do financiamento do Estado, que serve como antessala para compreender os números contidos nos balanços e nas despesas do Império. Além dos fluxos fiscais, estão presentes corpos, sangue e ilegalidade, elementos que compõem a tessitura mais profunda da realidade brasileira.

REFERÊNCIAS BIBLIOGRÁFICAS

ABREU, G. Alice. Tax Counts: Bringing Money-Law To Latcrit. In: Infantil, Anthony C.; Crawford, Bridget J. (ed.). **Critical Tax Theory:** An Introduction. Cambridge: Cambridge University Press, 2009. p. 109-115.

ABREU, Marcelo de Paiva; LAGO, Luiz Aranha Correa do; VILLELA, André Arruda. **A passos lentos:** uma história econômica do Brasil Império. São Paulo: Edições 70, 2022.

ARRIGHI, Giovanni. **O longo século XX.** Rio de Janeiro: Contraponto; São Paulo: Unesp, 1996.

BASTIDE, Roger; FERNANDES, Florestan. **Relações raciais entre negros e brancos em São Paulo.** São Paulo: Anhembi, 1995.

BERCHT, Gabriela. **Nação e autonomia:** a participação dos deputados do Brasil e da Nova Espanha nas Cortes (1810-1822). 2014. Dissertação (Mestrado em História) – Programa de Pós-Graduação em História, Universidade Federal do Rio Grande do Sul, Porto Alegre, 2014.

BRAUDEL, Fernand. História e ciências sociais: a longa duração. Tradução: Ana Maria Camargo. **Revista de História,** [s. l.], v. 30, n. 62, p. 194-264, abr./jun. 1965.

CARRARA, Angelo Alves. **As finanças do estado brasileiro,** *1808-1898.* Belo Horizonte: Fino Traço, 2022. E-book.

COSTA, Wilma. Os impasses da fiscalidade no processo de independência. In: JANCSÓ, István (org.). **A formação do Estado e da nação brasileira.** São Paulo: Hucitec, 2003. Volume 1.

FERNANDES, Florestan. **A integração do negro na sociedade de classes.** São Paulo: Editora Nacional, 1965.

GOLDSCHEID, Rudolph. A Sociological approach to problems of public finance. In: MUSGRAVE, Richard; PEACOCK, Alan. **Classics in the Theory of Public Finance.** London: Macmillan, 1994.

GORENDER, Jacob. **O escravismo colonial.** São Paulo: Fundação Perseu Abramo, 2010.

LAGO, Luiz Aranha Correa do. Balança comercial, balanço de pagamentos e meio circulante no Brasil no Segundo Império: uma nota para uma revisão. **Revista Brasileira de Economia,** Rio de Janeiro, v. 36, n. 4, p. 489-508, out./dez. 1982.

MARQUESE, Rafael de Bivar. **Feitores do corpo, missionários de mente:** senhores, letrados e o controle dos escravos nas Américas, 1660-1860. São Paulo: Companhia das Letras, 2004.

MARQUESE, Rafael de Bivar; SILVA JÚNIOR, Waldomiro Lourenço da. Braudel, Koselleck e o problema da escravidão moderna. In: MARQUESE, Rafael de Bivar. **Os tempos plurais da escravidão no Brasil:** ensaios de história e historiografia. São Paulo: Intermeios, 2020. Coleção Entr(H)istória, p. 43-70.

MARQUESE, Rafael de Bivar; MARQUES, Leonardo. Ouro, café e escravos: o Brasil e "a assim chamada acumulação primitiva. In: MARQUESE, Rafael de

Bivar. **Os tempos plurais da escravidão no Brasil:** ensaios de história e historiografia. São Paulo: Intermeios, 2020. Coleção Entr(H)istória, p. 105-132.

MARQUESE, Rafael de Bivar; SALLES, Ricardo. A cartografia do poder senhorial: cafeicultura, escravidão e a formação do Estado nacional brasileiro, 1822-1848. In: MARQUESE, Rafael de Bivar. **Os tempos plurais da escravidão no Brasil:** ensaios de história e historiografia. São Paulo: Intermeios, 2020. Coleção Entr(H)istória, p. 133-164.

MARQUESE, Rafael de Bivar; TOMICH, Dale. Escravidão no capitalismo histórico: rumo a uma história teórica da segunda escravidão. In: MARQUESE, Rafael de Bivar; SALLES, Ricardo (org.). **Escravidão e capitalismo histórico no século XIX:** Cuba, Brasil e Estados Unidos. Rio de Janeiro: Civilização Brasileira, 2016. p. 63-110.

MARQUESE, Rafael de Bivar; SALLES, Ricardo. A escravidão no Brasil oitocentista: história e historiografia. In: MARQUESE, Rafael de Bivar; SALLES, Ricardo (org.). **Escravidão e capitalismo histórico no século XIX:** Cuba, Brasil e Estados Unidos. Rio de Janeiro: Civilização Brasileira, 2016. p. 111-181.

MARQUESE, Rafael de Bivar; PRASAD, Monica. Taxes and Fiscal Sociology. **Annual Review of Sociology,** [s. l.], v. 40, p. 331-345, 2014.

MARTIN, Isaac; MEHROTRA, Ajay; PRASAD, Monica. The thunder of history: the origins and development of the new fiscal sociology. In: MARTIN, Isaac; MEHROTRA, Ajay; PRASAD, Monica (ed.). **The New Fiscal Sociology:** Taxation in Comparative and Historical Perspective. Cambridge: Cambridge University Press, 2009.

MARQUESE, Rafael; PARRON, Tâmis; BERBEL, Márcia. **Slavery and politics:** Brazil and Cuba, 1790-1850. Albuquerque: University of New Mexico Press, 2016.

MARTINS, Maria Fernanda Vieira. **A velha arte de governar:** um estudo sobre política e elites a partir do Conselho de Estado (1842-1889). Rio de Janeiro: Arquivo Nacional, 2007.

MILLS, Charles W. **The Racial Contract.** Nova York: Cornell University Press, 1997.

NASCIMENTO, Flávio Batista do. **O mundo é diferente da ponte para cá:** fiscalidade, raça e direitos humanos no Brasil contemporâneo. 2020. Dissertação (Mestrado em Direitos Humanos) – Universidade Federal de Goiás, Goiânia, 2020.

NASCIMENTO, Washington Santos. "São Domingos, o grande São Domingos": repercussões e representações da Revolução Haitiana no Brasil escravista (1791-1840). **Dimensões,** [s. l.], v. 21, p. 125-142, 2008.

OMI, Michael; WINANT, Howard. **Racial formation in the United States.** 3. ed. Nova York: Routledge, 2014.

PARRON, Tâmis. **A política da escravidão no Império do Brasil,** 1826-1865. Rio de Janeiro: Civilização Brasileira, 2011. Volume I.

PARRON, Tâmis. **A política da escravidão na era da liberdade:** Estados Unidos, Brasil e Cuba, 1787-1846. 2015. Tese (Doutorado em História) – Programa de Pós-Graduação em História Social, Universidade de São Paulo, São Paulo, 2015.

PARRON, Tâmis. Capital and World Labor: The Rise and Fall of Slavery in the Nineteenth Century. **Hist. Crit.**, [s. l.], n. 89, p. 155-182, jul./set. 2023.

PARRON, Tâmis. Escravidão e as fundações da ordem constitucional moderna: representação, cidadania, soberania, c. 1780-c. 1830. **Topoi,** Rio de Janeiro, v. 23, n. 51, p. 699-740, set./dez. 2022.

PARRON, Tâmis. Capital e raça: os segredos por trás dos nomes. **Revista Rosa**, v. 2, 2020. Disponível em: https://revistarosa.com/2/capital-e-raca. Acesso em: 19 set. 2024.

PARRON, Tâmis. Revolução Industrial e circuitos mercantis globais: a crise da escravidão no império britânico. **Revista USP,** São Paulo, v. 1, p. 185-213, 2022.

WALLERSTEIN, Immanuel. **The Modern World-System I:** Capitalist Agriculture and the Origins of the European World-Economy in the Sixteenth Century. Berkeley: University of California Press, 2011.

WINANT, Howard. **The world is a ghetto.** Race and democracy since world war II. Nova York: Basic Books, 2001.

DESAFIANDO O SILÊNCIO RACIAL: A IMPORTÂNCIA DA ADPF 973 PARA REPENSARMOS O DIREITO TRIBUTÁRIO BRASILEIRO

Gabriela Gonçalves Barbosa

Mestranda em Direito pela Universidade de Brasília (UnB). Tem graduação em Direito pela UnB e especialização em Direito Tributário pelo Instituto Brasileiro de Ensino, Desenvolvimento e Pesquisa (IDP).

Introdução

Em 22 de novembro de 2023, o Supremo Tribunal Federal (STF) iniciou o julgamento da Arguição de Descumprimento de Preceito Fundamental (ADPF) 973, em que sete partidos políticos, provocados pela Coalizão Negra por Direitos, buscam a declaração judicial de que atos comissivos e omissivos do Estado brasileiro têm impacto negativo diferenciado sobre a população negra, razão suficiente para implementação de medidas reparatórias concretas e urgentes[102]. A continuação do julgamento será pautada para uma data posterior.

102 Entre as medidas sugeridas, destacam-se: (i) a determinação de que planos de segurança nacional, estaduais e municipais prevejam, necessariamente, ações concretas para a redução da violência policial e letalidade, estabelecendo protocolos para abordagem policial e uso da força; (ii) a adoção de políticas de proteção do exercício dos direitos políticos de pessoas negras, para mitigação da violência e responsabilização por agressões praticadas; (iii) a previsão de conteúdo voltado às relações raciais e enfrentamento ao racismo institucional nos cursos de formação para integrantes das agências de segurança pública; (iv) a garantia de atendimento a vítimas do racismo institucional, prioritariamente mães e vítimas órfãs; (v) a proteção de espaços de exercício da fé de religiões de matriz africana; (vi) a garantia do direito de alimentação, seja através da ampliação do Programa Restaurante Popular, seja através de um Plano que contemple a segurança alimentar da população negra e de povos e comunidades tradicionais; (vii) a determinação da tramitação prioritária – em regime de urgência – de projetos de lei que tratem do direito à alimentação, segurança alimentar e nutricional, renda básica e programas de transferência de renda.

Independentemente do desfecho do julgamento, a ADPF 973[103] representa um acontecimento histórico no cenário jurídico brasileiro. Pela primeira vez, nós pessoas negras vimos o judiciário ser provocado a reconhecer a existência de um "estado de coisas inconstitucional fundado no racismo estrutural e institucional" que nos afeta diretamente. O fato de o mais alto tribunal do Brasil estar engajado em uma discussão tão crucial e sensível significa um avanço na nossa luta contra o silêncio racial no Direito.

Entre as questões debatidas na ADPF 973 , destacamos a tributação como um tema de suma importância. Essa discussão é relevante porque a matriz tributária, enquanto resultado de escolhas políticas historicamente situadas, está profundamente relacionada com a realidade social e econômica brasileira[104]. Nesse contexto, a regressividade surge como uma preocupação central, pois a grande participação dos tributos indiretos incidentes sobre o consumo onera de forma mais pesada os negros, maioria entre a população de menor renda. Portanto, a discussão na ADPF 973 abre espaço para refletirmos so-

---

103 A ADPF 973 escolheu como eixos temáticos o direito à vida, à saúde e à alimentação digna da população negra, especialmente no que tange ao exacerbado e crescente aumento da letalidade de pessoas negras em decorrência da violência institucional, no desmonte de políticas públicas voltadas à atenção da saúde da população negra e nas políticas de redistribuição de renda que dificultam e impossibilitam o acesso às condições de vida digna, inclusive o acesso à alimentação saudável. Além desses temas, durante as sustentações orais, uma questão de extrema importância foi levantada, qual seja a distorção do sistema tributário brasileiro, que incide de maneira mais pesada sobre a população pobre, em especial nós negros. Em nome da Associação Brasileira de Juristas pela Democracia (ABJD), o doutor Cleucio Santos Nunes enfatizou a regressividade tributária como uma punição aos mais pobres e destacou a necessidade de um recorte racial na reforma tributária, considerando que, entre os mais pobres, nós negros enfrentamos condições ainda mais precárias. Segundo ele, o Plano Nacional de Enfrentamento ao Racismo precisa abordar a política tributária para ser eficaz na promoção da igualdade.

104 A matriz tributária é a base para a criação de um sistema tributário e pode ser conceituada como "o resultado das escolhas feitas em um determinado momento histórico no campo da ação social no que diz respeito ao fenômeno tributário" (Gassen, 2016, p. 4).

bre a relação entre a tributação e as persistentes desigualdades raciais no Brasil.

O silêncio racial no direito brasileiro

A sociedade escravista constituída no Brasil foi a mais extensa e duradoura das Américas (Fischer; Grinberg; Mattos, 2018). Mesmo após a abolição da escravidão legal em 1888, os impactos do sistema escravista persistem na sociedade brasileira, refletindo-se em desigualdades sociais, econômicas e raciais. Essas questões são parte integrante dos debates contemporâneos sobre justiça social.

Apesar de libertos legalmente em 1888, os negros não foram incorporados à sociedade como cidadãos de pleno direito. A população negra foi abandonada à sua própria sorte, sem acesso a nenhuma oportunidade de mobilidade social ou melhoria de vida. Legalmente, não foi assegurado aos ex-escravos e seus descendentes nenhum status legal especial que lhes assistisse.

Após a abolição, as marcas formais da escravidão e do preconceito racial explícito foram propositalmente apagadas: os documentos relativos à propriedade de escravos foram queimados, os termos "preto" e "negro" desapareceram gradualmente da documentação oficial e a Constituição Republicana consagrou a igualdade jurídica a todos os habitantes e filhos de pais brasileiros, independentemente de sua origem racial ou de seu local de nascimento (Fischer; Grinberg; Mattos, 2018).

Ainda assim, as desigualdades raciais institucionalizadas persistiram, produzidas e encobertas pelo silêncio racial (Fischer; Grinberg; Mattos, 2018). O direito "desracializado" do Brasil foi fundamental para a manutenção da injustiça racial e a formulação de ideologias e políticas públicas racistas como o embranquecimento da população (Azevedo, 1987; Andrews, 2004; Wade, 2014). O silêncio a respeito das desigualdades raciais contribuiu para a disseminação do mito da igualdade formal e da cordialidade racial, como se a ausência de diferenciação racial explícita na legislação[105] brasileira significasse que a segregação estava superada (Du Bois, 1914; Frazier, 1942; Hellwig, 1992).

No entanto, a igualdade formal pouco contribuiu para resolvermos de forma satisfatória a nossa herança escravocrata. Até hoje, as estatísticas[106] do país expõem a desigualdade racial generalizada e a persistência de diferentes formas de exploração do negro na sociedade:

- A proporção de pessoas abaixo da linha da pobreza no Brasil é de 18,6% entre os brancos e praticamente o quádruplo entre os negros (72,9%).
- Em 2021, os brancos tinham um rendimento médio por hora de R$ 19, enquanto os pretos recebiam R$ 10,9 e os pardos R$ 11,3. Pessoas brancas com ensino superior completo ganhavam 50% a mais do que as pretas e cerca de 40% a mais do que as pardas. Os negros ocupavam apenas 29,5% dos cargos gerenciais, enquanto os brancos ocupavam 69% desses cargos.
- O risco de homicídio para homens negros é três vezes maior do que para homens brancos. Além disso, afrodescendentes são a maioria na população carcerária e nos bairros carentes de infraestrutura básica.
- Nas profissões qualificadas, como engenheiros (90%), pilotos de aeronaves (88%), professores de Medicina (89%), veterinários (83%) e advogados (79%), os brancos são maioria. Enquanto isso, os negros tendem a ocupar trabalhos mais precários, como cultivo de mandioca (85,9%), serviços domésticos (64,7%) e operários da construção civil (63,9%).[107]

---

105 A exemplo das leis de Jim Crow nos Estados Unidos e do *apartheid* sul-africano.

106 Dados consolidados no informativo "Desigualdades sociais por cor ou raça no Brasil", divulgado pelo IBGE em 2022.

107 Ministério do Trabalho, Relação Anual de Informações Sociais (Rais) 2016.

Os dados anteriores demonstram que o silêncio racial na legislação brasileira não impediu a consolidação de um quadro persistente de desigualdade racial no Brasil. Embora os direitos de cidadania e os benefícios públicos sejam teoricamente para todos, eles são distribuídos de forma desigual, de acordo com fatores como nível educacional, tipo de emprego, origem regional, status familiar e local de residência (Fischer, 2008). Esses fatores parecem neutros em termos de raça, mas eles estão fortemente correlacionados com a cor da pele, resultando em impactos raciais desproporcionais.

A partir dos anos 1970, mesmo diante de uma forte repressão estatal, o Brasil experimentou um período de aumento dos debates sobre as disparidades raciais e sobre o racismo no país (Figueiredo; Grosfoguel, 2009). Dentro do contexto da luta política pela redemocratização, o movimento negro brasileiro emergiu como protagonista, unindo-se para desafiar a ideia da democracia racial e advogar por um projeto que visasse a inclusão da comunidade negra nos espaços de tomada de decisão política do Brasil (Domingues, 2006).

Um século após a abolição da escravidão legal, a promulgação da Constituição de 1988 foi um marco importante no enfraquecimento do silêncio racial, pois estabeleceu como princípio fundamental a valorização das diferenças étnicas e culturais. Pela primeira vez desde a Lei Áurea, a Constituição de 1988 abordou explicitamente a questão racial e a consagrou, em seu artigo 3º, como um elemento essencial para alcançar os objetivos fundamentais da República Federativa do Brasil. O artigo 5º estipulou que a prática do racismo é considerada um crime inafiançável e imprescritível. Adicionalmente, os dispositivos dos artigos 215 e 216 reconheceram a diversidade racial e cultural como parte integrante do patrimônio nacional. A Carta Magna do Brasil também associou a reparação racial às reivindicações pelo direito à terra, ao reconhecer, no artigo 68 das disposições constitucionais transitórias, a posse definitiva das terras pelas comunidades remanescentes de quilombos.

Essa abordagem impulsionou discussões sobre identidade racial e racismo, resultando, ao longo das últimas três décadas, na criação de leis e políticas públicas que colocam a questão racial no cerne do debate sobre justiça social, igualdade e cidadania.

Apesar dos inegáveis avanços, ainda persistem desafios na infraestrutura jurídica. O acesso aos direitos e ao judiciário seguem impactando de forma desigual a população negra. O sistema judiciário brasileiro, muitas vezes, reproduz o racismo estrutural presente na sociedade. Com frequência, aqueles que mais necessitam de direitos e amparos legais são os que têm menor alcance a esses recursos (Fischer; Grinberg; Mattos, 2018).

Assim, medidas eficazes para combater a discriminação racial e promover a igualdade de acesso à justiça para a população negra devem continuar a ser implementadas. Isso inclui a adoção de políticas públicas que garantam o acesso equitativo aos serviços jurídicos, a promoção da diversidade e representatividade nos quadros do judiciário, bem como a conscientização e capacitação dos profissionais do Direito sobre questões raciais e seus impactos no sistema judicial.

Além disso, é fundamental que a sociedade civil, movimentos sociais e organizações de direitos humanos continuem pressionando por mudanças estruturais que abordem as raízes do racismo institucional e promovam uma cultura jurídica verdadeiramente inclusiva e antirracista.

A ADPF 973 assume um papel relevante na luta contra o silêncio racial no Direito, pois provoca o STF a reconhecer o quadro de racismo generalizado no Brasil e suas consequências sobre a população negra. É uma oportunidade para que o judiciário brasileiro reconheça a responsabilidade por suas falhas na proteção dos direitos das pessoas negras.

Assim, a importância simbólica de o STF se debruçar sobre essa questão não pode ser subestimada, pois representa uma conquista significativa para nós pessoas negras adentrarmos o sistema judiciário brasileiro fora da condição de encarcerados. Portanto, o julgamento da ADPF 973 no STF não apenas carrega um simbolismo profundo mas também representa um rompimento significativo com o passado de silêncio sobre a questão racial no direito brasileiro.

Desmistificando o silêncio racial na tributação

Em que pese o Brasil ser marcado pela desigualdade racial, a Constituição de 1988, em seu artigo 3º, impôs ao Estado o objetivo de construir uma sociedade livre, justa e solidária, sem preconceitos e quaisquer formas de discriminação. Esses objetivos também devem ser perseguidos no campo da tributação por meio de escolhas arrecadatórias norteadas pelos princípios da igualdade e da capacidade contributiva, conforme os artigos 146, §1º e 150, II.

No entanto, ao contrário do que a Constituição de 1988 dispõe, nossa matriz tributária funciona como um funil no qual todos devem contribuir, mas nem todos recebem as prestações estatais. Uma parcela significativa da sociedade, sem a possibilidade fática de exercício de seus direitos, é obrigada a cumprir os seus deveres para com o Estado, pagando seus tributos. Essa é a raiz da **desigualdade** e da **perversidade** da **tributação** no Brasil (Scaff, 2015).

O caráter regressivo da tributação é um dos principais fatores que contribuem para esse quadro. Isso se deve ao fato de que a maior parte da tributação incide sobre o consumo e os salários, em detrimento da renda e do patrimônio, o que atribui à tributação no Brasil o aspecto de regressiva, na medida em que onera proporcionalmente mais os pobres, em sua grande maioria negros, em relação aos ricos. Desse modo, os seguimentos com menor rendimento e menor acesso a direitos fundamentais são os que mais contribuem para a formação do fundo que sustenta as políticas públicas brasileiras.

A título de exemplo, podemos pensar em uma situação corriqueira como comprar um café. Se uma pessoa que trabalha informalmente como guardador de carros e um estudante de família abastarda compram um café na padaria, o percentual de tributos incidentes sobre o café é o mesmo para ambos. Embora submetidos aos mesmos percentuais, o que poderia transmitir uma falsa ideia de igualdade, a tributação incidente sobre o consumo do café impõe ao pobre e ao rico níveis de sacrifício completamente desproporcionais. Isto é, a subtração tributária dificilmente impediria que o rico tivesse suas necessidades básicas plenamente satisfeitas. Isso não se pode dizer quanto ao pobre, pois a supressão do mesmo percentual sobre a sua renda pela tributação pode agravar a sua condição de vulnerabilidade.

Diante desse contexto, atribuir à tributação como racialmente "neutra", pela ausência de diferenciação racial explícita, é um equívoco. Estudar o fenômeno tributário dissociado do persistente quadro de racismo estrutural[108] não se mostra condizente com a realidade brasileira, porque a pobreza tem cor no Brasil.

Embora possa parecer que as leis tributárias brasileiras não discriminem com base em raça, a realidade é que elas frequentemente têm impactos desproporcionais sobre a população negra. Durante o regime escravista, os negros não eram cidadãos contribuintes, mas sim objetos de tributação.[109] Hoje, a população negra enfrenta desvantagens reais no sistema tributário brasileiro enquanto grupo social que possui a menor renda monetária.

Estudos recentes demonstram que a tributação no Brasil afeta desproporcionalmente os mais pobres e as famílias chefiadas por pessoas negras. Entre os 20% mais pobres da população, a carga tributária sobre a ren-

---

108 Silvio Almeida defende que o racismo é sempre estrutural, ou seja, é um elemento que integra a organização econômica e política da sociedade. ALMEIDA, Silvio. **Racismo estrutural**. São Paulo: Pólen, 2019. p. 20-21.

109 Na Consolidação das Leis Civis de Teixeira de Freitas, que reuniu a legislação civil em vigor no período das ordenações do rei, os escravos estão classificados como bens móveis.

da alcança 21,3%, enquanto para os 20% mais ricos é de 18,7%, apesar de a renda média mensal per capita dos mais pobres ser de apenas R$ 311,00, em contraste com os R$ 5.268,00 dos mais ricos. Além disso, as famílias lideradas por negros sofrem mais com os tributos indiretos, pagando 10,8% de sua renda total em impostos, comparado a 9,7% nas famílias lideradas por brancos, evidenciando uma disparidade que reflete o persistente racismo estrutural no país.[110]

Não há dúvidas de que a tributação está profundamente relacionada com a realidade social e econômica brasileira. Nesse sentido, é fundamental reconhecer que, ao resultar de escolhas políticas historicamente situadas, a matriz tributária brasileira não é racialmente neutra, pois foi construída sob o signo da branquitude. Portanto, não é possível tratar de escolhas políticas históricas sem considerar o nosso passado de escravismo colonial pautado no racismo.

Deste modo, ao provocar o judiciário a reconhecer a distorção do sistema tributário brasileiro, a ADPF 973 contribui para o rompimento do silêncio em torno de questão tão relevante, a da alta regressividade, que desempenhou historicamente um papel explícito na perpetuação das desigualdades raciais. Em compensação à falta de atuação do legislativo, cabe ao STF, interpretando princípios constitucionais, atuar para garantir os direitos fundamentais de grupos socialmente minoritários[111] e formular respostas constitucionalmente adequadas para questões relevantes de interesse da sociedade.

A jurisdição constitucional é responsável por proteger os cidadãos que não são representados adequadamente nos processos de decisão, especialmente no Congresso (Bahia, 2012). A legitimidade do STF deriva do próprio

110 Estudo "Impactos distributivos da tributação e das transferências monetárias públicas: um olhar sobre gênero e raça", Inesc, 2023, p. 30.

111 Apesar de não ser uma minoria em números, pois a população negra representa 56% do país, o conceito de minoria social diz respeito à marginalização desse grupo.

texto constitucional, que concede à Corte a prerrogativa de desempenhar um papel político, embora não seja um órgão representativo (Leal, 2003). Por exemplo, no caso da união estável entre pessoas homoafetivas (ADI 4277 e ADPF 132), o STF, de forma excepcional, exigiu que o legislativo atuasse para concretizar dispositivos do texto constitucional. Decisões desse tipo não apenas auxiliam na luta contra discriminações legais mas também ajudam a conscientizar a sociedade sobre a importância de respeitar as diferenças (Leal; Vargas, 2023).

De fato, o debate acerca da configuração atual do sistema tributário brasileiro e sua manifesta incompatibilidade com os objetivos estabelecidos pela nossa Constituição é urgente e inadiável. Afinal, no paradigma do Estado Social, consagrado pela Constituição de 1988, a tributação deve desempenhar um papel para além da finalidade fiscal, de mera obtenção de riquezas, contribuindo para a redução de desigualdades e para a concretização da igualdade, inclusive racial.

Infelizmente, a recente reforma tributária não enfrentou a "questão do negro". Os poucos dispositivos inicialmente incluídos com o objetivo de combater desigualdades foram excluídos ou desvirtuados. Por exemplo, no texto da reforma tributária inicialmente apresentado, o *cashback*[112] foi proposto como um mecanismo com o objetivo de "reduzir as desigualdades de renda, gênero ou raça". A inclusão da referência à raça no texto foi considerada uma conquista significativa da população negra. No entanto, após as negociações finais, o texto submetido à votação já não continha menções à raça nem ao gênero, para atender a reinvindicações dos conservadores. Outro exemplo, o Imposto Seletivo, introduzido pela reforma tributária, poderia ser utilizado inclusive para mitigar desigualdades raciais, como proposto pelo deputado Marcelo

112 Hipótese de devolução do imposto para pessoas físicas.

Freixo (PSB), mas será utilizado apenas para tributar produtos prejudiciais à saúde e ao meio ambiente.

Apesar de contemplar medidas que beneficiam os mais pobres, como a isenção de impostos na cesta básica, está claro que a redução das desigualdades raciais no Brasil não foi um objetivo principal da reforma tributária aprovada.

Diante da insuficiência da atuação do legislativo e do executivo brasileiro para concretização dos direitos fundamentais da população negra, a ADPF 973 possibilita que os debates sobre uma tributação justa, solidária e antirracista se desloquem para o judiciário. Com isso, a jurisdição constitucional pode servir como um canal para que as demandas da população negra possam ser ouvidas (Mello, 2020).

Conclusão

Em suma, ao longo deste artigo, examinamos como os impactos do sistema escravista persistem na sociedade brasileira, refletindo-se em desigualdades sociais, econômicas e raciais. Ficou claro que o silêncio racial no Direito não impediu a consolidação de um quadro persistente de desigualdade racial no Brasil. Além disso, apesar dos inegáveis avanços, o sistema judiciário brasileiro, muitas vezes, reproduz o racismo estrutural presente na sociedade. No contexto atual, é imperativo posicionar a questão racial no centro do debate sobre justiça social, igualdade e cidadania. Portanto, a ADPF 973 assume um papel relevante na luta contra o silencio racial no Direito, pois provoca o STF a reconhecer o quadro de racismo generalizado no Brasil e suas consequências sobre a população negra.

Entre as questões debatidas na ADPF 973, a tributação emerge como um tema de suma importância. A regressividade da matriz tributária brasileira afeta desproporcionalmente os mais pobres, em sua maioria negros, na medida em que a maior parte da tributação incide sobre o consumo e os salários, em detrimento da renda e do patrimônio. Desse modo, a tributação, enquanto resultado de escolhas políticas historicamente situadas, desempenha um papel explícito na perpetuação das desigualdades raciais, afrontando os objetivos fundamentais do Estado social, consagrados no artigo 3º da Constituição de 1988.

No âmbito da ADPF 973, o judiciário brasileiro tem a oportunidade de romper com o silêncio racial em torno de questão tão relevante, a da alta regressividade, e seu impacto diferencial sobre a população negra. Em virtude da inércia do legislativo e do executivo para a devida tutela dos direitos fundamentais da população negra, o STF pode, interpretando princípios constitucionais, atuar como um canal para que a luta por uma tributação justa, solidária e antirracista seja ouvida.

Independentemente do resultado do julgamento, a importância simbólica da ADPF 973 é significativa para a comunidade negra em termos de acesso ao sistema judiciário, além de representar um rompimento em relação à questão racial na abordagem histórica do Direito brasileiro.

REFERÊNCIAS BIBLIOGRÁFICAS

ALMEIDA, Silvio. **Racismo estrutural.** São Paulo: Pólen, 2019.

ANDREWS, George Reid. **Afro-Latin America,** *1800-2000.* Nova York: Oxford University Press, 2004.

AZEVEDO, Celia Maria Marinho. **Onda negra, medo branco:** o negro no imaginário das elites - século XIX. São Paulo: Paz e Terra, 1987.

BAHIA, Alexandre Gustavo Melo Franco. Fundamentos de teoria da Constituição: a dinâmica constitucional no Estado democrático de direito brasileiro. In: FIGUEIREDO, Eduardo Henrique Lopes; MONACO, Gustavo Ferraz de Campos; MAGALHÃES, José Luiz Quadros de (coord.). **Constitucionalismo e democracia.** Rio de Janeiro: Elsevier, 2012. p. 101-126.

DOMINGUES, Petrônio. Movimento negro brasileiro: alguns apontamentos históricos. **Tempo Revista do Departamento de História da UFF,** Rio de Janeiro, v. 12, p. 113-136, 2007.

DU BOIS, William Edward Burghardt. Brazil. In: DU BOIS, William Edward Burghardt. **The Crisis.** [S. l.: s. n.], 1914. p. 286-287.

FIGUEIREDO, Ângela; GROSFOGUEL, Ramón. Racismo à brasileira ou racismo sem racistas: colonialidade do poder e negação do racismo no espaço universitário. **Sociedade e Cultura,** [s. l.], v. 12, n. 2, p. 223-234, 2009.

FISCHER, Brodwyn; GRINBERG, Keila; MATTOS, Hebe. Direito, silêncio e racialização das desigualdades na história afro-brasileira. In: ANDREWS, George Reid; FUENTE, Alejandro de la (coord.). **Estudos afro-latino-americanos:** uma introdução. Ciudad Autónoma de Buenos Aires: Clacso, 2018. p. 163-200.

FISCHER, Brodwyn. **A Poverty of Rights:** Citizenship and Inequality in Twentieth Century Rio de Janeiro. Stanford: Stanford University Press, 2008.

FRAZIER, Edward Franklin. Brazil Has No Race Problem. **Common Sense 11,** [s. l.], p. 363-365, 1942.

GASSEN, Valcir: Matriz Tributária: Uma perspectiva para pensar o Estado, a Constituição e a Tributação no Brasil. In: GASSEN, Valcir (org.). **Equidade e eficiência da matriz tributária brasileira:** diálogos sobre estado, constituição e tributação. 2. ed. Belo Horizonte: Arraes Editores, 2016. p. 4.

HELLWIG, David. **African American Reflections on Brazil's Racial.** [S. l.: s. n.], 1992.

LEAL, Mônia Clarissa Hennig; VARGAS, Eliziane Fardin de. Omissão legislativa e atuação contramajoritária do Supremo Tribunal Federal em relação às minorias sexuais. **Revista de Informação Legislativa,** Brasília, DF, v. 60, n. 240, p. 219-243, 2023. Disponível em: https://www12.senado.leg.br/ril/edicoes/60/240/ril_v60_n240_p219. Acesso em: 20 set. 2024.

LEAL, Mônia Clarissa Hennig. **A Constituição como princípio:** os limites da jurisdição constitucional brasileira. Barueri: Manole, 2003.

MELLO, Patrícia Perrone Campos. Proteção à vulnerabilidade na jurisprudência do Supremo Tribunal Federal: a defesa da população LGBTI+. **Revista da AGU,** Brasília, DF, v. 19, n. 1, p. 17-44, jan./mar. 2020. Disponível em: https://revistaagu.agu.gov.br/index.php/AGU/article/view/2631. Acesso em: 20 set. 2024.

SCAFF, Fernando Facury Scaff. Prefácio. In: GASSEN, Valcir (org.). **Equidade e eficiência da matriz tributária brasileira:** diálogos sobre estado, constituição e tributação. Brasília, DF: Consulex, 2012.

WADE, Peter. Race, Multiculturalism and Genomics in Latin America. In: WADE, Peter *et al.* (ed.). **Mestizo Genomics:** Race Mixture, Nation, and Science in Latin America. Durham: Duke University Press, 2014.

A SITUAÇÃO TRIBUTÁRIA NA TRANSIÇÃO DA ECONOMIA COLONIAL PARA A INDUSTRIAL EM CAMPOS DOS GOYTACAZES*

Ígor Gonçalves Pereira

Professor de História. É licenciado e bacharel em História pela Universidade Federal Fluminense (UFF), foi bolsista de extensão do programa Universidade Aberta do Brasil (UAB) da Universidade Estadual do Norte Fluminense Darcy Ribeiro (UENF), bolsista do Programa de Iniciação Científica da UFF (PIBIC) e bolsista do Programa Residência Pedagógica da UFF (PIRP). Foi bolsista da Coordenação de aperfeiçoamento de Pessoal de Nível Superior (Capes) e mestrando em Economia Política Mundial pela Universidade Federal do ABC (UFABC).

*Trabalho realizado com base no ensaio científico apresentado à Universidade de São Paulo (USP), referente à disciplina "A questão tributária no Brasil, história, discursos e desafios", o qual foi instrumento de avaliação final para a conclusão e obtenção de crédito com o conceito A na referida disciplina.

Introdução

De início, precisamos compreender quando e por que o Brasil passa a desenvolver a produção de fiação e tecelagem através da maquinofatura em seu território. De acordo com Lima e Sanson:

> Começava-se a perceber, no Brasil, que a demanda pelo algodão tendia ao crescimento, com a possibilidade de haver produção industrial têxtil local. Havia, entretanto, barreiras à produção brasileira. Um alvará de 1785, em particular, proibiu a manufatura têxtil no Brasil, isentando apenas a produção de tecidos ordinários de algodão (2009, p. 5).

Esses tipos de sanções econômicas faziam com que no Brasil só pudesse ser utilizada a confecção de algodão para atividade em maquinarias simples e com objetivos específicos, entre eles ensacar mercadorias em geral (Stein, 1957). De acordo com Neira:

> A abertura dos portos, no ano de 1808, estreitou o contato do Brasil com outras nações, favorecendo a ampliação da atividade comercial. Ainda no mesmo ano foram revogadas as proibições determinadas pela rainha D. Maria I, em 1785, que versavam especialmente sobre as fábricas e manufaturas têxteis existentes nas capitanias que, dada a sua eficiência, chegavam a produzir "tecidos finos" e exportá-los para outras capitanias (2013, p. 78).

Importante ressaltar que tais medidas de restrição da atividade têxtil também tiveram impacto nas demais nações no final do século XVII. Com base nesse argumento, consideramos que "[...] os fabricantes têxteis obtiveram a proibição da importação de tecidos de algodão estrangeiros, o que possibilitou o fortalecimento do mercado interno, até que esse ficasse forte o bastante para exigir a sua entrada no mercado de outros países" (Longhi; Santos, 2016, p. 76).

Através dessa ação, a Europa conseguiu inserção direta em mercados como o da Índia, que já possuíam domínio sobre a confecção de estampas em tecidos (Longhi; Santos, 2016).

Desenvolvimento

É nesse contexto que a cidade de Campos dos Goytacazes[113] vai receber estrangeiros, franceses e ingleses para contribuir com o processo de industrialização e mecanização (Faria, 2008). É importante ressaltar que essa movimentação vai auxiliar na transformação da economia brasileira, até então escravista, e amparar a sua transição. De acordo com a professora doutora e pesquisadora Teresa Peixoto Faria:

> Este movimento de modernização pregava mudanças na estrutura social brasileira antes baseada no regime escravista e ligada ao mundo rural e faz aumentar a pressão contra este regime. As indústrias e o estabelecimento de ensino técnico permitem a valorização do trabalho remunerado com a conseguinte busca do aperfeiçoamento da mão de obra. Com a instalação de grandes estabelecimentos comerciais, o número de trabalhadores urbanos aumenta (2008, p. 53).

Essas mudanças na localidade de Campos dos Goytacazes também vão ocorrer nas diferentes regiões brasileiras, contribuindo assim para uma nova organização das clas-

113 Sua história é marcada por iniciativas visionárias, entre elas podemos citar as instalações de energia elétrica, consagrando o município com a primeira central elétrica municipal da América do Sul, a qual permitiu a modernização da cidade através da ampliação da presença das atividades industriais, assim como a instalação de bondes elétricos no início do século XX (Faria, 2008). Entre as localidades que foram privilegiadas pela presença da indústria na região, no final do século XIX, está o intitulado Bairro da Lapa. Trata-se de um bairro operário composto de residências de trabalhadores que, com o intuito de se manterem próximos do seu local de trabalho, residiam nas suas proximidades. É nesse contexto histórico e localização que no ano de 1885, no logradouro avenida Beira Rio, será instalada a Fábrica de Tecidos Fiação Industrial Campista. Inaugurada pelo empresário Saturnino Braga, sua presença na região foi aclamada pela imprensa como um importante instrumento a favor do progresso.

ses sociais, incluindo a vinda de estrangeiros, assim como a mão de obra livre, que vinha crescendo com a criação de dispositivos para dificultar o tráfico de escravos. De acordo com Faria e Quinto Junior:

> A expansão econômica, a abolição do regime de escravidão e a proclamação da República, no final do século XIX, possibilitaram um enorme investimento na modernização tardia das cidades brasileiras, em função do colapso da infraestrutura por que passaram, principalmente, as cidades portuárias e as cidades localizadas em baixadas litorâneas (2017, p. 108).

Para construir uma reflexão crítica sobre o modelo tributário da época, precisamos nos debruçar sobre a organização da sociedade no referido período. Entretanto, antes vamos recorrer ao entendimento do que seria a contribuição tributária e qual é a sua importância para a sociedade. De acordo com a leitura do livro *Tributação, democracia e desenvolvimento*, organizado pela professora doutora Daniela Olímpio de Oliveira, o imposto é uma obrigação jurídica que cumpre importante papel social através do financiamento do Estado, permitindo assim que este possa ser um instrumento legítimo de favorecimento dos cidadãos e das empresas (Oliveira, 2017, p. 49).

Essa breve constatação nos permite perceber que olhar para a história do Brasil colonizado a partir do olhar da tese da "Questão Tributária no Brasil" é fundamental para entender quem são os agentes que decidem as escolhas e quem são aqueles submetidos por essas escolhas. No contexto de Campos dos Goytacazes, serão os industrialistas[114] que

114 "Francisco Ferreira Saturnino Braga era português da Freguesia de Santana do Vimeiro, Arcebispado de Braga, nascido a 17 de fevereiro de 1815, filho de Antônio Ferreira Sadorninho e Rita Maria Sadorninho, tendo chegado ao Brasil em 1826" (Pereira, 2012, p. 213). "O empresário Francisco Saturnino Braga é o exemplo mais concreto do poder de influência social dos comerciantes na cidade, conquistado graças às suas ligações com os vários setores sociais e econômicos da vida rural e urbana. Além de ser o dono da Tecidos Industrial Campista, ele era um fazendeiro, sócio de usinas, presidente da Companhia Estrada de Ferro Campos-Carangola, membro do Conselho Administrativo do Banco Caixa Econômica de Campos e acionista da Companhia Estrada de Ferro Campos-São Sebastião" (Faria, 2008, p. 57-58).

irão introduzir a presença do setor industrial na cidade. No passado, terão relação direta com a economia escravista, sendo sócios e proprietários de terras e de engenhos de açúcar e reconhecidos por isso.

Além disso, neste momento de introdução das atividades industriais, vamos observar nas fábricas e usinas localizadas no interior das cidades a oferta de creches, moradias e outros benefícios para os trabalhadores. Naquele momento, as indústrias conseguem ampliar seus lucros; sendo assim, também buscam fazer concessões para manter os trabalhadores por mais tempo disponíveis para a atividade de trabalho.

Nesse contexto, é fundamental entender as bases econômicas e sociais da ocupação territorial do Brasil ao longo da sua história, para isso buscamos recorrer à obra A economia *latino-americana*, de Celso Furtado. Nela, o autor cita a questão do pacto colonial, ampliada na primeira fase da segunda metade do século XVIII, no contexto da Revolução Industrial em que uma parcela dos países exportava minérios e os demais exportavam outros produtos primários.

Entretanto, é a partir da primeira metade do século XIX que começa a existir um embrião industrial nos países latino-americanos. Para o pensamento estruturalista dos anos 50, a industrialização é praticamente sinônimo de desenvolvimento. Ela tinha um valor em si.

A formação de uma consciência latino-americana é um fenômeno recente, em decorrência dos novos problemas colocados pelo desenvolvimento econômico e social da região a partir da Segunda Guerra Mundial. O desenvolvimento tradicional, apoiado na expansão das exportações, transforma os países da região em economias, em grande medida, concorrentes. Exportando as mesmas matérias-primas e importando produtos manufaturados de fora da região, nenhum vínculo se formava entre esses países. Assim, a forma tradicional de desenvolvimento, no quadro da divisão da primeira fase da Revolução Industrial, contribuiu para consolidar a fragmentação regional (Furtado, 2007).

Nesse sentido, o contexto do regime internacional do trabalho surgido na época do pacto colonial e ampliado nos países da região fez com que esses países exportassem produtos parecidos e por isso se tornassem concorrentes em geral.

Essas elites vão se contrapor ao centralismo das coroas e o processo de independência será bem diferente da América Espanhola, possuindo em comum o fato de as elites portuguesas serem desarticuladas. A América Portuguesa mantém a unidade no Brasil. Enquanto na Espanha já era permitido estudar na universidade, em Portugal não. Esse período de ocupação da Coroa portuguesa no território brasileiro foi marcado por grandes êxitos econômicos para a Coroa.

No que se refere ao conceito de sentido da colonização, para Caio Prado Júnior as cidades brasileiras não se formaram com base nas cidades capitalistas europeias. Dessa forma, questões como a fome e a ausência de uma agricultura de subsistência permeiam a discussão sobre o regime de plantações e sobre como a aristocracia vai se comportar diante da ausência desses insumos, permitindo assim perceber as inúmeras disparidades no cuidado da Coroa portuguesa com o território recém-descoberto. Segundo o autor, as cidades até mesmo no século XIX não funcionavam, ou seja, não exerciam o papel de metrópoles. É diante desse cenário de desabastecimento local dos insumos alimentícios e da busca pela manutenção do açúcar como principal produto de exportação que o autor vai dissertar sobre o caráter da exploração econômica do território brasileiro. Em sua análise, esses problemas são resultado de uma colonização que em um primeiro momento apenas contemplou a imensidão do território e, assim, demorou para de fato explorar e povoar.

Dessa forma, a carestia e a penitência de viver nas colônias era uma realidade, principalmente daqueles que buscavam explorar o território sem nenhuma contrapartida oferecida pela Coroa. Em seu livro História econômica do

Brasil, Prado Júnior apresenta essa discussão a partir da seguinte afirmação:

> Estabelecem-se medidas obrigando os proprietários a plantarem mandioca e outros alimentos; gravam-se as doações de terras com a obrigação de se cultivarem gêneros alimentares desde o primeiro ano da concessão. E assim outras. Todas estas medidas eram mais ou menos frustradas na prática. As atenções estavam fixas no açúcar, cuja exportação deixava grande margem de lucros, e ninguém dará importância aos gêneros alimentares (Prado Júnior, 1986, p. 43).

Essa concepção é resultado de uma perspectiva que analisa as colônias da Coroa portuguesa como territórios voltados apenas para o plantio da cultura canavieira, resultado esse da exploração tardia, da ausência de uma figura que se colocasse no centro das discussões e não em segundo plano, como seria o caso do então imperador, D. Pedro I. Mesmo ciente de tudo que seus súditos faziam, D. Pedro I não tinha uma visão do todo, ou seja, colocava a burocracia à frente da própria capacidade política de administrar a colônia.

Para Caio Prado Júnior, ainda que Portugal tenha sido o primeiro país a seguir a tríade descobrir, ocupar e povoar, isso não impediu o resultado pessimista da colonização. Fernando Novais endossa essa noção ao explicar que o mercantilismo no ultramar pode representar, talvez, a única chance da possibilidade de enobrecimento de um pobre (Novais, 1995); mais uma vez, ele complementa a ideia de Caio Prado Júnior, ao descrever o que era um corpo social secundário (militares, administradores, clérigos, oficiais) quanto à importância que assumiram na sociedade colonial. Implicitamente, Novais admite que a primazia colonial estava entre a burguesia e a política (Novais, 1995).

Retomando alguns dos aspectos discutidos, no que se refere à organização da cidade de Campos dos Goytacazes após o período da abolição da escravatura, é importante ressaltar que só foi decretado o fim da escravidão no dia 25 de março de 1888, 49 dias antes da assinatura da Lei Áurea.

Sendo uma das últimas cidades a abolir a escravidão, a economia canavieira e seu processo de modernização foi concomitante a essas relações. De acordo com Faria:

> Novos grupos constituídos por comerciantes, investidores, industriais, profissionais liberais, intelectuais e altos funcionários públicos se distinguem na paisagem da cidade. Esta diversificação e heterogeneidade social foi possível graças ao movimento de modernização que trouxe as indústrias, companhias de navegação e de transporte ferroviário, um comércio variado e, também, novos serviços públicos. Conformaram, pois, neste fim do século 19, uma nova elite, participando da produção de uma nova forma urbana, através de seus valores, escolhas estéticas, necessidades e desejos. Podemos afirmar que a sociedade de Campos, nestes anos 1870-90, é verdadeiramente uma sociedade em transição onde se assiste à instituição de uma ordem burguesa em seguida da abolição da escravidão (2008, p. 56).

Conclusão

Temos que a incipiente indústria têxtil em seu passado no período colonial, em que a rainha, D. Maria I, impõe restrições às suas atividades, é produto de um posicionamento da economia brasileira, que vai fazer com que o Brasil seja inviabilizado pela própria administração do território (Furtado[115], 1987).

Após a revogação das proibições relacionadas à formação de fábricas e manufaturas em solo brasileiro e à posterior abertura dos portos, ocorrida em 1808, as províncias puderam aprimorar suas habilidades no ofício têxtil, permitindo assim a produção de tecidos finos e a modernização do maquinário ainda rudimentar com o passar do tempo.

Essas mudanças possibilitaram a formação de uma classe industrial e social que buscasse apontar para a moder-

115 Devido à sua importância na história e na tradição do pensamento social brasileiro, Furtado é: "um cepalino keynesiano, porém, antes disso, um pensador brasileiro herdeiro do sopro de renovação do pensamento nacional que acompanhou e idealizou as mudanças do processo de acumulação capitalista no país" (Furtado, 2007, p. 115).

nização do país e para a superação do regime escravocrata ainda vigente[116]. Dessa forma, Campos dos Goytacazes foi uma das cidades a contribuir com a consolidação desse processo e assim se destacar como um polo industrial já em ascensão nos séculos XIX e XX.

REFERÊNCIAS BIBLIOGRÁFICAS

ARQUIVO NACIONAL (Brasil). Ministério da Gestão e da Inovação em Serviços Públicos. **Alvará que proíbe as fábricas e manufaturas no Brasil.** [Brasília, DF]: Arquivo Nacional e a História Luso-Brasileira, 21 jun. 2018. Disponível em: http://historiacolonial.arquivonacional.gov.br/index.php?option=com_content&view=article&id=3674&catid=145&Itemid=286. Acesso em: 29 abr. 2024.

FARIA, Teresa Peixoto. Campos dos Goytacazes nos anos 1870-1880: a modernização brasileira e o "mundo citadino". **Agenda Social,** Campos dos Goytacazes, v. 2, n. 2, p. 40-64, maio/set. 2008.

FARIA, Teresa de Jesus Peixoto; QUINTO JUNIOR, Luiz de Pinedo. Rio e história urbana: o papel do rio Paraíba do Sul na criação e desenvolvimento do município de Campos dos Goytacazes [RJ]. **Labor e Engenho,** Campinas, v. 11, n. 2, p. 103-115, abr./jun. 2017.

FURTADO, Celso. **A economia latino-americana.** 4. ed. São Paulo: Companhia das Letras, 2007.

FURTADO, Celso. **Formação econômica do Brasil.** 22. ed. São Paulo: Editora Nacional, 1987.

LIMA, Juliana Daldegan. **Surto de industrialização do setor têxtil a partir de 1880:** um estudo comparativo entre Blumenau e o resto do Brasil. 2003. Monografia (Bacharelado em Economia) – Universidade Federal de Santa Catarina, 2003.

LIMA, Juliana Daldegan; SANSON, João Rogério. O surto de industrialização do setor têxtil a partir de 1880: Blumenau e Brasil. In: ENCONTRO DE ECO-

116 "O declínio do número de escravos acelerou-se a partir da extinção do tráfico negreiro, com a proclamação da Lei Eusébio de Queiroz (1850), inflacionando o valor dos escravos africanos em mais de 50% na década de 1860, se comparado com os valores da década anterior. A reprodução natural das escravas não era suficiente para atender a demanda de escravos nos canaviais e engenhos. Os fazendeiros sempre preferiam a compra de trabalhadores mais fortes e do sexo masculino, desequilibrando o número de escravas presentes nas fazendas canavieiras. Além disso, a fertilidade das escravas era menor, se comparada com a das mulheres livres, e havia um alto índice de mortalidade infantil entre os nascidos" (Rodrigues; Ross, 2020, p. 50).

NOMIA CATARINENSE, 3., 2009, Blumenal. **Anais** [...]. Blumenau: Apec, 2009. p. 1-24.

LONGHI, Tatiana Castro; SANTOS, Flávio Anthero Nunes Vianna dos. Uma análise crítica das condições de trabalho na indústria têxtil desde a industrialização do setor até os dias atuais. **Human Factors in Design**, Florianópolis, v. 5, n. 10, p. 73-90, 2016.

NEIRA, Luz García. Design, educação, cultura: origens do projeto têxtil no Brasil. **Revista Brasileira de História da Ciência,** Rio de Janeiro, v. 6, n. 1, p. 78-88, jan./jun. 2013.

NOVAIS, Fernando A. **Portugal e Brasil na crise do Antigo Sistema Colonial (1777-1808)**. São Paulo: Hucitec, 1995.

OLIVEIRA, Daniela Olímpio de (org.). **Tributação, democracia e desenvolvimento.** Lavras: Editora UFLA, 2017.

PRADO JÚNIOR, Caio. **História econômica do Brasil.** São Paulo: Brasiliense, 1986.

PEREIRA, Walter Luiz Carneiro de Mattos. Francisco Ferreira Saturnino Braga: negócios e fortuna em Campos dos Goytacazes. **História,** São Paulo, v. 31, n. 2, p. 212-246, jul./dez. 2012.

RODRIGUES, Gelze Serrat de Souza Campos; ROSS, Jurandyr Luciano Sanches. **A trajetória da cana-de-açúcar no Brasil:** perspectivas geográfica, histórica e ambiental. Uberlândia: Edufu, 2020.

STEIN, Stanley. **Origens e evolução da indústria têxtil no Brasil – 1850/1950.** Rio de Janeiro: Campus, 1979.

A AUSÊNCIA DA PERSPECTIVA RACIAL NA REFORMA TRIBUTÁRIA RECÉM-APROVADA

Lorena de Fátima S. A. Narcizo

Procuradora da Fazenda Nacional desde 2016. Atualmente ocupa o cargo de Consultora Jurídica Adjunta da Consultoria Jurídica junto ao Ministério da Cultura. Mestre em Direito, Justiça e Desenvolvimento pelo IDP/SP. Autora do Livro **Racismo e Sexismo na Tributação Brasileira sobre o Consumo**, 2023.

Introdução

A partir de dados fornecidos pela Receita Federal do Brasil anualmente, é sabido que a tributação brasileira incide majoritariamente sobre bens e serviços, enquanto as taxações sobre a renda e a propriedade são bastante reduzidas (Brasil, 2023a). A análise de tributos e bases de incidência do ano de 2022 da RFB demonstra que a arrecadação sobre a renda representou 27,43% do total, a cobrança sobre a propriedade correspondeu a apenas 4,78%, em contraposição aos 40,16% decorrentes da tributação sobre bens e serviços (Brasil, 2023a).

Esse modelo de tributação, priorizando a cobrança sobre o consumo, resulta na ampliação dos efeitos da chamada regressividade tributária[117], prejudicando a população mais pobre, uma vez que essa parcela da sociedade precisa reservar maior percentual da sua renda para o pagamento desses tributos que as classes mais abastadas.

Ademais, conforme constatado no estudo do Instituto Brasileiro de Geografia e Estatística (IBGE) denominado *Síntese de indicadores sociais: uma análise das condições de vida da população brasileira 2022* (com base nos dados da Pesquisa Nacional por Amostra de Domicílios Contínua – PNAD Contínua 2021), os pretos ou pardos totalizavam

117 Conforme definido pelo autor Evilasio Salvador (2014, p. 9), um tributo é considerado regressivo "*[...] à medida que tem uma relação inversa com o nível de renda do contribuinte, ou seja, a regressão ocorre porque prejudica mais os contribuintes de menor poder aquisitivo*".

mais de 70% dos pobres e extremamente pobres[118], sendo que 11,0% dos negros (pretos ou pardos) eram extremamente pobres (contra 5,0% entre brancos) e 37,7% eram pobres (contra 18,6% de brancos) (IBGE, 2022, p. 68).

É importante ressaltar que, quando nos voltamos para os dados das mulheres negras especificamente, percebe-se que esses percentuais de pobres e extremamente pobres foram ainda maiores, alcançando-se 11,6% e 39,0%, respectivamente. Ainda, o arranjo domiciliar que concentrou a maior incidência de pobreza foi o formado por mulheres pretas ou pardas responsáveis, com presença de filhos menores de 14 anos e sem cônjuge, no percentual de 69,5%, bem como a maior incidência de extrema pobreza (29,2% dos moradores desses arranjos) (IBGE, 2022, p. 68).

Portanto, resta evidente o quanto a população negra, principalmente as mulheres negras, é a mais prejudicada com a forma como a máquina fiscal foi construída e é mantida até os dias de hoje.

Recentemente, em dezembro de 2023, foi aprovada a reforma tributária, a partir da promulgação da Emenda Constitucional n. 132 (oriunda da Proposta de Emenda à Constituição (PEC) 45/2019), sendo considerada *"a primeira reforma ampla do sistema tributário realizada sob a Constituição Federal de 1988"*, com vistas a simplificar a cobrança de impostos sobre o consumo para incentivar o crescimento econômico (Senado Federal, 2023c). A alteração constitucional possibilitará a unificação, a partir de 2033, de cinco tributos – ICMS, ISS, IPI, PIS e Cofins – em uma cobrança única, dividida entre os níveis federal (CBS: Contribuição sobre Bens e Serviços) e estadual/municipal (IBS: Imposto sobre Bens e Serviços) (Senado Federal, 2023c).

118 A classificação de pobres e extremamente pobres utilizada pelo IBGE é a definida pelo Banco Mundial, em que a linha de extrema pobreza está fixada atualmente em US$ 1,90 por dia em termos de Poder de Paridade de Compra – PPC (ou, em inglês, PPP, purchasing power parity) e a linha de pobreza é de US$ 5,50, para países de renda média alta, como o Brasil (IBGE, 2022, p. 62).

Ocorre que, se analisarmos o texto aprovado, verifica-se que não existe dispositivo algum que considere o viés racial, seja para dar tratamento diferenciado à própria população negra, seja para prever algum tipo de benefício fiscal para empresas que contratem mulheres negras, por exemplo.

O presente artigo pretende trazer breves reflexões acerca da ausência da perspectiva racial nas discussões acerca da reforma tributária e, inclusive, no texto aprovado recentemente.

O modelo tributário brasileiro, a reforma tributária aprovada e a ausência da perspectiva racial

Embora a relação entre tributação, gênero e raça esteja sendo difundida e estudada no Brasil há relativamente pouco tempo por tributaristas, já é possível verificar diversos livros que abordam o tema, como das escritoras Daniela Olímpio de Oliveira, Eliane Barbosa da Conceição, Isabelle Rocha, Lana Borges, Luiza Machado de O. Menezes, Maria Angélica dos Santos, Danielle Victor Ambrosano, entre outras (Oliveira, 2023; Conceição, 2023; Rocha, 2021; Borges, 2023; Menezes, 2023; Santos, 2023; Ambrosano, 2021).

No meu livro, fruto da minha dissertação de mestrado, intitulado *O racismo e o sexismo na tributação brasileira sobre o consumo* (Narcizo, 2023), procurei difundir a temática, a fim de que essa relação, que causa estranheza à primeira vista, possa ser compreendida não apenas por juristas tributaristas mas também pela sociedade como um todo.

Antes de entrarmos propriamente no texto da reforma tributária, é importante rememorar que o modelo adotado no Brasil – prevalência da cobrança sobre bens e serviços, em vez de predominar a incidência sobre a renda e a propriedade – nunca foi significativamente alterado ao longo dos anos. Isso porque os detentores do poder, na sua maioria homens brancos, querem manter os mesmos privilégios que sempre tiveram, em contraposição à exploração sofrida pelos grupos minorizados, como pessoas negras e mulheres. Nesse sentido, escrevi:

> Dessa forma, pode-se dizer que o Sistema Tributário Brasileiro foi construído – e assim permanece até hoje – a partir de escolhas que possibilitassem a manutenção da estrutura de poder na mão de poucos, de modo que o acúmulo de capital permanecesse concentrado no mesmo gênero e na mesma raça: homens brancos. Ou seja, a tributação foi desenhada para que as mulheres não possam acumular capital, bem como a população negra (em sua maioria pobre) nunca aumente seu poder econômico e ascenda socialmente. Logo, nada mais lógico do que o grande peso do pagamento dos tributos "cair sobre os ombros" das mulheres negras, as quais acabam arcando com aquilo que deveria ser suportado pelos homens brancos, pelos homens negros e pelas mulheres brancas.
>
> Portanto, ao longo desses capítulos, percebeu-se que o Estado brasileiro é organizado de modo que o poder permaneça sob o domínio dos mesmos homens brancos que sempre o detiveram. Como esse poder repercute perante a sociedade através da estrutura do Direito, o modelo de cobrança tributária adotado no Brasil também é moldado para manter esse poder nas mesmas mãos e, consequentemente, o acúmulo do capital (Narcizo, 2023, p. 123).

No texto, pontuei que o fenômeno da regressividade não é o único fator que impacta na elevação das desigualdades de gênero e raça, pois existem outras problemáticas, a exemplo da isenção de lucros e dividendos, da baixa progressividade do imposto de renda, das baixas alíquotas nos tributos diretos. Entretanto, sem dúvidas, a predominância da cobrança sobre o consumo de bens e serviços é determinante para tornar o sistema tributário brasileiro regressivo em sua inteireza e catalizador de desigualdades de raça e gênero (Narcizo, 2023).

Por outro lado, a nossa Constituição Federal de 1988 determina como objetivos fundamentais, entre outros, construir uma sociedade livre, justa e solidária; erradicar a pobreza e reduzir as desigualdades sociais e regionais; promover o bem de todos, sem preconceitos de origem, raça, sexo, cor, idade e quaisquer outras formas de discriminação (Brasil, 1988).

Como forma de alcançar esses objetivos, Isabelle Resende Alves Rocha e Marciano Seabra Godoi (2019) defendem que a utilização das finanças públicas é um desses meios, a exemplo da previsão do princípio da capacidade contributiva (art. 145, § 1.º), da progressividade do IR (art. 153, § 2.º, I); da obrigatoriedade da seletividade do IPI (art. 153, § 3.º, I), entre outros (Brasil, 1988). Entretanto, ressaltam que, embora existam esses dispositivos expressos na Constituição que tornam as finanças públicas instrumento de transformação e diminuição de desigualdades, na prática, a tributação brasileira pouco se alterou desde a promulgação do Texto Constitucional, devido à concentração da incidência tributária sobre bens e serviços (Rocha; Godoi, 2019).

Pode-se dizer que essa opção legislativa (prevalência indiscriminada da tributação sobre o consumo), mesmo que contrarie os objetivos constitucionais, foi construída e é perpetuada para manutenção do *status quo*. Assim, a tributação acaba contribuindo ainda mais para ampliação das desigualdades de gênero e raça, quando deveria ser utilizada como instrumento de redução.

Ao analisarmos a Emenda Constitucional n. 132, de 20 de dezembro de 2023 (Senado Federal, [2023a]), que alterou o Sistema Tributário Nacional, encontramos alguns dispositivos que se voltam à busca da justiça tributária e à tentativa de diminuição da regressividade:

> Art. 145. ....
>
> ....
>
> § 3º O Sistema Tributário Nacional deve observar os princípios da simplicidade, da transparência, da justiça tributária, da cooperação e da defesa do meio ambiente.
>
> § 4º As alterações na legislação tributária buscarão atenuar efeitos regressivos (Senado Federal, [2023a]).

Ademais, houve a previsão, por exemplo, da criação da Cesta Básica Nacional de Alimentos, em que as alíquotas dos tributos criados (IBS e CBS) serão reduzidas a zero[119], bem como a determinação de que a avaliação dos regimes diferenciados de tributação previstos em lei complementar que instituirá o IBS e o CBS deverá examinar o impacto na promoção da igualdade entre homens e mulheres e a previsão de que os produtos de saúde menstrual poderão ter tributação menor ou zerada[120] (Senado Federal, [2023a]). Tais dispositivos, sem dúvidas, tentam contribuir com a redução das desigualdades sociais e, até mesmo, de gênero (nesse último caso).

Especificamente em relação ao §4° do art. 145 da Constituição Federal, mencionado anteriormente, deve-se destacar que a previsão de que as alterações na legislação tributária

---

119 Art. 8º Fica criada a Cesta Básica Nacional de Alimentos, que considerará a diversidade regional e cultural da alimentação do País e garantirá a alimentação saudável e nutricionalmente adequada, em observância ao direito social à alimentação previsto no art. 6º da Constituição Federal.

Parágrafo único. Lei complementar definirá os produtos destinados à alimentação humana que comporão a Cesta Básica Nacional de Alimentos, sobre os quais as alíquotas dos tributos previstos nos arts. 156-A e 195, V, da Constituição Federal serão reduzidas a zero.

120 Art. 9º A lei complementar que instituir o imposto de que trata o art. 156-A e a contribuição de que trata o art. 195, V, ambos da Constituição Federal, poderá prever os regimes diferenciados de tributação de que trata este artigo, desde que sejam uniformes em todo o território nacional e sejam realizados os respectivos ajustes nas alíquotas de referência com vistas a reequilibrar a arrecadação da esfera federativa.

§ 1º A lei complementar definirá as operações beneficiadas com redução de 60% (sessenta por cento) das alíquotas dos tributos de que trata o caput entre as relativas aos seguintes bens e serviços:

[...]

VI - produtos de cuidados básicos à saúde menstrual;

§ 10. Os regimes diferenciados de que trata este artigo serão submetidos a avaliação quinquenal de custo-benefício, podendo a lei fixar regime de transição para a alíquota padrão, não observado o disposto no § 2º, garantidos os respectivos ajustes nas alíquotas de referência.

§ 11. A avaliação de que trata o § 10 deverá examinar o impacto da legislação dos tributos a que se refere o caput deste artigo na promoção da igualdade entre homens e mulheres.

buscarão atenuar efeitos regressivos é uma inovação importante, pois a "regressividade", que era uma expressão exclusivamente doutrinária, passou a ter status constitucional.

Assim, tendo em vista que a população negra é a que mais sofre com a regressividade, a indicação na Carta Magna de que as alterações legislativas tributárias tentarão atenuar os efeitos regressivos é uma sinalização de que, ao menos indiretamente, essa parcela da sociedade pode ser beneficiada, caso o dispositivo seja concretizado.

Entretanto, como dito na "Introdução", o foco deste curto texto é analisar especificamente a ausência da perspectiva racial no texto da reforma tributária e seus impactos, e não cada um dos dispositivos da Emenda.

Consta no site do Senado Federal que 837 emendas foram apresentadas à Proposta de Emenda à Constituição n. 45/2019 (Senado Federal, 2019). Ao pesquisar o termo "raça", apenas duas emendas abordaram o tema, apresentadas pelo senador Vanderlan Cardoso (PSD/GO), em 17 de outubro de 2023, perante a Comissão de Constituição, Justiça e Cidadania (CCJ), e ambas foram rejeitadas:

> EMENDA 471 - PEC 45/2019
>
> Acrescente-se o seguinte § 8º, ao art. 150 da Proposta de Emenda à Constituição (PEC) nº 45, de 2019.
>
> "Art. 150. ....
>
> § 8º A instituição, majoração ou redução de tributos deverá ser antecedida da validação do impacto da medida na promoção da igualdade de gênero e raça, nos termos a serem disciplinados em lei ordinária" (Senado Federal, [2023a]).

> EMENDA 472 - PEC 45/2019
>
> Acrescente-se o seguinte inciso IV e nova redação ao § 2º, do art. 159-A, da Proposta de Emenda à Constituição (PEC) nº 45, de 2019.
>
> "Art. 159-A ....
>
> IV - promoção de ações e realização de obras de infraestrutura com vistas a atender à demanda por cuidados da população, prioritariamente de crianças na primeira infância, pes-

soas com deficiência e pessoas idosas dependentes.

....

§ 2º Na aplicação dos recursos de que trata o caput, os Estados e o Distrito Federal priorizarão projetos que prevejam ações de preservação do meio ambiente e para redução das desigualdades de gênero e raça" (Senado Federal, [2023b]).

No âmbito da Câmara dos Deputados, foi localizada a Emenda Aditiva n. 84, apresentada pelo deputado Marcelo Freixo, do PSOL/RJ, em 11 de setembro de 2019, com a seguinte previsão:

> EMENDA À PROPOSTA DE EMENDA À CONSTITUIÇÃO Nº 45 DE 2019
>
> Acrescente-se, onde couber, na Proposta de Emenda à Constituição nº 45 de 2019, o seguinte artigo:
>
> "Art A. Dê-se ao art. 154 da Proposta de Emenda à Constituição nº45 de 2019, a seguinte redação:
>
> 'Art.154...
>
> ....
>
> ....
>
> III – impostos seletivos, com finalidade extrafiscal, destinados a desestimular o consumo de determinados bens, serviços ou direitos e de estimular o comportamento inclusivo de caráter étnico-racial e de gênero na produção e comercialização de bens, serviços ou direitos.
>
> § 1º - Serão adotadas alíquotas progressivas considerando as diferentes toxicidades, com vistas à redução no uso e incentivo à transição dos sistemas agrícolas com foco na produção de alimentos saudáveis para a população (Câmara dos Deputados, 2019a).

Referida emenda não constou no primeiro Parecer Preliminar de Plenário (PRLP n. 1 PLEN), elaborado pelo relator deputado Aguinaldo Ribeiro (PP/PB), em 22 de junho de 2023, no qual previa o Substitutivo à Proposta de Emenda à Constituição n. 45, de 2019 (Câmara dos Deputados, [2023a]).

No texto do segundo Parecer Preliminar de Plenário (PRLP n. 2 PLEN), elaborado pelo relator deputado Aguinaldo Ribeiro (PP/PB), em 5 de julho de 2023, foi apresentado o Substitutivo à Proposta de Emenda à Constituição n. 45-

A, de 2019, em que houve duas previsões que incluíam a tributação como instrumento de diminuição de desigualdades de raça, além de renda e gênero (Câmara dos Deputados, [2023b])[121]:

> Art. 156-A. Lei complementar instituirá imposto sobre bens e serviços de competência dos Estados, do Distrito Federal e dos Municípios.
>
> [...]
>
> § 5º Lei complementar disporá sobre:
>
> VIII – hipóteses de devolução do imposto a pessoas físicas, inclusive os limites e os beneficiários, com o objetivo de reduzir as desigualdades de renda, gênero ou raça;
>
> Art.195..
>
> ....
>
> ....
>
> ....
>
> V – sobre bens e serviços, nos termos de lei complementar;
>
> ....
>
> ....
>
> § 17. Lei estabelecerá hipóteses de devolução da contribuição prevista no inciso V a pessoas físicas, inclusive em relação a limites e beneficiários, com o objetivo de reduzir as desigualdades de renda, gênero ou raça (Câmara dos Deputados, [2023b]).

Porém, após debates internos, no dia seguinte, em 6 de julho de 2023, foi publicado o terceiro Parecer Preliminar de Plenário (PRLP n. 3 PLEN), em que as expressões "raça" e

121 Referidos dispositivos não foram incluídos no texto por meio de emendas, em razão de articulação política encabeçada pela bancada feminina com tributaristas que estudam o tema.

"gênero" foram retiradas, permanecendo apenas "renda"[122], sob o argumento de que as negociações com os governos federal, estaduais e municipais e com diversos setores econômicos teriam evoluído, após a apresentação do Parecer e do Substitutivo à Proposta de Emenda à Constituição (PEC) n. 45, de 2019, no dia 5 de julho de 2023, resultando *"[...] no aperfeiçoamento no texto em prol de uma reforma tributária mais consensual, que apresentamos na presente complementação de voto"* (Câmara dos Deputados, 2023c).

Referidos dispositivos foram alvos de crítica por parte de diversos deputados federais, principalmente do Partido Liberal (PL), o que teria pressionado a retirada da previsão (Reforma [...], 2023).

Além da falta de interesse e de conhecimento por parte de grande número de parlamentares brasileiros a respeito das desigualdades de gênero e raça no Brasil e de como a tributação pode servir de instrumento para diminuir essas discrepâncias, é importante ter em mente que a falta de representatividade feminina negra no Congresso Nacional prejudica muito a reversão de decisões políticas como essas.

---

122 Art. 156-A. Lei complementar instituirá imposto sobre bens e serviços de competência dos Estados, do Distrito Federal e dos Municípios.

[...]

§ 5º Lei complementar disporá sobre:

VIII – as hipóteses de devolução do imposto a pessoas físicas, inclusive os limites e os beneficiários, com o objetivo de reduzir as desigualdades de renda;

Art.195...

....

V – sobre bens e serviços, nos termos de lei complementar;

....

§ 17. Lei estabelecerá as hipóteses de devolução da contribuição prevista no inciso V a pessoas físicas, inclusive em relação a limites e beneficiários, com o objetivo de reduzir as desigualdades de renda.

Ao analisar os dados do Sistema de Monitoramento sobre Mulheres e Eleições, do Observatório Nacional da Mulher na Política, da Câmara dos Deputados, verifica-se que, nas eleições de 2022, apenas 29 mulheres negras (13 pretas e 16 pardas) foram eleitas como deputadas federais, representando 5,65% dos 513 parlamentares, e nenhuma foi eleita senadora (Câmara dos Deputados, 2022).

Portanto, é bastante sintomática a dificuldade de o Congresso Nacional aprovar dispositivos que considerem o viés racial nos mais diversos temas, incluindo a tributação, e se preocupem em superar o racismo e o sexismo no Brasil.

Assim, embora a reforma tributária tenha avançado em alguns aspectos, tendo em vista se tratar de uma alteração ampla do sistema tributário nacional, não poderíamos ter perdido a oportunidade de também utilizá-la como mecanismo de redução de desigualdades de raça e gênero. Foram muitos anos de discussão, porém não foram suficientes para visibilizar essa pauta tão sensível e essencial para tornar a sociedade brasileira mais justa e igualitária.

Dessa forma, para que a tributação não sirva mais de instrumento de ampliação de desigualdades, há necessidade de mudança estrutural na sociedade, no que diz respeito à forma de enxergar gênero e raça, o que acarretará, consequentemente, modificações nas instituições responsáveis pela criação e cobrança dos tributos (Narcizo, 2023).

Diante desse cenário, enquanto tributaristas ativistas (ou ativistas tributaristas?), cabe a nós mantermos o tema sempre em pauta e permanecermos engajadas(os) e unidas(os) em prol da igualdade de raça e gênero, utilizando-se da tributação como instrumento.

Conclusão

A promulgação da Emenda Constitucional n. 132, em dezembro de 2023, pelo Congresso Nacional, possibilitou a simplificação da legislação tributária, com a união de alguns tributos e criação da CBS e do IBS, além da inclusão de alguns dispositivos que contribuem para a redução das desigualdades sociais e, até mesmo, de gênero.

Por outro lado, foram deixados de lado artigos e/ou parágrafos que previam o viés racial no texto, como foi o caso das emendas pleiteadas por alguns parlamentares e das mudanças apresentadas pelo relator deputado Aguinaldo Ribeiro, no Parecer Preliminar de Plenário (PRLP n. 2 PLEN).

Embora a Constituição Federal determine, entre seus objetivos fundamentais, a construção de uma sociedade livre, justa e solidária, assim como a promoção do bem de todos, sem preconceitos de origem, raça, sexo, cor, etc., o modelo de tributação atual, ainda que consideradas as mudanças proporcionadas pela reforma tributária de 2023, permanece regressivo, prejudicando mais a população pobre e extremamente pobre (em sua maioria preta e parda) que as classes mais abastadas.

A predominância da tributação sobre bens e serviços, em detrimento da cobrança sobre a renda e a propriedade, pouco se alterou, em razão de os detentores do poder, majoritariamente homens brancos, não estarem interessados em modificar a triste realidade vivida pelos grupos marginalizados socialmente, sob pena de perderem seus privilégios, conquistados desde o período colonial.

Além disso, o pouco conhecimento – e, muitas vezes, o desinteresse – na temática racial sob a perspectiva da sociedade brasileira afasta, ainda mais, o debate sobre a presença do racismo e do sexismo no modelo de tributação do país.

Não se deve esquecer, ainda, da baixa representatividade feminina negra no Congresso Nacional, contribuindo para lentidão na aprovação de mudanças mais significativas no sistema tributário.

De toda maneira, ainda que outra reforma tributária demore décadas para ser aprovada novamente, cabe a nós ativistas políticas(os) e estudiosas(os) do Direito Tributário permanecermos na luta em prol de uma sociedade mais justa e igualitária.

REFERÊNCIAS BIBLIOGRÁFICAS

AMBROSANO, Danielle Victor. **Justiça fiscal e desigualdade de gênero e raça no Brasil.** 2021. Dissertação (Mestrado em Direito) – Universidade Federal de Pernambuco, Recife, 2021. Disponível em: https://repositorio.ufpe.br/handle/123456789/44227. Acesso em: 6 mar. 2024.

BRASIL. **Constituição da República Federativa do Brasil.** Nós, representantes do povo brasileiro, [...] promulgamos [...] a seguinte CONSTITUIÇÃO DA REPÚBLICA FEDERATIVA DO BRASIL. Brasília, DF: Presidência da República, 1988. Disponível em: http://www.planalto.gov.br/ccivil_03/constituicao/constituicao.htm. Acesso em: 7 mar. 2024.

BRASIL. Ministério da Fazenda. Receita Federal. **Carga Tributária no Brasil 2022:** análise por tributos e bases de incidência. Brasília, DF: Centro de Estudos Tributários e Aduaneiros, dez. 2023a. Disponível em: https://www.gov.br/receitafederal/pt-br/centrais-de-conteudo/publicacoes/estudos/carga-tributaria/carga-tributaria-no-brasil-2022. Acesso em: 2 mar. 2024.

BRASIL. **Emenda Constitucional n. 132, de 20 de dezembro de 2023.** Altera o Sistema Tributário Nacional. Brasília, DF: Presidência da República, 2023b. Disponível em: https://www.planalto.gov.br/ccivil_03/constituicao/emendas/emc/emc132.htm. Acesso em: 7 mar. 2024.

BORGES, Lana. **Tributação e gênero:** políticas públicas de extrafiscalidade e a luta pela igualdade. Belo Horizonte: Fórum, 2023.

CÂMARA DOS DEPUTADOS (Brasil). **Emenda aditiva n. 84.** Cria dispositivo que inclui nas finalidades do imposto seletivo o estímulo ao comportamento inclusivo de caráter étnico-racial e de gênero, e a sustentabilidade ambiental, na produção e comercialização de bens, serviços ou direitos. Brasília, DF: Câmara dos Deputados, 2019a. Disponível em: https://www.camara.leg.br/proposicoesWeb/fichadetramitacao?idProposicao=2219873. Acesso em: 7 mar. 2024.

CÂMARA DOS DEPUTADOS (Brasil). **Emendas apresentadas - PEC 45/2019.** Altera o Sistema Tributário Nacional e dá outras providências. Brasília, DF: Câmara dos Deputados, 2019b. Disponível em: https://www.camara.leg.br/proposicoesWeb/prop_emendas?idProposicao=2196833&subst=. Acesso em: 7 mar. 2024.

CÂMARA DOS DEPUTADOS (Brasil). **Substitutivo à proposta de Emenda à Constituição n. 45, de 2019.** Altera o Sistema Tributário Nacional e dá outras providências. Brasília, DF: Câmara dos Deputados, [2023a]. Disponível em: https://www.camara.leg.br/proposicoesWeb/prop_mostrarintegra?codteor=2292813&filename=Tramitacao-PEC%2045/2019. Acesso em: 5 mar. 2024.

CÂMARA DOS DEPUTADOS (Brasil). **Proposta de Emenda à Constituição n. 45-A, de 2019.** Parecer de plenário pela comissão especial destinada a proferir parecer à proposta de emenda à constituição n. 45-A, de 2019 (PRLP n. 2 PLEN). Brasília, DF: Câmara dos Deputados, [2023b]. Disponível em: https://www.camara.leg.br/proposicoesWeb/prop_mostrarintegra?codteor=2297250&filename=Tramitacao-PEC%2045/2019. Acesso em: 5 mar. 2024.

CÂMARA DOS DEPUTADOS (Brasil). **Proposta de Emenda à Constituição n. 45-A, de 2019.** Parecer de plenário pela comissão especial destinada a proferir parecer à proposta de emenda à constituição n. 45-A, de 2019 (PRLP n. 3 PLEN). Brasília, DF: Câmara dos Deputados, 2023c. Disponível em: https://www.camara.leg.br/proposicoesWeb/prop_mostrarintegra?-codteor=2297856&filename=Tramitacao-PEC%2045/2019. Acesso em: 5 mar. 2024.

CÂMARA DOS DEPUTADOS (Brasil). Observatório Nacional da Mulher na Política. **Sistema de monitoramento sobre mulheres e eleições.** Brasília, DF: Câmara dos Deputados, 2022. Disponível em: https://app.powerbi.com/view?r=eyJrIjoiZmU4ZjEyMTktZWIyYy00Y2VhLTk3YjAtNWVlNjQ3MTkxMGQxIiwidCI6IjU2MjFkNjRmLTRjZjgtNDdmNS1iMzc5LTJiMmFiNzljMWM1ZiJ9. Acesso em: 7 mar. 2024.

CONCEIÇÃO, Eliane Barbosa da. **Tributação justa,** *reparação histórica.* Belo Horizonte: Letramento, 2023.

INSTITUTO BRASILEIRO DE GEOGRAFIA E ESTATÍSTICA. **Síntese de indicadores sociais:** uma análise das condições de vida da população brasileira 2022. Rio de Janeiro: IBGE, 2022. Disponível em: https://biblioteca.ibge.gov.br/visualizacao/livros/liv101979.pdf. Acesso em: 3 mar. 2024.

MENEZES, Luiza Machado de Oliveira. **Tributação e desigualdades de gênero e raça:** como o sistema tributário discrimina as mulheres na tributação sobre os produtos ligados ao cuidado e à fisiologia feminina. Belo Horizonte: Letramento, 2023.

NARCIZO, Lorena de Fátima Sousa Araújo. **Racismo e sexismo na tributação brasileira sobre o consumo.** Belo Horizonte: Arraes Editora, 2023.

OLIVEIRA, Daniela Olímpio de. **As paredes da estrutura:** atravessamentos tributários. Belo Horizonte: Letramento, 2023.

REFORMA tributária abre brecha para 'cashback' de gênero e raça; medida irrita bolsonaristas. **Folha de Pernambuco,** Recife, 6 jul. 2023. Disponível em: https://www.folhape.com.br/economia/reforma-tributaria-abre-brecha-para-cashback-de-genero-e-raca/279330/. Acesso em: 2 mar. 2024.

ROCHA, Isabelle. **Tributação e gênero:** como o imposto de renda da pessoa física afeta as desigualdades entre homens e mulheres. Belo Horizonte: Dialética, 2021.

ROCHA, Isabelle Resende Alves; GODOI, Marciano Seabra de. Incorporando as questões de gênero e raça aos estudos jurídicos sobre tributação e orçamento público. In: CRUZ, Álvaro Ricardo de Souza; RODRIGUES, Poliana Lino (org.). **Trinta anos de Constituição e 130 anos de Lei Áurea.** Rio de Janeiro: Lumen Juris, 2019. p. 387-419.

SALVADOR, Evilasio. **As implicações do sistema tributário brasileiro nas desigualdades de renda.** Brasília, DF: Inesc, 2014. Disponível em: https://www.inesc.org.br/wp-content/uploads/2019/04/Sistema_tributario_e_desigualdades_evilasio.pdf?x98583. Acesso em: 2 mar. 2024.

SANTOS, Maria Angélica dos. **Tributação e raça:** fabulações tributárias – uma imersão na teoria racial crítica do direito tributário. Belo Horizonte: Letramento, 2023.

SENADO FEDERAL (Brasil). **PEC 45/2019.** Acrescente-se o seguinte § 8º, ao art. 150 da Proposta de Emenda à Constituição (PEC) n. 45, de 2019. Brasília, DF: Senado Federal, [2023a]. Disponível em: https://legis.senado.leg.br/sdleg-getter/documento?dm=9482984&ts=1708645287918&disposition=inline&ts=1708645287918. Acesso em: 7 mar. 2024.

SENADO FEDERAL (Brasil). **PEC 45/2019.** Acrescente-se o seguinte inciso IV e nova redação ao § 2º, do art. 159-A, da Proposta de Emenda à Constituição (PEC) n. 45, de 2019. Brasília, DF: Senado Federal, [2023b]. Disponível em: https://legis.senado.leg.br/sdleg-getter/documento?dm=9482988&ts=1708645287926&disposition=inline&ts=1708645287926. Acesso em: 7 mar. 2024.

SENADO FEDERAL (Brasil). **Reforma tributária promulgada:** principais mudanças dependem de novas leis. Brasília, DF: Agência Senado, 21 dez. 2023c. Disponível em: https://www12.senado.leg.br/noticias/materias/2023/12/21/reforma-tributaria-promulgada-principais-mudancas-dependem-de-novas-leis. Acesso em: 2 mar. 2024.

SENADO FEDERAL (Brasil). **Proposta de Emenda à Constituição n. 45, de 2019.** Brasília, DF: Senado Federal, 2019. Disponível em: https://www25.senado.leg.br/web/atividade/materias/-/materia/158930. Acesso em: 7 mar. 2024.

TRIBUTAÇÃO E RACISMO: O IMPOSTO MEIA SIZA E A RACIALIZAÇÃO DA POBREZA

Marcelo Augusto Barreto

Graduando em Direito da Faculdade de Direito da UFBA

Introdução

O presente artigo objetiva discutir as relações existentes entre racismo e sistema tributário, tendo como perspectiva de análise o Alvará de 3 de junho de 1809, responsável pela criação do imposto Meia Siza, o qual incidia sobre a compra e venda de negros escravizados ladinos, até então compreendidos como mercadoria no Brasil Colônia e Império.

Assim, a partir desse recorte histórico, buscou-se verificar em que medida o sistema tributário contribuiu para a subalternidade social do negro e a racialização da pobreza na constituição econômica do Brasil. Para tanto, o trabalho investigou como a tributação e o racismo estimularam a financeirização do corpo negro, destacando as implicações de tal configuração para a subalternidade econômico-social desse grupo, enfatizando, sobretudo, a perspectiva de continuidade e o acirramento das desigualdades de raça como elementos de justificativa para a análise.

O artigo objetivou, portanto, discutir a pobreza da população negra como algo produzido e direcionado para esse grupo, sendo, também, uma dinâmica estimulada pela tributação, com lastro histórico que evidencia seu papel. Em conclusão, verificou-se que o sistema tributário se estruturou como mais um elemento constituinte de um aparato institucional voltado para a desmobilização das possibilidades de vida e ascensão de todo um grupo. Desse modo, evidenciou-se que, da colônia à contemporaneidade, a exploração da população negra através da tributação continua presente e sendo reproduzida, recaindo sobre o mesmo corpo.

Notas sobre a estrutura arrecadatória no Brasil Colônia

Em primeiro plano, é importante destacar que o imposto Meia Siza sobre o comércio de negros escravizados ladinos foi instituído a partir da chegada da família real portuguesa às terras brasileiras. Tratou-se, assim, de um imposto cuja aplicação se estendeu por todo o território brasileiro, tendo sido introduzido pelo Alvará de 3 de junho de 1809.

De acordo com o texto do ato normativo, a criação desse novo imposto se justificou como uma necessidade para o enfrentamento das despesas públicas, as quais, segundo o Alvará, não mais estavam sendo supridas pela apropriação de rendimentos, como anteriormente se fazia no período.

No que se refere ao tempo histórico no qual o imposto se encontra circunscrito, Daniela Olímpio de Oliveira (2023) destaca no artigo "Tributação e raça: Brasil histórico" a colônia como um princípio que elucida a formação do Brasil. Desse modo, pode-se compreender, com base nas suas reflexões, que o Brasil, enquanto colônia, estava voltado para a exploração e evasão de riquezas. Verifica-se, assim, os contornos de um país que nasce, portanto, distante da ideia de nação e próximo à exploração da terra e do trabalho escravizado. Para a autora: "a colônia-mercado-produtor, exportador de monoculturas, foi cultivada sob o princípio da exploração – colônia de exploração. Essa marca registrada distingue historicamente" (Oliveira, 2023, p. 109).

Segundo Oliveira (2023), a colônia foi a marca registrada na nascença do território brasileiro e também um dos fatores determinantes para a formatação de uma racionalidade tributária direcionada à exploração e evasão das riquezas. De modo concomitante, Caio Prado Júnior (1961) aponta que, para a real compreensão do Brasil, este deve estar associado à sua localização frente à metrópole. De acordo com o autor, o passado colonial, em parte modificado, ainda manifestou traços a longo prazo, com continuidades.

Assim, no que se refere ao Brasil-colônia-escravocrata, compreende-se que o ser colônia é marcado pela exploração que ultrapassa o território, alcançando o negro escravizado, de modo institucionalizado, tendo na tributação do corpo negro mais um reflexo das variadas formas de violência presentes no tempo e direcionadas a esse grupo social.

No que diz respeito à estrutura arrecadatória implementada no Brasil colonial, Camila Scacchetti (2019) destaca em sua dissertação de mestrado, *"Dai a César o que é de César": do dízimo ao ICMS – raízes da tributação sobre o consumo*, que não existiu no território uma estrutura fiscal forte e com critérios rígidos. Embora destaque que a questão fiscal não era menosprezada pela Coroa, Scacchetti aponta que a temática não alcançou o nível de importância de que necessitava. Assim, destaca a inexistência de coordenação do aparato administrativo fiscal como característica marcante.

Do ponto de vista do Erário, Camila Scacchetti (2019) argumenta que os rendeiros/contratadores, responsáveis pela cobrança dos tributos, muitas vezes utilizavam de violência para alcançar arrecadação e também eram os principais beneficiários, tendo em vista que se apropriavam do excedente do que havia sido tributado e destinado à Coroa, além de realizarem a comercialização dos tributos recolhidos in natura.

Por outro lado, no que se refere à perspectiva do contribuinte, havia a constatação da falta de direcionamento do recolhido com a tributação para a melhoria da qualidade de vida das pessoas. Sendo assim:

> As extorsões sofridas implicavam, tão somente, em lucro para os representantes particulares da Coroa, representantes esses que por meio do seu direito de arrecadar tributos não mediam esforços, muito menos as consequências de seus atos (Scacchetti, 2019, p. 65).

Compondo o entendimento desse cenário, Guilherme Vilela Fernandes (2005) destaca que o período correspondente à instituição da meia siza sobre o comércio de negros escravizados ladinos se confunde com a própria chegada da família real portuguesa ao Brasil, evento ocorrido em 1808, seguido do consequente aumento de despesas decorrente desse acontecimento. De acordo com sua pesquisa, embora a estrutura tributária anteriormente delineada se mantivesse inalterada, foram somados novos impostos, como a meia siza.

O próprio trecho do alvará que instituiu a meia siza evidencia que a vinda da família real para as terras brasileiras em 1808 foi uma das justificativas para a instituição do novo imposto:

> Eu o Principe Recente faço saber aos que o presente Alvará com força de lei virem: que sendo necessario, e forçoso estabelecer novos impostos, para nas urgentes circunstancias, em que se acha o Estudo, poder supprir-se as despezas publicas, que se tem augmentado; não podendo bastar os rendimentos, que haviam, e que eram appropriadaos a outros tempos, e a mais moderadas precisões (Brasil, 1809).

O imposto Meia Siza e a financeirização do corpo negro

Em primeiro plano, é importante destacar que os anos correspondentes à Colônia e ao Império foram marcados pelo tráfico de negros escravizados. E, nesse contexto, o negro, elemento de comercialização, reduzido à condição de objeto e integrante da composição econômica do Brasil, era tributado. Desse modo, a financeirização do corpo negro no Brasil em formação se fez presente de diversos modos, como explica Daniela Olímpio de Oliveira:

> Ao chegarem no Brasil, os escravizados eram vendidos, a princípio em troca de açúcar ou fumo, mercadorias essas enviadas a Portugal. A posterior, os contratadores passaram a exigir pagamento em moeda, especialmente no ciclo do ouro. E a contratação por pagamento a crédito também se tornou presente. Os mineiros, por exemplo, que não conseguissem pagar suas dívidas, muitas vezes tinham os seus escravizados penhorados por funcionários da coroa (2023, p. 6).

Para Oliveira, antes do empreendimento agrícola desenvolvido no Brasil, o corpo negro já era mercadoria, sendo objeto de financeirização, como aponta: "O negro era um bem, tributável, penhorável, usado como garantia de hipotecas" (Oliveira, 2023, p. 13).

De modo concomitante, de acordo com José de Souza Martins, a condição de escravizado era ditada pela dimensão jurídica de propriedade e coisa. Conforme o autor, a economia da colônia, marcada pela hegemonia do comércio, não se define apenas pela proeminência da circulação mas também pelo fato de que o próprio trabalhador escravizado era componente integrante do sistema, como mercadoria. Dessa maneira, o escravizado, "antes de ser produtor direto, ele tem que ser objeto de comércio" (Martins, 2010. p. 32). Assim, deveria gerar lucro, antes mesmo de produzir mercadoria.

Para o autor:

> Já que a sujeição da produção ao comércio impunha a extração do lucro antes que o trabalhador começasse a produzir, representando, pois, um adiantamento de capital ao traficante, ele não entrava no processo de trabalho como vendedor da mercadoria força de trabalho, e sim diretamente como mercadoria; mas não entrava também como capital, no sentido estrito, como meio econômico para movimentar a produção, e sim como equivalente de capital, como renda capitalizada, como tributo ao fornecedor de mão de obra (Martins, 2010. p. 32).

Nesse cenário, a Meia Siza tinha como objeto de tributação os chamados escravos ladinos, ou seja, os negros que já estavam inseridos na realidade brasileira, falantes da língua portuguesa e com habilidades domésticas. O imposto não incidia sobre a compra e venda de escravizados advindos do comércio internacional, recaindo, assim, sobre o comércio interno.

> II. Pagar-se-há também em todo este Estado do Brazil para a minha Real Fazenda meia siza, ou cinco por cento do preço das compras e vendas dos escravos ladinos, que se entenderão todos aquelles que não são havidos por compra feita aos negociantes de negros novos, e que entram pela primeira vez no paiz, transportados da Costa de Africa (Brasil, 1809).

De acordo com a já referenciada Camila Scacchetti, o imposto Meia Siza sobre a compra e venda de escravizados ladinos alcançou especificamente as províncias da Bahia, Espírito Santo, Rio de Janeiro, Ceará, Alagoas, Pernambuco, Paraíba, Rio Grande do Norte, Piauí, Maranhão, Pará, São Paulo, Santa Catarina, Rio Grande do Sul, Minas Gerais, Goiás e Mato Grosso. Sendo um imposto incidente sobre negros escravizados, possuía, conforme Scacchetti, quotização de 5% deduzidos da compra e venda dos escravizados.

É importante enfatizar que a Meia Siza, instituída pelo Alvará de 3 junho de 1809, não foi o primeiro ou único tributo a incidir sobre a escravidão no Brasil. Nesse sentido, Charles Boxer destaca que, durante o ciclo do ouro, todos os escravizados com mais de doze anos eram taxados, existindo, inclusive, a necessidade de pagamento da taxa de capitação sobre si mesmos: "Além disso, negros, mulatos e mestiços livres, que não tivessem escravos próprios, tinham que pagar taxa idêntica de capitação sôbre si mesmos" (Boxer, 1969, p. 217).

O dispositivo de racialidade na organização da existência do negro no Brasil

Em sua tese de doutorado intitulada *A construção do outro como não-ser como fundamento do ser*, a filósofa Sueli Carneiro produziu, a partir das contribuições de Michel Foucault a respeito do conceito de dispositivo, uma chave de leitura precisa para a compreensão do Brasil através da questão racial: o dispositivo de racialidade.

Assim, o dispositivo de racialidade seria o responsável pela estruturação das relações sociais no Brasil, o responsável pela produção do poder e das desigualdades. Através dele, a negritude e a branquitude estariam situadas em locais opostos de oportunidades e até mesmo da possibilidade de sobrevivência. De acordo com Carneiro: "o dispositivo de racialidade, ao demarcar a humanidade como sinônimo de brancura, irá redefinir as demais dimensões humanas e hierarquizá-las de acordo com a proximidade ou o distanciamento desse padrão" (Carneiro, 2023, p. 31-32).

Segundo o pensamento de Carneiro, pode-se verificar que o negro, forçosamente trazido ao Brasil, chega ao território distante da compreensão de sua dimensão humana. Chegam, assim, sem direitos e como um instrumento para a realização de trabalho.

Sob esse viés, Daniela Olímpio de Oliveira (2023) complementa que a escravidão trazia em si a necessidade de ser violenta para com o negro. Desse modo, a ausência de tratamento humano situa esse grupo no campo do não-ser, como destacado por Carneiro. Uma vez desumanizados, esses indivíduos eram vítimas das mais diversas crueldades, tendo a sua existência inviabilizada.

De modo concomitante, a respeito do processo de formação do Brasil, o abolicionista e intérprete do Brasil Joaquim Nabuco, em *O abolicionismo*, destacou a população negra como parte integrante e necessária para a constituição do Brasil. Nabuco atestou: "em segundo lugar, o que existe até hoje sobre o vasto território que se chama Brasil foi levantado ou cultivado por aquela raça; ela construiu o nosso país" (Nabuco, 2000. p. 10). Em consonância com o pensamento de Nabuco, Daniela Olímpio de Oliveira (2023) desenvolve que, sendo a escravidão a empresa da colonização, sustentou uma estrutura social em desenvolvimento, tendo sido também indispensável para o alcance de conquistas e enriquecimento europeu.

Através das lentes de análise discutidas anteriormente, pode-se compreender que a tributação do corpo negro funcionou como mais um elemento integrante do aparato da escravidão no Brasil, sendo também evidência do funcionamento do dispositivo de racialidade delineado por Sueli Carneiro. Isso porque o negro já chega ao Brasil como mercadoria, coisificado. Sendo assim, era um corpo sobre o qual recaía, com respaldo jurídico, normativo e institucional, todo tipo de violência.

O mesmo corpo, uma outra tributação: morte e pobreza continuam

Se antes, despido de humanidade, o negro foi escravizado e fisicamente tributado, na atualidade ainda estão presentes diversos instrumentos que inviabilizam a produção e reprodução da sua vida. Sob esse viés, a professora Ana Luíza Pinheiro Flauzina (2006) destaca em sua dissertação de mestrado *Corpo negro caído no chão: o sistema penal e o projeto genocida do estado brasileiro* a existência de instrumentos de aniquilação física e simbólica do corpo negro que atuam continuamente com o objetivo de extinguir esse parcela da população.

De acordo com a professora:

> Do ponto de vista da distribuição espacial, o segmento negro está, portanto, cercado por essa rede de desestruturação que a partir de um processo de desencorajamento pessoal somado às poucas alternativas sociais de reprodução da vida em sociedade e das investivas efetivas sobre sua corporalidade, tem a morte como seu principal fundamento (Flauzina, 2006, local. 10).

Ainda de acordo com Flauzina (2006), no que se refere à constituição da pobreza negra, tem-se que esta não pode ser explicada tendo como perspectiva única as próprias dinâmicas do capital. Segundo a professora, "para esse segmento a pobreza foi construída enquanto possibilidade e utilizada como Instrumento para a redução das condições de vida ao longo de todo o percurso histórico" (Flauzina, 2006, local. 102-103). Desse modo, pode-se verificar que a própria tributação também está inserida nas dinâmicas que intensificam a subalternidade social do negro, sendo mais um instrumento mobilizado para impossibilitação da manutenção da vida e de uma estrutura de desigualdade econômica entre negros e brancos.

A produção da pobreza em direção à população negra contribui para a chamada racialização da pobreza, contexto que permite que o negro esteja sempre aproximado das camadas sociais mais pobres. Como destaca Muniz Sodré, o negro é sempre associado a "uma espécie de símbolo ontológico das classes econômicas e politicamente subalternas" (Sodré, 1999, p. 10).

Do ponto de vista econômico, Mário Theodoro (2022), no livro *A sociedade desigual: racismo e branquitude na formação do Brasil*, destaca a centralidade da questão racial no desenvolvimento da sociedade brasileira. Para o autor, a dimensão da desigualdade no Brasil somente pode ser alcançada levando-se em conta o racismo. Segundo ele, as instituições ainda hoje atuam em função de determinado grupo social, e o racismo permite que tal direcionamento seja naturalizado, não causando comoção.

De modo concomitante, para Evilasio Salvador (2016) o aumento da carga tributária no Brasil não foi direcionado à redução das desigualdades. Estando fortemente concentrada em tributos regressivos e indiretos, o sistema rearranjou um cenário de exploração em que o negro continuou excluído socioeconomicamente. Dessa maneira, tem-se que a tributação foi um instrumento de concentração de renda para os mais ricos, agravando o ônus fiscal para os mais pobres e desonerando, muitas vezes, as classes mais ricas.

Assim, tem-se que o sistema tributário contribuiu para esse cenário de imobilidade social e intensa desigualdade no que se refere à população negra. Estando os negros na base do sistema, sendo os mais onerados, ao destacar que a carga tributária no Brasil é regressiva, o sistema funciona como um instrumento voltado para a concentração de renda, acirrando as desigualdades. Os dados revelados pela pesquisa de Salvador (2016) demonstram ainda que o sistema regressivo do Imposto de Renda, por exemplo, foi um forte contribuinte para a concentração de riqueza. A baixa progressividade do IR e a pouca tributação do patrimônio e riqueza são reflexo dessa configuração de um cenário de intensa injustiça fiscal.

Segundo Salvador (2016), os marcadores de gênero e raça se encontram no centro do tema da desigualdade, e, por esse motivo, devem irradiar o debate tributário. Desse modo, toda a discussão a respeito da reforma tributária no Brasil deve perpassar pelo racismo enquanto elemento naturalizador das desigualdades, como destacado por Mário Theodoro.

Assim, tem-se que, se o escravizado, entendido como produto, era tributável no Brasil colônia, contemporaneamente ainda são sobre esses corpos que recai o ônus da tributação.

Considerações finais

Em suma, pode-se compreender que o aparato institucional no que se refere à tributação teve em sua constituição uma razão de ser também voltada a atingir a população negra, possuindo, assim, uma forte base racista que remonta à própria colonização, sendo a meia siza reflexo dessa racionalidade tributária voltada para a exploração do negro.

Desse modo, verifica-se, que, se a exploração do corpo negro foi um elemento indispensável na colonização, através da sua tributação, ainda hoje, mesmo em cenário diverso, o personagem continua a ter inviabilizadas as diversas possibilidades de alteração de uma realidade de intensa desigualdade, na qual a tributação continua a ser fator contribuinte. Através da interpretação de Sueli Carneiro, pode-se compreender que o sistema tributário também é um componente do dispositivo de racialidade, operando de forma institucionalizada e reiterada na produção e reprodução da pobreza da população negra.

O caminho desenvolvido na pesquisa evidenciou que, sendo a escravidão um processo determinante na formação econômica do Brasil, o estudo das desigualdades sociais em tempo presente ainda deve ter o racismo como lente de análise, tendo em vista a sua atuação como naturalizador de um cenário de opressão que se reconfigura e continua a consolidar violências, irradiando, inclusive, a questão tributária e a necessária consolidação de uma realidade de justiça fiscal.

REFERÊNCIAS BIBLIOGRÁFICAS

BOXER, Charles. **A idade do ouro no Brasil.** São Paulo: Companhia Editorial Nacional, 1969.

BRASIL. **Alvará de 03 de junho de 1809.** Crêa o imposto do siza da compra e venda dos bens de raiz e meia siza dos escravos ladinos. Rio de Janeiro: Palácio do Rio de Janeiro, 3 jun. 1809. Disponível em: planalto.gov.br/ccivil_03/Atos/alv/1809/alv-3-6-1809.html#view. Acesso em: 5 maio 2024.

CARNEIRO, Aparecida Sueli. **A construção do outro como não-ser como fundamento do ser.** 2005. Tese (Doutorado em Educação) – Universidade de São Paulo, São Paulo, 2005.

CARNEIRO, Sueli. **Dispositivo de racialidade:** a construção do outro como não-ser como fundamento do ser. Rio de Janeiro: Zahar, 2023.

FERNANDES, Guilherme Vilela. **Tributação e escravidão:** o imposto de meia siza sobre o comércio de escravos da província de São Paulo (1809-1850). 2006. Monografia (Graduação em Ciências Econômicas) – Universidade Estadual de Campinas, Campinas, 2006.

FLAUZINA, Ana Luiza Pinheiro. **Corpo negro caído no chão:** o sistema penal e o projeto genocida do estado brasileiro. 2006. Dissertação (Mestrado em Direito) – Universidade de Brasília, Faculdade de Direito, Brasília, DF, 2006.

MARTINS, José de Souza. **O cativeiro da terra.** São Paulo: Contexto, 2010.

NABUCO, Joaquim. **O abolicionismo.** São Paulo: Publifolha, 2000.

THEODORO, Mário. **A sociedade desigual:** racismo e branquitude na formação do Brasil. Rio de Janeiro: Zahar, 2022.

SALVADOR, Evilasio. **Perfil da desigualdade e da injustiça tributária.** Brasília, DF: Inesc, 2016.

OLIVEIRA, Daniela Olímpio. Tributação e raça: Brasil histórico. In: SANTOS, Maria Angélica dos; BARROSO, Nuno (org.). **Tributação e desigualdades de género e raça:** diálogo Norte-Sul. Porto: Vida Económica Editorial, 2023. p. 105-132.

PRADO JÚNIOR, Caio. **Formação econômica do Brasil contemporâneo.** São Paulo: Brasiliense, 1961.

SCACCHETI, Camila. **"Dai a César o que é de César":** do dízimo ao ICMS – raízes da tributação sobre o consumo. 2019. Dissertação (Mestrado em História Econômica) – Universidade de São Paulo, São Paulo, 2019.

SODRÉ, Muniz. **Claros e escuros:** identidade, povo e mídia no Brasil. Petrópolis: Vozes, 1999.

PRECISAMOS FALAR SOBRE RAÇA NA HISTÓRIA DA TRIBUTAÇÃO BRASILEIRA

Maria Angélica dos Santos

Professora adjunta de Direito da Universidade Federal de Viçosa, campus Florestal (UFV – Florestal). Doutora em Direito pela UFMG. Mestre em Direito Público pela PUCMinas. Graduada em Direito pela UFMG. Autora do livro **Tributação e raça**: fabulações tributárias – uma imersão na teoria racial crítica do direito tributário. Belo Horizonte: Casa do Direito, 2023.

Introdução

> Até agora não pudemos saber se há ouro ou prata nela, ou outra coisa de metal, ou ferro; nem lha vimos. Contudo a terra em si é de muito bons ares frescos e temperados como os de Entre-Douro-e-Minho, porque neste tempo d'agora assim os achávamos como os de lá. Águas são muitas; infinitas. Em tal maneira é graciosa que, querendo-a aproveitar, dar-se-á nela tudo; por causa das águas que tem!
>
> *(Pero Vaz de Caminha, 1500).*

No trecho acima vê-se um dos últimos parágrafos da carta que o escrivão de Pedro Álvares Cabral, Pero Vaz de Caminha, escreve de Porto Seguro ao rei de Portugal, D. Manuel I, em primeiro de maio de 1500. Neste trecho da carta é possível ver sinalizada uma característica que futuramente definiria este pedaço de terra como uma colônia de exploração extrativista. Assim, já fazendo um mapeamento das potencialidades territoriais, Pero Vaz de Caminha indica que "querendo-a aproveitar, dar-se-á nela tudo". Esse relato contribui para a percepção da metrópole acerca das possibilidades exploratórias do novo território encontrado.

Entre 1500 e 1530, a exploração da Terra de Santa Cruz, futuro Brasil, se continha à extração de pau-brasil, sobre a qual já incidiam tributos comumente cobrados por Portugal em suas colônias já desenvolvidas (Amed; Negreiros, 2000). A construção da estrutura fiscal portuguesa antecede em muito à chegada das caravelas no que virá a ser o Brasil. A experiência tributária portuguesa já se consolidava a partir da exploração de outras colônias e da percepção de que a expansão marítima permitia a estruturação de diversas formas de lucro, para além da própria exploração colonial em si. Para que o desenvolvimento da triangularização do Atlântico (Gilroy, 2012) acontecesse a contento, era necessária a articulação de uma máquina comercial que se valia da escravidão como um elemento fundamental da plantation a ser desenvolvida nas colônias americanas. Embora a exploração da mão de obra indígena, povo que foi inicialmente chamado de *negros da terra*, uma expressão que já evidencia a percepção de mundo dos portugueses (Santos, 2022), tenha prevalecido durante os primeiros anos da chegada dos portugueses, pouco a pouco se introduziu uma outra mão de obra, profundamente lucrativa e que se inseria adequadamente nos propósitos da metrópole.

Ynaê Lopes dos Santos relata que os portugueses já praticavam a escravização dos negros da Guiné por meio do tráfico transatlântico desde meados do século XV, sendo esta mão de obra empregada até mesmo em cidades portuguesas importantes como Lisboa (Santos, 2022). O desenvolvimento do escravismo nas Américas permitiu a triangularização do Atlântico (Gilroy, 2012), com os portugueses saindo da Europa, indo até a África e sequestrando corpos negros, depois os conduzindo para as Américas para trabalharem em sistema de escravidão. O produto dessa dinâmica era direcionado para abastecimento da Europa, formando um triângulo perfeito.

Portanto, a experiência colonial delineia fortemente os contornos da tributação no período pré-colonial. Portugal já havia iniciado o processo de desenvolvimento econômico exploratório de outros territórios em Cabo Verde e Açores, aplicando a mesma metodologia fiscal no território recém-encontrado e que viria a se tornar o Brasil (Amed; Negreiros, 2000).

Até este momento, o interesse da Metrópole na nova colônia era pequeno e a exploração de pau-brasil, bem como a tributação advinda dessa prática, já satisfazia os anseios portugueses, cujos olhares se direcionavam com mais atenção para outras colônias. A partir de 1530, entretanto, o processo de colonização ganha mais vigor. Inicia-se o Ciclo da Cana-de-Açúcar.

A história da tributação no Brasil não existiria sem a escravidão

A história da tributação no Brasil se consolida com o ciclo da cana-de-açúcar. Essa atividade se estende de 1530 até por volta de 1700 e estabelece o cenário econômico mais denso e mais bem estruturado do período colonial. Para o estabelecimento dessa atividade econômica, Portugal não precisava inovar, era só implementar o mesmo modelo de exploração já aplicado em outras colônias e aprimorá-lo com base na experiência de outras metrópoles que já desenvolviam com excelência essa cultura nas Américas. A exploração de açúcar na Ilha da Madeira, nas Canárias e no Caribe, explica Robin Blackburn, ofertou a Portugal a experiência necessária para aplicar uma metodologia profundamente rentável no Brasil. Considera-se que muitos escravizados africanos inicialmente enviados para as ilhas atlânticas tenham sido remanejados para o Brasil num sistema de crédito ou como investimento realizado por traficantes (Blackburn, 2003).

Robin Blackburn conta que, desde os primeiros dias do desenvolvimento açucareiro no Brasil, todos que construíam um novo engenho ficavam isentos do dízimo por um período de dez anos, e podiam comprar até 120 escravos pagando taxas reduzidas. As ordens religiosas e os cavaleiros da Ordem de Cristo gozavam de mais isenções ainda (Blackburn, 2003).

O sistema tributário da metrópole se ajusta às necessidades de instauração da nova atividade colonial, a qual se tornaria a principal fonte de exploração econômica pelo menos por dois séculos seguidos.

No que tange ao sucesso desta empreitada açucareira, Ynaê Lopes dos Santos explica que:

> Do ponto de vista econômico, a colonização da América se tornou uma empreitada interessante e lucrativa para a Coroa portuguesa graças ao açúcar e ao universo criado em torno dele. Cultivado em engenhos localizados nas capitanias da região Nordeste, o açúcar criou uma dinâmica econômica que mais tarde seria implementada em outras colônias americanas (de forma muito mais eficiente e lucrativa): a produção em larga escala de um único gênero tropical, cultivado com a mão de obra dos africanos escravizados e de seus descendentes (Santos, 2022, p. 41).

A metodologia aplicada na produção da cana-de-açúcar era a plantation, que consistia na articulação de alguns elementos essenciais: os latifúndios, a monocultura e a mão de obra escravizada. Os latifúndios eram grandes extensões de terra em que se estruturavam os engenhos de cana-de-açúcar, pertencentes aos senhores que se instalavam na sede do engenho, chamada de casa-grande. A monocultura concernia ao plantio de um mesmo produto em larga escala, até a exaustão do solo. Por fim, a mão de obra utilizada era escravizada. Num primeiro momento houve exploração mista dessa mão de obra, com indígenas e africanos sendo escravizados; depois passou a predominar a exploração da mão de obra africana[123], e aqui está um ponto fundamental, porque a utilização dessa mão de obra, articulada pela triangulari-

---

123 Ynaê Lopes dos Santos explica que esta nova configuração introduzida pelo modelo clássico de produção açucareira não significou o fim da escravização indígena. Portugal atuava em várias frentes em sua empreitada de colonização, com uma diversidade de produtos cultivados e com um intuito que vai aflorar posteriormente, que é o de explorar ainda mais o território, o que ocorrerá com as ações dos bandeirantes, que conduzirão à descoberta de outro produto na região de Minas (Santos, 2022). Este levará ao Ciclo do Ouro, também profundamente marcado por uma tributação agressiva, tema a ser tratado por mim em outro texto.

zação do Atlântico (Gilroy, 2012), permitia ganhos com o comércio de escravizados. O comércio de escravizados africanos significava uma fonte tributária interessante para a metrópole, o que incentivou a utilização dessa mão de obra de modo cada vez mais intensificado.

A escravidão africana, como um dos pilares fundamentais para a estruturação da plantation, metodologia implementada no lucrativo Ciclo da Cana-de-Açúcar, foi imprescindível para a articulação do sucesso dessa atividade econômica no Brasil, estabelecendo as raízes coloniais da riqueza portuguesa através do comércio escravagista e também do comércio do produto dessa exploração racial, que era a cana-de-açúcar. A metrópole lucrava por meio de tributação intensificada do comércio de escravizados, sem os quais o Ciclo da Cana-de-Açúcar não teria prosperado como prosperou. Pode-se constatar, portanto, que a história da tributação no Brasil não existiria sem a escravidão. Esta foi um elemento fundamental, um pilar incontornável da estruturação do sistema tributário nacional.

Ynaê Lopes dos Santos, ao refletir sobre a escravização de africanos na América portuguesa, diz que "não é a escravidão que explica o tráfico, mas o tráfico transatlântico que explica a escravidão" (Santos, 2022, p. 45). Observando esta temática a partir de uma perspectiva tributária e considerando que é o lucro da tributação do comércio de escravizados africanos que impulsiona o tráfico, pode-se constatar que é a tributação que explica o tráfico, e este, por sua vez, explica a escravidão.

Tributação no Brasil: raça entra, branco ganha – invisibilidade orçamentária da questão racial

A escravidão africana se estabelece a partir da hierarquização de corpos baseada no critério da raça. A raça passa a ser um elemento distinto importante entre corpos, categorizando-os e posicionando-os em diferentes graus na sociedade moderna emergente.

A raça é uma criação da modernidade, fundamental para a triangularização do Atlântico (Gilroy, 2012) e elemento basilar do bem-sucedido Ciclo da Cana-de-Açúcar no Brasil. Neste momento, com a entrada da raça justificando a legitimidade da exploração desses corpos selvagens, coisas largadas à própria sorte esperando salvação, os brancos europeus, dominadores e exploradores, poderiam ganhar através do comércio escravagista, do comércio canavieiro e da exploração exaustiva do solo brasileiro. Ao mesmo tempo que esse fenômeno se concretiza, estabelece-se uma ideologia que invisibiliza a questão racial na esfera tributária, fazendo parecer que a exploração mercantil da escravidão africana não foi um elemento tão decisivo assim para a instauração do sistema tributário nacional. Na verdade, o comércio de escravizados africanos é a atividade de maior sustentação fiscal da metrópole durante o Ciclo da Cana-de-Açúcar.

Sobre a produção da cana-de-açúcar, a partir da exploração da mão de obra escravizada, incidiam impostos diretos e indiretos. Neste processo de colonização, Portugal precisou criar uma estrutura administrativa no Brasil. A administração pública estabelecida demandou gastos e onerou-se com o sustento de funcionários administrativos. Essas bases administrativas demandavam também investimentos em complexos administrativos e nas cidades em que se localizavam. Essa estrutura demandou investimentos por parte da Coroa, que arrecadava esse recurso através da tributação (Amed; Negreiros, 2000).

Além disso, para reprimir invasões e tentativas de tomadas de territórios, por espanhóis, ingleses, holandeses e franceses, Portugal também passou a cobrar novas e variadas taxas, sob o pretexto de organizar forças militares para combater invasões. Essa tributação se justificava, portanto, pelo sucesso da exploração canavieira, através da metodologia da plantation, em que um dos pilares era a escravidão. Vê-se, assim, que a tributação incidindo diretamente sobre o comércio de escravizados africanos, ou a tributação derivada da implementação de uma máquina administrativa brasileira e da estruturação de cidades, se justifica pelo sucesso do Ciclo da Cana-de-Açúcar. Considerando que esse ciclo só se estabelece através da exploração da mão de obra escravizada africana, a raça pode ser considerada o motor da tributação no Brasil colônia. Ela estabelece as bases da tributação no país, mas quase ninguém faz essa correlação quando pensa em tributação. Há uma invisibilização orçamentária da questão racial no país desde o período colonial e isto não ocorre por descaso ou desconhecimento, mas sim por conveniência.

A invisibilidade orçamentária da questão racial no período colonial pode ser vista como uma estratégia de desvalorização da mão de obra fundamental para a conquista de benefícios econômicos e fiscais incalculáveis para Portugal. A raça, ao mesmo tempo que é um pilar importantíssimo para a modernidade, é também o elemento estabelecido pelo sistema de dominação mais perverso que já existiu, o racismo (Santos, 2022). Veja que o racismo, ou seja, o sistema de hierarquização e dominação de corpos estabelecido a partir da raça, justifica a tributação que abarrota os cofres da metrópole através do comércio de escravizados africanos, corpos pretos sequestrados de África para serem comercializados nas Américas e consolidar o sistema tributário nacional (ainda em bases metropolitanas, neste momento) imposto na *plantation*.

Tributação no Brasil: raça sai, branco perde

O Ciclo da Cana-de-Açúcar é um período incontornável para se compreender o estabelecimento das bases do sistema tributário nacional, com sua exploração sistemática da raça através de uma dinâmica racista que justificava que brancos pudessem atravessar o Atlântico, sequestrar negros africanos, comercializá-los como peças, explorar sua força de trabalho de modo compulsório e com requintes de crueldade. Sem o elemento racial, a *plantation* não se sustentaria e isto impactaria o sucesso da estratégia de enriquecimento português mediante a exploração colonial.

Analisando os números crescentes de africanos escravizados e traficados durante o Ciclo da Cana-de-Açúcar e percebendo como este cenário só se agrava no século XVIII, Ynaê Lopes dos Santos conclui que "o tráfico transatlântico de africanos escravizados pode ser compreendido como o grande ciclo econômico que atravessou todo o período colonial" (Santos, 2022, p. 46). O ciclo da escravidão, portanto, marca a história colonial brasileira e edifica, tijolo por tijolo, a estrutura do sistema tributário brasileiro. De fato não há como separar raça de tributação ao pensar na história do sistema tributário nacional. Para além do período colonial, há um outro grande ciclo econômico que atravessa a história deste país, o ciclo da tributação, profundamente marcado por desigualdades perpetuadas pelos grupos dominantes, herdeiros de uma colonialidade constrangedora e perversa.

O período colonial se estabelece com base em uma lógica racista que contamina as raízes do sistema tributário nacional, tudo que frutifica a partir daí segue maculado pela questão racial, invisibilizada mas não exterminada da equação. Durante o Ciclo da Cana-de-Açúcar, a raça é elemento crucial, sem o qual europeus perderiam economicamente, perderiam arrecadação fiscal, perderiam influência comercial. Neste momento da história do Brasil, se a raça sai, o branco perde, política e economicamente.

Conclusão

Nas breves considerações expostas é evidente e inquestionável a relação intrínseca que existe entre tributação e raça na construção do sistema tributário nacional desde o período colonial.

No período pré-colonial, a mão de obra predominante é a indígena e a exploração de recursos se dá sobretudo através do comércio de pau-brasil. Neste período é possível detectar a aplicação de tributação na colônia a partir das normas portuguesas determinadas para todas as suas colônias. Entretanto, é no período colonial, com a instalação do Ciclo da Cana-de-Açúcar, que um sistema tributário mais articulado e desenvolvido começa a ser implementado no país. Toda a dinâmica estabelecida neste momento se justifica pela aplicação da metodologia da plantation, que tem como um de seus pilares a escravidão. Embora tenha se iniciado com a escravização de povos indígenas, é a partir da percepção da lucratividade do comércio de escravizados africanos que se detecta uma alavancagem da exploração canavieira. Com o Ciclo da Cana-de-Açúcar justifica-se uma triangularização do Atlântico (Gilroy, 2012), que tem no racismo seu elemento propulsor. O racismo se utiliza da raça para criar categorias de corpos exploráveis e não exploráveis, coisificando uns e humanizando outros. Nesta equação, negros africanos escravizados são comercializados como peças, levados para os engenhos e aglomerados nas senzalas para produzirem a cana-de-açúcar em todas as suas etapas até a comercialização final. Todo esse processo implica em tributação, desde o comércio de escravizados africanos até a produção da cana, a estruturação da máquina administrativa que fiscalizará essa produção, a formação de cidades ao redor dos engenhos. O Ciclo da Cana-de-Açúcar dependeu da racialização de corpos; dependeu, no seu auge, da escravização de negros africanos. O Ciclo da Cana-de-Açúcar fomentou e desenvolveu as bases primeiras do sistema tributário nacional. Daí se pode constatar que o sistema tributário nacional se enraíza no período colonial a partir da escravidão.

REFERÊNCIAS BIBLIOGRÁFICAS

AMED, Fernando José; NEGREIROS, Plínio José Labriola de Campos. **História dos tributos no Brasil.** São Paulo: Edições Sinafresp: Nobel, 2000.

BLACKBURN, Robin. **A construção do escravismo no Novo Mundo:** do Barroco ao moderno 1492-1800. Tradução: Maria Beatriz de Medina. Rio de Janeiro: Record, 2003.

CAMINHA, Pero Vaz. **Carta, de Pero Vaz de Caminha.** Destinatário: Carta a El Rei D. Manuel, Dominus. Porto Seguro, 1º maio 1500. 1 carta. Disponível em: http://portal.iphan.gov.br/uploads/ckfinder/arquivos/Carta%20de%20Pero%20Vaz%20de%20Caminha%201500.pdf. Acesso em: 22 set. 2024.

COSTA, Sérgio. **Dois Atlânticos:** teoria social, anti-racismo, cosmopolitismo. Belo Horizonte: Editora UFMG, 2006.

GILROY, Paul. **O Atlântico Negro.** São Paulo: Editora 34; Rio de Janeiro: Universidade Candido Mendes, 2012.

MATTOSO, Kátia de Queirós. **Ser escravo no Brasil.** São Paulo: Brasiliense, 2001.

SANTOS, Maria Angélica dos. **Tributação e raça:** fabulações tributárias – uma imersão na teoria racial crítica do direito tributário. Belo Horizonte: Casa do Direito, 2023.

SANTOS, Ynaê Lopes dos. **Racismo brasileiro:** uma história da formação do país. São Paulo: Todavia, 2022.

TRIBUTOS E ETNIA: DÊ AO NEGRO O QUE É DO NEGRO

Osvaldo José da Silva

Pós-doutorando e doutor em Ciências Sociais pela Pontifícia Universidade Católica de São Paulo (PUC-SP). Bolsa Capes/Brasil. Mestre em Ciências Sociais pela Universidade Estadual Paulista em Araraquara (Unesp-FCL-Ar). Bacharel em Economia pela PUC-SP. Licenciado em Filosofia pela Unifai. Pós-graduado em Ciência Política pela Fundação Escola de Sociologia e Política de São Paulo (FESPSP). Membro fundador do Centro Atabaque de Cultura Negra e Ciências, instituição que trabalha junto aos movimentos sociais. Atua nos Grupos de pesquisa Relações Raciais: Memória, Identidade e Imaginário PUC/SP e Grupo de Trabalho do Nupe-FCL-Araraquara-Cladin-Lead – Unesp. Professor com vasta experiência nos cursos de graduação e pós-graduação.

Introdução

> Se podes olhar, vê. Se podes ver, repara.
>
> *(José Saramago)*

> "Dize-nos, então, o que pensas:
> É lícito ou não é, pagar imposto a César?"
> Jesus percebeu a maldade deles, e disse: Hipócritas.
> Mostrem-me a moeda do imposto.
> E Jesus perguntou: "De quem é a figura e inscrição nesta moeda?"
> Eles responderam: "É de César". Então Jesus disse:
> "Pois devolvam a César o que é de César, e a Deus o que é de Deus."
>
> *(BÍBLIA [...], 1991, p. 1269)*

O paradoxo da acumulação do capital é ideologicamente racista, sobretudo quanto aos mecanismos de exploração da mais-valia e à sua acumulação na figura do Estado moderno como gestor da burguesia como classe dominante. A acumulação do capital, por parte do Estado moderno, ocorre fundamentalmente na cobrança de tributos como mecanismos de exercício de poder classista e racista.

A estrutura de tributação étnica com relação às comunidades negras, e aos negros e negras, representa a naturalização da norma como mecanismo de violência classista de exploração. A tributação não é neutra, é estruturante para proteger os poderes e os bens da elite econômica, cenários nos quais os tributos são estabelecidos como figura política de dominação. O tributo, via de regra, aparece antes dos sistemas tributários complexos e de acordo com as fases de desenvolvimento da estrutura burocrática estatal, como mecanismo de alienação de classe, gênero e raça.

A tributação é estruturalmente racista e reproduz a estrutura (neo) imperialista e (neo) colonial das classes dominantes capitalistas globais modernas contra a classe operária. Tributação e etnia concernem à estrutura da tributação, visto que o processo de acumulação do capital e exploração da mais-valia recai especialmente sobre os negros, a classe operária e os empobrecidos na sua grande maioria.

A escolha do uso da categoria etnia negra, no lugar da categoria "raça negra", se deve ao fato de que o termo raça na era moderna não é mais representativo da condição humana. A humanidade é uma das espécies de vida presentes no planeta Terra, que se compõe também de outras espécies. Nesse sentido, adotamos a tese de que a pluralidade humana é a "lei" da Terra e que, ao superar a ideologia da raça e do racismo pela categoria de espécie humana, seguimos a distinção na qual a racionalidade humana é o caráter autoevidente mais relevante entre as espécies animais.

Por sua vez, atribui-se à espécie humana uma imensa responsabilidade pela sua organização enquanto sociedades e vidas a serem preservadas. Dessa forma, considera-se que não há raça na espécie homo sapiens sapiens. As diferenças fenotípicas constituintes se alteram no tempo e no espaço da história da humanidade, visto que também as diferenças culturais e a cultura são construções mutantes como as próprias sociedades.

A luta contra a ideologia das raças, do racismo e do preconceito racial vigente na contemporaneidade faz com que o negro, por si só, se torne autoevidente enquanto grupo étnico explorado, o que justifica ações antirracistas nas esferas pública e privada.

O negro possui a diferença pelo fenótipo da cor da pele, entretanto é universal humanamente enquanto ser partícipe da espécie humana. O diferente e o universal não são contraditórios, são complementares no sentido da pluralidade do mundo dos homens e das demais espécies que compõem o planeta, o que, por sua vez, torna a fixação na raça uma provocação histórica do pacto da branquitude imperialista, colonialista e capitalista para manutenção do poder, dos bens e da riqueza explorada pelo branco oligárquico burguês.

Por outro lado, a tradição científica desenvolvida na área jurídico-contábil na modernidade introduz o fundamento do "fato gerador", que representa um fato ou conjunto de fatos a que o legislador vincula o nascimento da obrigação jurídica de pagar um tributo determinado – diferentemente dos primórdios da organização dos grupos sociais que introduzem o tributo como mecanismo burocrático ideológico de poder, dominação e controle, ideologia hoje subjacente à tributação. A tributação étnica perpassa ao longo da história como estrutura da base da formação da riqueza para determinados grupos de poder em diferentes fases da história humana.

Essa ideologia será aperfeiçoada na modernidade como suporte aos países colonialistas e imperialistas do centro europeu, como força de invasão, escravização, dominação e controle dos povos negros do continente africano. O tráfico negreiro para as Américas desencadeou genocídios e formas de desumanização e objetificação das pessoas negras no sistema econômico, apoiado pelas estruturas estatais racistas, configurando a tributação de pessoas da própria espécie humana, como se fossem coisas, conforme observou Oliveira (2023).

> Pagar tributo sobre si mesmo! Não era sobre a propriedade, não era sobre uma expressão econômica, como a tributação se justifica na modernidade. Tributo sobre raça, não mais como propriedade, como chaga de saber-se negro. Esse fato foi apagado. Em que momento a norma reviu esse fato? Em que momento a sociedade tributária reparou esse fato? Um fato a ser corrigido precisa ser dito. A norma tributária ainda hoje não fez sua reparação. A tributação sobre o negro está diretamente relacionada à opressão. A modernidade diz que todo tributo deriva de uma expressão econômica. Essa também é a lógica do princípio de justiça da capacidade contributiva – só paga se existir capacidade, portanto base eco-

> nômica. A tributação sobre a raça, ou sobre si mesmo, como vista, tem a ver com opressão, com violência e coisificação do negro, independentemente de escravo ou liberto (Oliveira, 2023, p. 23).

A sociedade brasileira contemporânea é herdeira da matriz colonial do poder português, configurado no trabalho braçal estigmatizado dos negros escravizados, ou libertos – assim também como funções instintivas de cachorros. A fuga de escravizados constituía prejuízos para o escravocrata e também para a metrópole colonialista, que deixava de arrecadar tributos para os cofres da Coroa portuguesa.

A própria presença do negro já era um tributo sobre a sua própria pessoa, tendo em vista que a escravização sustentava a Coroa portuguesa, pelo fato de existir como um produto com o qual o escravagista teria que arcar com os custos, por ser tratado como mercadoria.

Metodologia para compreender tributos e etnia

Os trabalhos dedicados à reflexão sobre tributos e etnia constituem verdadeiros marcadores frente ao debate racial no Brasil. E, quando aportamos debate racial, é fato que o paradoxo fundamental é o preconceito racial estrutural contra os negros. De fato, o conhecimento científico, com suas lógicas sistêmicas, encerra estruturas que definem uma determinada conjuntura.

Os tributos são imputados a todo um grupo social, a princípio não faz distinção entre pessoas ou etnias. Entretanto, desde o Estado moderno, tributos são utilizados como mecanismos do aparelho ideológico para a concentração de renda de uma pequena parcela da população, essa que ocupa a gestão burocrática pública, dominando e perpetuando a miséria e a pobreza.

Ou seja, a classe dominante na esfera privada ocupa a esfera pública na defesa de seus interesses privados, para a acumulação rentista do capital. Nascimento (2020) introduz a questão da seguinte maneira:

> Temos os aspectos da raça e da fiscalidade presentes na constituição da sociedade brasileira. Assim, caso o sistema tributário não atente aos efeitos sociais da raça no Brasil, sua elaboração beneficia as dominações baseadas na raça, se sua constituição se atenta somente aos critérios econômicos, e por isso, mantêm-se neutro em relação à raça sua atuação é de correio de transmissão de privilégios. Assim, temos a inquietação central deste trabalho: como o racismo estrutural se faz presente no sistema tributário brasileiro? Para responder a estes questionamentos empreenderemos a tentativa de identificar como raça e fiscalidade tangenciam as interações sociais da subjetividade do sujeito de direitos humanos no Brasil. [...] O racismo, portanto, é fruto de um processo histórico e político, funciona tanto como ideologia quanto uma prática de naturalização da desigualdade. Os mecanismos por quais o racismo opera está diretamente ligado à constituição da sociedade moderna. Numa outra perspectiva, a fiscalidade se mostrou um conceito amplo sobre o fenômeno da modernidade, não apenas como conflito distributivo, mas também, como produtora de desigualdades ou ferramenta de perpetuação de outras já existentes (Nascimento, 2020, p. 9-10).

O problema estabelecido sob o prisma de Nascimento (2020), com o qual concordo, é o de que a tributação não é neutra. Apesar de seu aspecto ideológico de neutralidade, o tributo reflete não somente a taxação para a manutenção da estrutura do bem comum social. Essa aparente positividade esconde a acumulação rentista do capital sob a forma ideológica de contribuição segundo a renda individual ou das organizações produtivas e de serviços em uma sociedade capitalista.

Nessa estrutura de arrecadação tributária, o grupo étnico negro, bem como o dos pobres e da classe operária, tem na taxação de sua renda uma desarrazoada transferência de renda. O negro está na composição desse complexo sistema arrecadatório como um subcidadão torturado pela esperança ao acreditar. A naturalização da tributação é um dos mecanismos mais sutis do modo de produção capitalista na modernidade em deixar o negro cada vez mais dominado e à margem do sistema social.

Segundo Nascimento (2020), existe no conceito de Estado tributário racial um marcador dos privilégios do pacto da branquitude na consolidação do Estado moderno, sobretudo no Brasil.

O problema e a hipótese elencados por Nascimento (2020) abalam as estruturas de crenças e mitos relatados pela tradição na Sociologia Política do Estado burocratizado como mecanismo de organização das sociedades, como arrecadador imparcial de tributos em nome do bem comum. Exatamente pelo fato de a tributação estruturada ser racializada, como promotora da pobreza e da miséria, sobretudo como forma de controle e dominação.

O título "Tributos e etnia: dê ao negro o que o que é do negro" insere ampla justificativa no debate racial acerca das bibliografias relacionadas à questão da exploração da comunidade étnica negra, por diferentes mecanismos para a geração da mais-valia para o capital. Autoras e autores relacionados à negritude que pesquisam o tema vislumbram movimentos do pensar, da linguagem e da ideologia. Por meio dos "cacos da história", constitui-se o tributo como mecanismo de dominação, expropriação, controle e poder de grupos dominantes contra as massas dominadas pela crença natural em um Estado, não provido de um contrato social ou de um pacto social entre os habitantes-cidadãos.

Tributos e etnia: dê ao negro o que é do negro

A forma social do tributo obedece à lógica de poder e dominação entre as classes sociais. Para além dessa composição, o que o sistema tributário não mostra é a racialidade do tributo. A renda auferida por uma pessoa negra, quando consegue esse ato de sobrevivência, é tributada por uma complexidade de usos, costumes e ferramentas de organização do Estado e pelo mercado. Desse modo, o negro não acumula bens, rendas ou outras fontes de riqueza exatamente porque o modo de produção capitalista vigente atua para zerar, ou negativar, qualquer possibilidade de formação patrimonial por uma pessoa negra.

Nesse círculo vicioso e histórico, há a perpetuação da pessoa negra como componente do grupo étnico negro que nunca poderá participar em condições de equidade social e igualdade política do jogo jogado pelo capital, controlado pelo Estado tributário racial eminentemente branco, conforme Bento (2022), fundado no pacto da branquitude.

As tradições e os mitos religiosos dos povos ao longo da história ensejam relações de dominação pelo mecanismo do tributo. A segunda epígrafe colocada no início deste trabalho tem a função provocativa de ser analisada a contrapelo da história. O contexto da dominação do Império Romano contra o povo judeu na Palestina representa o antes e o depois do uso ideológico de acumulação de riquezas por parte dos grupos religiosos em conluio com os "estados".

A religião e seus mitos se fundamentam na experiência da projeção dos constructos culturais dos povos e comunidades no seu tempo e espaço histórico. Nesse sentido, identifica-se o racismo étnico da parte dominante de uma comunidade, em contraposição a pessoas diferentes dos grupos dominados, endógenos e/ou exógenos.

Lida a contrapelo, para o contexto da modernidade, a epígrafe demonstra que, mesmo possuindo o direito de receber os benefícios da tributação, os negros e as comunidades negras, nunca, e em todas as formas de negócios humanos, receberam qualquer tipo de justa distribuição beneficiária dos tributos estabelecidos. Mais ainda, sua própria presença já era configurada como um próprio tributo a ser restituído para os grupos dominantes e exploradores brancos dos mercados transacionais ao longo do tempo.

Por outro lado, a questão religiosa aparece como um mecanismo de alienação, manipulação, dominação e exercício de poder sobre as massas que possui no dado da fé uma não institucionalização secular de suas crenças, em função das suas próprias condições culturais e sociais que pautam as suas vidas cotidianas, para além das religiões institucionalizadas na figura do mercado da fé. Dinheiro é um mecanismo econômico de meios de pagamento criado pelos homens, que em nada deve ter ligação com as crenças mitológicas divinas populares segundo a tradição nesse campo.

Dar ao negro o que é do negro significa não privar o grupo étnico negro, e negros e negras como pessoas humanas, do uso do dinheiro como forma comum de interação social dos sistemas métricos estabelecidos para facilitar a vida em grupo. Privar o negro do dinheiro e de riquezas e benefícios sociais a partir da tributação é uma forma política e econômica de racismo estrutural que só consolida a miséria e a pobreza destes.

As raízes históricas da exploração tributária do negro no Brasil têm origem quando o primeiro navio negreiro aportou nessa terra. O modelo escravocrata permanece mesmo na contemporaneidade, em termos ideológicos. Boxer (2000) pesquisou a idade de ouro do Brasil a partir da sociedade colonial e resgatou o sistema de formação de exploração escravocrata, que deixou como herança a estrutura de funcionamento da burocracia estatal da colônia à modernidade republicana.

> Os dízimos, conforme foram recolhidos no Brasil durante a primeira metade do século XVIII, eram reais, mistos, ou pessoais. Dízimos reais compreendiam a décima parte – ou o seu equivalente em ouro – dos produtos agrícolas, tais como mandioca, milho, arroz, açúcar, tabaco, vegetais e frutas. Incluíam, também, pelo menos teoricamente, a décima parte de outros produtos da terra, tal como madeira, fosse de crescimento espontâneo fosse cultivada. Dízimos mistos eram os recolhidos em gado e aves, colmeias, mel cera, queijo e materiais de construção, bem como sobre os produtos dos engenhos e destilarias de aguardente, fornos de pão, etc. Dízimos pessoais eram a décima parte do lucro líquido de qualquer cargo, comércio ou ofício. Esses não eram coletados pela Coroa, mas pagos diretamente ao clero, habitualmente na forma de conhecenças, por ocasião da Páscoa. O rei de Portugal recolhia dízimos coloniais em sua qualidade de governador da Ordem de Cristo, que era, em teoria, responsável pela manu-

> tenção das igrejas de Ultramar. Mas, a essa altura, tal privilégio se tornara, realmente, uma regalia da Coroa lusitana, e os dízimos eram chamados dízimos reais (Boxer, 2000, p. 210).

O sentimento de tortura da esperança do negro pela escravização elevou o desespero humano pela infâmia da opressão escravocrata. O negro como mercadoria era fonte de pagamentos de tributos e renda para os escravagistas. A fuga do negro para os quilombos seria prejuízo por certo para os seus torturadores. Uma das regras para punir os negros que fugiam, quando capturados, conforme Boxer (2000), era ter o tendão de Aquiles de um dos pés cortado, o que o impediria de correr, mas não de trabalhar. Avariar a "mercadoria" é um risco menor do que perdê-la por completo.

Tributos e etnia: fundamentos

Na defesa das lutas das comunidades negras na África e na afrodiáspora, não podemos considerar que exista um movimento contemporâneo de antirracismo liberal, porque não é só uma questão de cidadania ou de identidade cultural. A complexidade das formas históricas das lutas dos movimentos negros desde a escravização, o tráfico negreiro e o racismo contemporâneo apontam que o modelo liberal é racista por princípio pelo círculo sistêmico de acumulação capitalista. O modelo liberal também não contempla cidadania para todos de maneira plena, e nem, muito menos, reconhece as diferenças entre as culturas e os homens a partir dos seus espaços geopolíticos. Ser liberal é ser branco, racista, homofóbico, patriarcal, machista, atuar para concentração da renda e da riqueza produzida em comum e defender a consolidação do pacto da branquitude.

A igualdade jurídica na modernidade, quando não acompanhada de equidade social, nada representa, e em certos casos serve somente para amenizar e naturalizar o racismo pelas diferenças, reforçando as desigualdades.

A história das comunidades humanas ao longo de seus cursos históricos tem demonstrado que a usurpação da riqueza por um grupo social em detrimento de outros grupos sociais é tão antiga que se perde no tempo e no espaço em termos de lembrança de onde tudo começou. É notório o trabalho de Liverani (2023), ao apontar, com base em estudos arqueológicos, como os sistemas de acumulação de riquezas por meio de tributos atua nas vertentes burocráticas, operativas e ideológicas desde a Antiguidade.

> A formação protoestatal era um organismo baseado na diversidade, uma diversidade evidente e que deixava suas marcas na realidade. Portanto, era preciso introduzir motivações de caráter ideal para convencer os que sustentavam o peso maior de que as disparidades eram importantes para o desenvolvimento global, e que a exploração beneficiava os próprios explorados. Portanto, a organização protoestatal significa, ao mesmo tempo, a constituição de um núcleo dirigente que assuma o ônus das decisões e os benefícios de um tratamento privilegiado, e formação de uma ideologia político-religiosa que assegure estabilidade e coesão à pirâmide das disparidades. O núcleo dirigente deve operar em duas frentes, operativa e ideológica, que desembocam na constituição de uma burocracia e de um clero. A burocracia, constituída pelos escribas e articuladas em setores e hierarquias, cuida da gestão econômica da grande empresa que é a cidade-estado. Define, assegura e registra o fluxo dos excedentes das aldeias para a cidade, determina a redistribuição desses excedentes aos trabalhadores, administra as terras, instrui os especialistas, projeta e realiza as obras de infra-estrutura agrícola (canais) e urbana (templos, muralhas), realiza trocas comerciais com regiões distantes (Liverani, 2023, p. 129).

O contexto traçado por Liverani (2023) retrata o período do bronze inicial, que estrutura a revolução urbana na região da Baixa Mesopotâmia e cuja estrutura pauta os demais povos da região na organização da vida social, nas suas singularidades e nas suas realidades culturais constituídas.

Com o desenvolvimento das forças antagônicas internas e externas nas organizações instituídas, cada vez mais serão criados mecanismos protoestatais de controle ideológico e manipulação de diferentes grupos étnicos antes da era comum. Liverani (2023) acena para as estruturas burocráticas com as quais as comunidades instituídas deverão erigir por meio da tributação extensiva dos habitantes.

> A esfera do correto funcionamento do mundo, além de sua delimitação espacial, possui uma delimitação temporal. Antes dela, havia a desordem e depois dela – se não se tomar cuidado – o caos pode voltar. O mundo está atualmente ordenado porque os deuses (no que se refere aos elementos físicos básicos) ou os "heróis fundadores" (no que se refere às várias instituições civis) fundaram cada uma das partes que o constituem. O compromisso do rei é duplo: manter em funcionamento o que já existe (restaurando os templos que foram derrubados, assegurando a realização de festas, e assim por diante), e introduzir outros elementos "criativos" para, desta forma, ter a honra de apresentar-se como o primeiro a criar certa instituição, o primeiro a percorrer certo caminho, o primeiro a realizar certo tipo de trabalho ou edificar determinado templo, e assim por diante. O auge da função criadora/fundadora do rei é a construção de uma nova capital no centro do mundo, que atraia para si todo o universo e que receba de todo o universo contribuições de recursos humanos e materiais (Liverani, 2023, p. 678).

Em Liverani (2023), a estrutura de formação dos impérios na Antiguidade antes da era comum, como, por exemplo, o Império Assírio, aperfeiçoa a legitimidade do poder para manter a dominação a partir de conflitos, guerras, medo na configuração da sustentação da estrutura burocrática do Estado.

Na era comum, as estruturas antigas serão transformadas em um aparelho ideológico mais complexo e amplo que resultará na tipificação dos estados modernos.

Para Maquiavel (1973), ultrapassando os mitos antigos e a cosmovisão teológica, na era comum inaugura-se a análise do poder político e do Estado moderno forjado por meio de relações humanas, por pertencerem ao mundo concreto da fortuna e da virtude, como cordas que amarram as pessoas às situações reais do mundo da necessidade e da sobrevivência dos interesses dos grupos hegemônicos de dominação política. Assim, é preciso perceber o jogo de forças políticas para agir, conquistar e manter o poder. A ocasião oportuna, mesmo provida de violência, deve ser provocada na vida pública, de modo a ser útil para a comunidade.

Seja qual for a estrutura do Estado moderno ou as formas do regime político, todos eles necessitam de regimes de tributação para manter a reprodutibilidade do controle e do poder sobre as pessoas.

A questão difusa dos grupos étnicos, dentro ou fora das estruturas estatais específicas, raramente é trabalhada nos modelos clássicos da formação dos estados na modernidade, como também não foi singularizada na Antiguidade. A questão da operacionalidade e da ideologia mantém a questão étnica, no caso dos negros, na era comum moderna colocada em segundo plano.

A questão colocada pela tributação étnica se relaciona com políticas tributárias justas, inclusivas, antirracistas, feministas e sustentáveis. Racismo e Antropoceno são agendas que não podem ficar de fora do debate tributário. A patente desigualdade social, racial, de gênero e tributária intersecciona políticas tributárias. Oliveira (2023) considera que a raça, questão étnica, deve ser pauta contra as distorções e desigualdades tributárias, visto que a tributação não é neutra.

Na estrutura moderna, os regimes tributários reforçam as desigualdades e transferem renda com subterfúgios para a classe dominante, onerando pesadamente a classe operária. Não é somente questão técnica de progressividade ou regressividade, é questão ideológica de proteção dos bens das oligarquias burguesas dominantes.

Como aponta Schucman (2023), o racismo pode ser compreendido como uma forma de dominação baseada em uma doutrina que acredita que há uma raça superior, e, com base nessa doutrina, há uma política em que pessoas dessa raça têm privilégios e acessos ao poder econômico, político, jurídico, ou seja, à estrutura social. Para que se desenvolva o racismo contra uma etnia, contra os negros, por exemplo, é necessário que haja uma história de longa duração de dominação de um grupo sobre o outro, baseado em pessoas inferiores e pessoas superiores.

Quando os grupos dominantes de pessoas brancas transformaram os negros africanos escravizados e as comunidades indígenas em mercadorias, transacionaram seus corpos e sua força de trabalho, coisificaram, criminalizaram, subjugaram, classificaram, nomearam, mataram, fetichizaram, roubaram suas terras em nome da raça superior. O resultado é que na história não há registro de outros grupos étnicos classificados como brancos que tenham realizado tamanho holocausto contra o outro diferente do padrão eurocêntrico.

A aparente neutralidade da tributação é uma falácia que não se sustenta a olhos nus, é só ver e reparar onde moram os negros, como vivem os negros, qual é a renda dos negros e quais territórios estão determinados para o ir e vir dos negros. São cenários autoevidentes do racismo tributário que reforçam os mecanismos do racismo estrutural. Gonzalez (2021) apresenta o jogo da dissimulação tributária que obnubila o jogo de linguagens para a compreensão dos fatos.

> Nesse momento, poder-se-ia colocar a questão típica do economicismo: tanto branco quanto negros pobres sofrem os efeitos da exploração capitalista. Mas na verdade, a opressão racial faz-nos constatar que mesmo os brancos sem propriedade dos meios de produção são beneficiários do seu exercício. Claro está que, enquanto o capitalista branco se beneficia diretamente da exploração ou superexploração do negro, a maioria dos brancos recebe seus dividendos do racismo, a partir de sua vantagem competitiva no preenchimento das posições que, na estrutura de classes, implicam nas recompensas materiais e simbólicas mais desejadas. Isto significa, em outros termos, que, se pessoas possuidoras dos mesmos recursos (origem de classe e educação, por exemplo), excetuando sua afiliação racial, entram no campo da competição, o resultado desta última será desfavorável aos não-brancos (Gonzalez, 2021, p. 117).

No jogo de linguagens da tributação, Oliveira (2021) analisa o racismo na cena política e o capitalismo dependente. Nesse contexto, as desigualdades raciais e sociais são agudizadas a partir do capitalismo de plataforma, revolução industrial 4.0, ciberespaço e infovias, que dissimulam o controle e o poder de tributar a partir de consensos entre a própria classe burguesa para expandir o controle ideológico da mais-valia em toda parte do planeta.

Dessa forma, a ideologia das raças e do racismo criou a cultura política da hegemonia eurocêntrica branca, que se expande e não altera a subjugação do grupo étnico negro. Além da cor da pele, o fenótipo do negro insere a contraposição na qual a ideologia da exploração desencadeia formas de tributação que consolidam a dominação pela pobreza e a miséria provocada pelo modo de produção capitalista, inserida como cultura natural para a vida comum em sociedade.

> O capitalismo na atual fase de globalização das suas linhas produtivas não só radicaliza a impessoalidade do comando das forças produtivas como também desloca a presença destas classes para além do cenário nacional. Os proprietários das unidades produtivas do capital são acionistas, fundos de investimentos, frações do capital especulativo dispersos e espalhados ao redor do planeta. Com isto, a percepção da contradição de classe entre o proletário e o dono da empresa dos tempos de Marx se desloca para um olhar de contradição contra segmentos das classes reinantes. E isto é ainda mais fortalecido tendo em vista que as brutais desigualdades sociais se expressam justamente na condição distinta entre estas classes reinantes e o conjunto da população. Desta forma se constitui uma concepção de estratificação social que tem como centro não o controle dos meios de produção, mas a "riqueza" entre as classes reinantes e a população. Por exemplo, o ódio aos "políticos", à "classe média", entre outros. E tais classes reinantes tendem a agir corporativamente na defesa dos seus privilégios, principalmente em países nos quais nunca existiu experiências significativas de Estado de bem estar social (Oliveira, 2021, p. 446).

A luta contra o racismo consolidado contra a comunidade étnica negra no Brasil gera a intensificação do genocídio contra os negros e negras estruturado pela ideologia neoliberal no planeta globalizado, e tensionado entre o sul global em relação ao (neo) imperialismo eurocêntrico e norte-americano.

A ideologia das raças e o racismo se respaldam na tributação étnico-racial, de modo que a complexidade da estrutura tributária se apresenta na naturalização da gestão do Estado tributário racista como gestor da burguesia dominante. Qualquer tentativa de reparação ou inclusão social das massas populares na participação da renda nacional é tida como uma anomalia do sistema pelas oligarquias fiduciária e rentista.

As conquistas significativas dos movimentos negros organizados vão desde o quilombismo de resistência colonial, passando pela Frente Negra Brasileira, Movimento Negro Unificado, Grupo União e Consciência Negra, Movimentos Negros Religiosos, Acadêmicos-Científicos Negros, Fundação Palmares e Coalização Negra por Direitos. Esses movimentos foram forjados na resistência à exclusão social, econômica e política dos negros dentro da própria luta de classes antagônicas no mercado sistêmico mercantil, capitalista industrial e pós-industrial.

A desumanização e objetificação tributária do grupo étnico negro imbrica formas de resistência, mesmo quando a questão tributária não está sendo evidenciada mas é subjacente nas reinvindicações das agendas dos movimentos negros.

O Estado tributário racial, segundo Nascimento (2020), desenvolve mecanismos ocultos da burocracia tributária, os quais atuam discriminadamente e silenciosamente por meio dos impostos, mantêm uma hegemonia branca operando e considerando "natural" como a tributação está implicada na reprodução ou aprofundamento das desigualdades raciais. A compreensão das relações de tributação e raça requer analisar a construção e consolidação do Estado moderno, onde a tributação e a raça são processos que estariam operando de forma a manter a lógica estruturante da ideologia das raças e do racismo.

> Não foi só os proprietários de escravos que conseguiram limitar o poder de tributar do Estado e depois se beneficiar da estrutura do fisco. Os movimentos das pessoas ricas já no início do século XX se organizou contra o aumento do imposto de renda, na batalha contra a diminuição de sua incidência, nas garantias de um ambiente seguro para investir, apesar das intempéries ao longo da história, conseguiram emplacar sua agenda no interior do Estado, mesmo que o resultado tenha freado sua atuação mais incisiva e direta. Não se trata apenas de usar as lentes analíticas da nova sociologia fiscal para resgatar aspectos históricos e relacionar causa e efeito, tal abordagem quer compreender como o mecanismo da tributação foi moldado e suas implicações no cotidiano do conjunto da sociedade. Ao elaborar as ferramentas de cobrança de impostos, os mecanismos tributários não se limitam a exigir a troca de dinheiro do contribuinte para o Estado, como também constrói os alicerces da relação entre a estrutura pública e a vida privada dos indivíduos (Nascimento, 2020, p. 24).

Entendemos que o fato gerador não é apenas uma peça contábil. Para Nascimento (2020), as políticas orçamentárias expressas nos impostos e nas benesses fiscais, quando manipuladas pela classe dominante burguesa, na verdade são resultado de decisões políticas; não é uma variável interdependente, é uma variável interveniente que se acopla ao racismo preexistente. É nesse ponto que fiscalidade e raça se encontram para produzir a realidade de exclusão social vivenciada por negros e negras brasileiros.

Ao compreendermos os marcadores da tessitura social, conseguimos reparar de modo mais profundo nas relações sociais e no funcionamento do Estado, no qual o papel dos diferentes atores fornece ferramentas para enfrentar as iniquidades e crueldades étnico-raciais que são produzidas por esse processo. Ao chamar a atenção para o jogo de linguagens quanto aos aspectos de construção da tributação, é importante recorrer a Oliveira (2020), no sentido de desvelar e desmistificar pela palavra o fato gerador tributário.

Desocultar da linguagem ontológica a questão tributária da tecnologia jurídica é o desafio para as ciências sociais e humanas nas tensões étnicas raciais provocadas pelo ocultamento ideológico do imposto e da tributação. Oliveira (2020) propõe a operacionalização do desafio em termos de ações para a democratização do Estado fiscal e tributário, pela desconstrução da racionalização tributária instrumentalizada pela linguagem.

> Por entre a racionalidade de um sistema jurídico sintético da modernidade, o direito tributário abriga a técnica da arrecadação e das incidências sobre o que se concebeu tratar de expressões de riqueza e capacidade contributiva, protetor da propriedade privada e das liberdades. O tributo consagra o capitalismo e racionaliza seus processos burocráticos de uma esfera administrativa governamental. De antemão, lançam-se códigos linguísticos legitimadores deste sistema, como o signo da moral tributária. Pouco se alcança ao cuidar de um conceito que não se define no letramento comunicativo, mas apenas a partir de um estrato teórico, pois que se abstrai da experiência humana, na localidade de uma sociedade e de uma dada história social, ungidas na mediação da linguagem (Oliveira, 2020, p. 215-216).

A teoria sobre a linguagem na modernidade é tensionada não só pelo discurso lógico, mas pelo permanente conflito com as experiências humanas. A linguagem sobre tributação operada pelos Estados modernos é inclusa em uma concepção pragmática institucionalizada que constitui uma teoria da ação.

Quando confrontada pela ideologia das raças e pelo racismo, as expressões performáticas tributárias ocultam os sistemas complexos fiscais, os processos e os cenários de relações de poder. Esse cenário se torna propício para que a linguagem cotidiana, presa por vezes aos padrões de racionalidade, não alcance a estrutura do Estado tributário racista, pelo consentimento à técnica.

A teoria do sistema, somada à teoria da linguagem, constitui formas e concepções de estruturas cognitivas e sociais que são mediadas pela intersubjetividade e não se esgotam na consciência. Para Oliveira:

> Há um segundo tipo de especialistas que traz linguagem nova àquela fechada pelas arenas de embates dos argumentos parciais. São os literatos do cotidiano, da vida privada, da opinião pública desencoberta pelo procedimento e pela tecnocracia. O poeta, o cronista ou o narrador estão traduzindo e compondo outro campo das opiniões e das vontades públicas. O mundo da arte, que não se rende à clausura científica, posicionando-se anarquista, no entanto sempre fazendo política. As narrativas contam sobre indivíduos, atravessando, porém, o ambiente privado, lançando-o na composição crítica de uma sociedade. A literatura de ficção diz sobre uma sociedade e seu pensamento social. Se querer adentrar na busca pela cidadania fiscal e moral tributária, entendo ser importante buscarmos referências neste terreno da literatura dos formadores de opinião (2020, p. 220).

Na clivagem entre ciência e senso comum, há uma ponte de traduções de intersubjetividades constituintes da vida cotidiana, na qual a lógica da ciência e o senso comum desalienado desocultam a realidade para o ser humano. Podemos compreender em Oliveira (2020) o quanto dos sistemas tributários, do Estado tributário racial podem vir à luz quando a própria tributação étnica é revelada.

Dar ao negro o que é do negro é a justa medida da equidade social e igualdade política em um estado democrático de direito.

Considerações finais

O poder da riqueza acumulada pela burguesia com a mais-valia do capital na modernidade agudiza o conflito de classes por meio da tributação. Estado tributário racial que representa um marcador dos privilégios do pacto da branquitude, desde os primórdios das atividades mercantis para a consolidação dos Estados zeladores do capital na modernidade por formas jurídicas-políticas, ou pela forma militar-policial. Os ciclos sistêmicos de acumulação do capital histórico pelo contexto do eixo Estado-mercado possuem como um dos seus modelos as monarquias ibéricas: Portugal e Espanha, no início da modernidade no século XV.

A partir dos eventos colonialistas e imperialistas nesse cenário, tem-se o início do holocausto negreiro para os habitantes do continente africano e da afrodiáspora. A apropriação da liberdade e dos corpos negros pelo pacto da branquitude desencadeia a tortura pela esperança para o negro de um dia ter cidadania plena. Cidadania esta que é vilipendiada pelo sistema complexo de tributação do Estado tributário racista, na consolidação da ideologia das raças e do racismo, por meio do preconceito racial contra os negros da afrodiáspora no Brasil.

Os movimentos de luta pela libertação da escravização, em um primeiro momento, e as lutas modernas por direito a ter direitos, num segundo momento, desencadeiam tensões que chegaram ao limite. O negro não aguenta mais ser subjugado e/ou considerado sub-humano e excluído social, econômica e politicamente pela estrutura racista dentro do fundamento material para a vida em comum.

Os sistemas tributários operados pelo Estado racializado devem ser contestados, desvelados do seu jogo ideológico da linguagem na manutenção de dominação, exploração e poder sobre o negro. A epígrafe colocada no início deste trabalho (Saramago) é um dos desafios do nosso tempo sombrio: olhar, ver e reparar. O pensar como atividade da mente, suscitado pela vontade, pode levar ao juízo esclarecido sobre a questão racial. A reparação por meio de mudanças estruturais deve transcender as políticas públicas de reparação histórica para as comunidades negras, na medida em que essas estruturas históricas racistas ainda permanecem preponderantes.

REFERÊNCIAS BIBLIOGRÁFICAS

BENTO, Cida. **O pacto da branquitude.** São Paulo: Companhia das Letras, 2022.

BÍBLIA sagrada. Edição Pastoral. **Evangelho de Mateus.** São Paulo: Paulus Editora, 1991.

BOXER, Charles R. **A idade de ouro do Brasil:** dores de crescimento de uma sociedade colonial. Tradução: Nair de Lacerda. 3. ed. Rio de Janeiro: Nova Fronteira, 2000.

GONZALEZ, Lélia. Cultura, etnicidade e trabalho: efeitos linguísticos e políticos da exploração da mulher. In: MARTUSCELLI, Danilo Enrico; SILVA, Jair Batista da. **Racismo, etnia e lutas de classes no debate marxista.** Chapecó: Ed. dos Autores, 2021. E-book.

LIVERANI, Mario. **Antigo Oriente:** história, sociedade e economia. Tradução: Ivan Esperança Rocha. São Paulo: Edusp, 2023.

MAQUIAVEL, Nicolau. **O príncipe e escritos políticos.** Tradução: Lívio Xavier. São Paulo: Abril Cultural, 1973.

NASCIMENTO, Flávio Batista do. **O mundo é diferente da ponte para cá:** fiscalidade, raça e direitos humanos no Brasil contemporâneo. 2020. Dissertação (Mestrado em Direitos Humanos) – Universidade Federal de Goiás, 2020.

OLIVEIRA, Daniela Olímpio de. **Uma sociologia da questão tributária no Brasil:** ocultamento e desocultamento da moral tributária. Rio de Janeiro: Lumen Juris, 2020.

OLIVEIRA, Daniela Olímpio de. **As paredes da estrutura:** atravessamentos tributários. Belo Horizonte: Letramento, 2023.

OLIVEIRA, Dennis de. Racismo, cena política e capitalismo dependente. In: MARTUSCELLI e SILVA. In: MARTUSCELLI, Danilo Enrico; SILVA, Jair Batista da. **Racismo, etnia e lutas de classes no debate marxista.** Chapecó: Ed. dos Autores, 2021. E-book.

SCHUCMAN, Lia Vainer (org.). **Branquitude:** diálogos sobre racismo e antirracismo. São Paulo: Fósforo, 2023.

RAÇA COMO CRITÉRIO HISTÓRICO DO DIRECIONAMENTO DOS INVESTIMENTOS ESTATAIS: O EXEMPLO DO TRANSPORTE

Roberto de Souza Campos Cosso

Mário Maurici de Lima Morais

Advogado e jornalista. Graduado em Direito pela PUC-SP e mestrando em História Econômica na FFLCH/USP. Foi repórter especial da Folha de S.Paulo e diretor de redação do Diário da Grande ABC. Foi estrategista de comunicação em mais de 80 campanhas eleitorais no Brasil e na América Latina. Atualmente é advogado militante. E-mail: roberto@cosso.com.br.

Jornalista. Graduado em Comunicação Social pela USP e mestre em Administração Pública pela Universidade de São Caetano do Sul. Foi vereador e prefeito de Franco da Rocha (SP), secretário municipal em Santo André (SP), vice-presidente da Empresa Brasil de Comunicação (EBC) e presidente da Companhia de Entrepostos e Armazéns Gerais de São Paulo (Ceagesp). Atualmente é deputado estadual em São Paulo.

Introdução

O Estado brasileiro não é só racista, eugênico e misógino ao instituir e aplicar seus tributos, mas mantém essas características também na hora de instituir e selecionar as políticas públicas que serão financiadas pelo dinheiro arrecadado por esse sistema desigual de tributação. Há muitos campos em que essa situação pode ser verificada, porém a questão dos transportes públicos metropolitanos, em especial a dos serviços de ônibus, é bastante elucidativa dessa outra estrutura de opressão.

São duas as razões essenciais que nos levam a colocar os ônibus no centro desse debate: a primeira está relacionada à utilização dessa modalidade de locomoção majoritariamente por pessoas das classes mais pobres da sociedade (79% com renda de até 2 salários mínimos em 2023 na cidade de São Paulo[124]); a segunda concerne ao fato de que o uso de transporte público, a conformação do sistema viário e os objetivos a que se prestam estão repletos de mitos e falsas visões – ou, como se tornou lugar comum dizer, narrativas, as quais impregnam o debate para conduzi-lo na direção desejada por quem detém os meios de pautar e influenciar as decisões governamentais.

Pode-se argumentar com razão que, para além dos ônibus, modalidades de transportes como o metrô ou trens urbanos e intermunicipais também contam com maioria de usuários da classe trabalhadora. No perfil traçado pela pes-

124 Rede Nossa São Paulo, [2023].

quisa *Viver em São Paulo: mobilidade urbana*[125], de 2023, entre os que mais usam transporte coletivo, há 72% de pessoas das classes D e E, 69% de pessoas que não possuem carro particular e 68% com renda familiar mensal de até dois salários mínimos. Do outro lado da balança, estão os que usam com maior frequência o transporte individual, grupo composto de 57% de pessoas das classes A e B e 55% com renda familiar mensal maior que cinco salários mínimos. Os dados são sólidos o suficiente para atestar a afirmação de que a maior parte dos que usam transporte individual é formada por pessoas mais ricas, contrastando com a maioria pobre, que faz uso do transporte coletivo.[126]

Também sabemos que a própria configuração do sistema de transportes públicos no país obedeceu à lógica do interesse particular. Quando, em 1920, Washington Luís cunhou a frase "governar é, pois, fazer estradas", ainda como governador de São Paulo e antes de se tornar presidente da República, a capital paulista já contava com um projeto de trens urbanos com estações de superfície, inspirado no modelo inglês do *subway*[127]. Mas o transporte coletivo férreo na maior cidade brasileira só viria a ser implementado mais de 50 anos depois, em 1974, quando o modelo rodoviário já estava consolidado.[128] O rodoviarismo foi coroado no governo de Juscelino Kubitschek (1956-1961), que inaugurou

---

125 *Ibid.*

126 Em países com forte herança escravagista, como o Brasil, os povos originários e os afrodescendentes (não brancos, de forma geral) constituem a enorme maioria da parcela mais pobre da população, de modo que pobreza e raça são conceitos que se confundem na análise das políticas de exclusão perpetradas pelo Estado.

127 Em sua dissertação de mestrado, Pereira (2016) destaca que o projeto inspira o que veio a se transformar nas linhas de metrô atuais, sofrendo adequações de dois tipos: a primeira foi construir uma malha predominantemente subterrânea, cedendo aos interesses corporativos; a segunda é a mudança de traçado para abarcar as classes médias.

128 "Na maior parte dos países hoje subdesenvolvidos (Argentina e Uruguai sendo exceções), o desenvolvimento ferroviário praticamente não se deu, abortado pela implantação de um modelo rodoviário, que iria dominar tanto a configuração territorial do país como um todo, como a configuração urbana" (Santos, 1990, p. 23).

uma nova capital para o país, Brasília, cuja expressão urbana é um símbolo do elogio ao automóvel.

Muito embora as raízes dos problemas que aqui abordaremos são, guardadas as devidas proporções e singularidades, nacionais, porque decorrem de um modelo de governança pública conduzido pela força dos interesses particulares, nosso foco no sistema de ônibus na cidade de São Paulo se mostra suficiente para vislumbrar como a raça serviu de critério para exclusão econômica, fiscal e tributária no que se refere às políticas de desenvolvimento urbano a partir dos transportes; logo, da mobilidade e do acesso à cidade. Experimentamos quase que uma oposição entre o transporte público e o individual, sendo que, na conformação do espaço da cidade, o primeiro foi submetido ao segundo de tal forma que, da infraestrutura ao modelo tarifário, os componentes do sistema de transportes públicos reproduzem a lógica da exclusão, opressão e submissão que estão presentes na estrutura da sociedade brasileira desde a Independência, em 1822.

Isso nos leva à segunda razão mencionada para ter os ônibus no centro de nossa análise: a criação de narrativas que servem para justificar as opções da gestão pública por modelos que reforçam e reproduzem a lógica segregacionista. Isso é feito a partir de um falso discurso de atendimento ao interesse público, amparado em "questões técnicas" que de antemão interditam o debate e impedem a democratização de fato do acesso aos bens e direitos públicos e coletivos.

A captura do Estado por interesses particulares

A chegada da Corte portuguesa ao Brasil, em 1808, é um marco profundo para a estruturação do país em muitos sentidos. Se por um lado abre um horizonte de possibilidades de desenvolvimento, tendo em vista a necessidade de organizar a infraestrutura e os serviços, fundando o Estado brasileiro, por assim dizer; por outro lado, imprime a marca indelével do racismo na própria constituição das instituições nacionais, já que o regime imperial se valeu da escravidão como elemento estruturante. O racismo, portanto, está no DNA do Brasil.

> Em nome dos interesses da elite agrária, a escravidão permaneceria como uma chaga na sociedade brasileira até sua abolição, em 1888, com a lei assinada por uma bisneta de D. João VI, a princesa Isabel. [...] Heranças mal resolvidas em 1822, todos esses problemas permaneceriam, nos duzentos anos seguintes, assombrando o futuro dos brasileiros – como o fantasma de um cadáver insepulto.[129]

Convivendo lado a lado com a lógica escravagista está a submissão do Estado, ou seja, dos interesses públicos, aos anseios das empreitadas particulares. Inicialmente, empresas dos "amigos do rei" (no caso, o imperador), mas, no decorrer da história, dos grupos econômicos estabelecidos no entorno do Poder Público, para dele se beneficiar. Laurentino Gomes, à luz de Oliveira Lima, menciona como uma das heranças de D. João VI a "prática da 'caixinha' nas concorrências e pagamentos dos serviços públicos"[130], além de concessões para exploração de negócios de infraestrutura com direito a monopólio,[131] cuja justificativa estava na garantia de que o investidor receberia retorno financeiro sobre o capital aplicado. O modelo é aquele em que o particular só entra na exploração do serviço com risco próximo de zero e, frequentemente, repassa parte dos ganhos a funcionários públicos responsáveis pela concessão, corrompendo a concorrência que deveria atender ao interesse coletivo.

Não haveria como ser diferente. As possibilidades de mudança residiriam em rupturas violentas ou no aumento da participação política das camadas oprimidas. Ao longo

---

129 Gomes, 2007, p. 334-335.

130 *Ibid.*, p. 192.

131 *Ibid.*, p. 217: "A navegação a vapor foi inaugurada em 1818 por Felisberto Caldeira Brant, futuro marquês de Barbacena e primeiro embaixador do Brasil em Londres depois da Independência. D. João concedeu a Brant o privilégio de explorar o negócio com exclusividade por catorze anos".

da história brasileira, e isso é muito claro no período imperial, as rebeliões foram sufocadas; e os focos de resistência, dizimados. Sobre a representação política sempre incidiu a força do poder econômico. Não haveria como romper essa lógica sem que fosse dada voz aos excluídos, mas isso equivale a dizer que os escravos libertos poderiam se organizar em partidos políticos e participar do jogo, assim como outros atores que não os da elite econômica nacional.[132]

A possibilidade de mudança estrutural do processo revolucionário de 1930 mostrou-se uma miragem. O movimento resultou numa acomodação das classes dominantes para abarcar novas elites econômicas não agrárias que haviam ganhado fôlego e capacidade de articulação a partir, principalmente, da Primeira Guerra Mundial. Esse é um marco importante, conforme avalia Jessé Souza, para o jogo político que se estabelece no Brasil. Souza vê em 1930 o momento em que as classes médias se definem como fiel da balança da oposição entre elites e classes populares, alinhando-se aos mais poderosos para criar uma autoimagem descolada dos descendentes dos escravos. Essa atuação das classes médias perdura até os dias atuais:

> A classe média brasileira não se comove com a morte ou mesmo o massacre de milhares de pobres, os quais são vistos como 'gente inferior'. Mas se comove muito com o drama humano de um único indivíduo de sua classe, quando é sequestrado ou morto. [...] É assim que o mundo social se mantém desigual apesar da pretensão formal de igualdade jurídica entre as pessoas.[133]

---

132 Sobre a Assembleia Constituinte de 1823: "[...] o caráter classista do projeto se revela claramente na discriminação dos direitos políticos. [...] não se consideravam na terminologia adotada, cidadãos ativos os criados de servir, os jornaleiros, os caixeiros das casas comerciais, enfim qualquer cidadão com rendimentos líquidos anuais inferiores ao valor de 150 alqueires de farinha de mandioca. [...] Para os eleitores de segundo grau, que escolhiam os deputados e senadores, exigia-se um rendimento do valor de 250 alqueires. Finalmente, para os deputados requeria o projeto 500 alqueires (1.000 para os senadores)" (Prado Júnior, 1991, p. 56). A farinha de mandioca era a base da alimentação dos escravos; assim, as exigências legais colocavam o número de escravos de cada proprietário de terra como condição inicial para participar do processo constituinte.

133 Souza, 2018, p. 65.

Como é a classe dos marginalizados que herda o abandono, o esquecimento, o ódio, a humilhação e o desprezo cotidianos que se dirigiam ao escravo, tudo para ela vai ser mais difícil. [...] A exploração econômica do trabalho barato permite à classe média não só 'roubar' o tempo da 'ralé de novos escravos' – ocupados nas funções repetitivas e desgastantes do serviço doméstico e do serviço pesado e perigoso em geral –, como usá-lo depois em tarefas mais bem pagas em benefício próprio.[134]

Para que esse alinhamento com as elites seja suficientemente justificado, há todo um ideário e um discurso (narrativa) operando no campo da simbologia e da conquista de corações e mentes, de forma que a captura do Estado por interesses privados não resulte em rupturas institucionais indesejadas pelas elites econômicas:

Como a interpretação humana do mundo é sempre moral, ou seja, sempre decorrente de uma noção implícita ou explícita de virtude, do bem e da boa vida, o predomínio do dinheiro e do poder puro e simples pressupõe uma colonização da esfera moral – num processo similar ao da colonização, pelo capitalismo financeiro, da semântica e da linguagem da ética da autenticidade e do expressivismo. Os donos do dinheiro e do poder não podem simplesmente dizer ao restante da sociedade: 'Nosso intuito é deixar todos vocês, otários, sem propriedade e sem poder, apenas com a roupa do corpo, trabalhando nas condições mais favoráveis para mim'. Não é assim que acontece. Caso contrário, teríamos revolta e revolução. Não há dominação de poucos sobre muitos sem o recurso à mentira e ao engano. Em consequência, a opressão precisa ser moralizada, difundindo-se a ilusão de que o interesse do dominado é levado em conta e, mais importante, convencendo-o de que a própria dominação é para seu bem.[135]

Há toda uma tradição analítica acadêmica, como bem nos relembra Souza, que vai identificar essa mistura (proposital) entre o que é público e privado na estruturação do Estado brasileiro. Autores como Gilberto Freire, Raymundo

---

134 *Ibid.*, p. 71.

135 *Ibid.*, p. 57-58.

Faoro e Sérgio Buarque de Holanda, entre outros, vão tratar dessa problemática em algum momento de suas obras, em que pesem as pertinentes críticas às suas contribuições.

O geógrafo e pensador Milton Santos também aborda o tema. Ao propor uma geografia urbana que considera a conformação do espaço como uma decisão política orientada a partir da condição de imobilidade conferida aos mais pobres, fragmentando o espaço urbano, Santos identifica a existência de dois circuitos interligados[136]: o circuito inferior, formado pelas populações das classes pobres, que vão sendo forçadas a migrar para locais mais distantes e sem infraestrutura à medida que a cidade cresce e se desenvolve; e o circuito superior, formado pelas elites e que está conectado às áreas de maior valor econômico, com infraestrutura e serviços mais qualificados[137]. A razão pela qual uma região da cidade é valorizada é a riqueza gerada nesse espaço, o que faz Santos identificar que a pobreza no Brasil é um projeto que tem no processo de gentrificação um de seus mais relevantes mecanismos de preservação das desigualdades e opressões.

> Uma das razões pelas quais os pobres tendem a não se fixar, sendo levados a localizações sempre mais periféricas, vem do custo dos serviços. Esses gastos com água, energia elétrica e limpeza urbana são inversamente proporcionais à renda, consumindo uma parcela substancial da renda dos menos favorecidos. Isso significa que a chegada de melhoramentos urbanos a uma área conduz, a médio prazo, à expulsão dos pobres, pela impossibilidade de arcarem com as respectivas despesas. Pobreza e periferização aparecem como dois termos e duas realidades interligadas. [...] O afluxo de populações de baixa renda, expulsas das áreas centrais, e de mi-

136 Santos, 2013.

137 "A negação da mobilidade aos que dispõem de menos renda constitui uma aparente contradição, na medida em que força a migração dessas mesmas populações que estão no circuito inferior das metrópoles, quer dizer, é a imobilidade o motor dos constantes deslocamentos das populações pouco abastadas. [...] A migração, em última instância, é, sem paradoxo, consequência também da imobilidade" (Santos, 2014, p. 63).

> grantes para os bairros periféricos teve, entre outros, o efeito de elevar o preço dos terrenos e propriedades imobiliárias, afastando ainda mais para a periferia os economicamente menos aptos.[138]

Portanto, os processos históricos que estruturam o Estado brasileiro conferiram à administração dos interesses públicos e privados características de exclusão das classes mais pobres do processo político decisório, pautada no racismo como fator embrionário; de promiscuidade no acesso da iniciativa privada a esse Estado excludente; de alinhamento das classes médias ao projeto das elites, fazendo-o vencer nos momentos em que poderia ser questionado, logo, consolidando-o; e de conformação dos espaços urbanos de modo a afastar as classes pobres das localidades desenvolvidas e dos serviços públicos, ofertando a elas a possibilidade de deslocamentos pela cidade em circuitos que não as permitem exercer o direito à mobilidade.

Essas características estão presentes e exercem forte poder de influência no modelo de transporte coletivo de ônibus na cidade de São Paulo, como veremos a seguir.

Duplamente tarifados

O sistema tributário brasileiro é um dos mais injustos do mundo porque faz incidir o peso dos impostos sobre o consumo e não sobre o capital e a renda. É o chamado modelo regressivo, no qual os que ganham mais pagam menos impostos proporcionalmente. A maior carga tributária concentrada no consumo é perversa também porque quem é pobre precisa alocar grande parte de seus ganhos em bens de consumo essenciais, ou seja, alimentação, moradia, água, energia elétrica e, se possível, locomoção. Não é exagero, portanto, dizer que quem é pobre gasta o que ganha em consumo. Assim, proporcionalmente, paga mais imposto.

138 Santos, 1990, p. 50-51.

Além disso, a população mais pobre é onerada duplamente quando utiliza o sistema de transportes públicos. E aqui reside um dos mitos (narrativas) criados para justificar o atual modelo de mobilidade urbana, que prioriza o transporte individual. O mito é o de que os serviços públicos de ônibus requerem a fixação tarifária para custear o sistema. O argumento é de que as empresas concessionárias dos serviços de transporte público precisam cobrir os custos operacionais e ter garantida a lucratividade pela execução do serviço. E por que dizemos que se trata de um mito (uma narrativa)? Porque o modelo é resultado de uma opção política, ao fim e ao cabo. Uma opção que repassa a conta para os usuários dos transportes, em sua grande maioria pessoas de baixa renda que precisam dos serviços para se locomover na cidade – não apenas para usufruir de programas de lazer, mas principalmente para trabalhar, ou seja, para cumprir o destino preestabelecido de atender aos interesses do circuito superior.

Existe um conjunto de investimentos, realizados pelo Estado, que atendem aos interesses da sociedade e se destinam a criar as condições necessárias ao sistema público de transporte. Conforme já mencionado, na largada, esses investimentos são orientados pela opção de privilegiar o transporte rodoviário e, nesse sentido, deixam de servir à coletividade para cuidar do bem-estar da parcela de pessoas que compõem as classes mais ricas, as detentoras de carros particulares. Assim, o desenho urbano obedece à lógica de abrir vias para abarcar o tráfego criado pelo transporte individual. Inclusive, iluminados pela obra de Milton Santos, podemos dizer que a própria escolha das localidades e dos trajetos pelos quais as ruas e avenidas irão passar é orientada pela lógica rodoviarista, portanto elitista. Mas os recursos para tais infraestruturas são oriundos dos cofres públicos, logo da coletividade.

Nessa toada, a elaboração dos estudos de tráfego, o planejamento, a criação de ruas, o asfaltamento de vias, a pintura de meios-fios e sinalizações, a confecção e fixação de placas de trânsito, a instalação de semáforos, os custos com funcionários que zelam pela engenharia de tráfego, em suma, a miríade de investimentos realizados para estruturar o sistema de mobilidade municipal e intermunicipal tem origem nos recursos públicos. Contudo, a apropriação do sistema se dá de maneira desigual entre os dois tipos de transportes.

Os proprietários de veículos automotores individuais, que já são favorecidos no momento em que se definem os desenhos do espaço urbano, voltam a se beneficiar por trafegar pelas vias sem ter que despender um centavo adicional para isso, além do combustível e da manutenção de seu próprio veículo privado. Em paralelo, os usuários de transporte público arcam com o valor das passagens diariamente. São, portanto, duplamente tarifados: a primeira vez, na forma de investimentos realizados para estruturar um sistema que privilegia o transporte individual; e a segunda vez, na forma de tarifa para utilização do transporte público.

Em suma, os pobres pagam para que os ricos tenham uma rede viária adequada ao transporte individual, financiada pelos recursos da coletividade; já os ricos se recusam a pagar a conta do deslocamento dos pobres, que precisam arcar com os custos das tarifas do transporte coletivo, majorados pelo impacto da enorme quantidade de veículos particulares em circulação.

A situação de injustiça social é agravada conforme nos debruçamos sobre os detalhes de funcionamento desse sistema. A priorização histórica do transporte privado sobre o coletivo é tamanha, que até mesmo as novas tecnologias passam a ser adotadas não para sanar ou reduzir as desigualdades no acesso à cidade e na mobilidade, pelo contrário, aprofundam os desequilíbrios do sistema. Um exemplo claro é a programação dos semáforos inteligentes, que têm como referência a quantidade de carros particulares, abrindo e fechando para permitir a maior fluidez possível dos mais ricos e das classes médias a eles alinhadas, que são os proprietários de carros – os despossuídos, em sua grande maioria, a população negra, não são donos de veículos particulares, mas se utilizam dos ônibus para transitarem. A programação semafórica definida pela autoridade pública, pelo bem do interesse da coletividade, deveria se pautar pela prioridade às viagens dos ônibus, considerando, inclusive, a otimização das freadas e acelerações para reduzir o consumo de combustível dos veículos de transporte público – na maioria das cidades, os coletivos já são equipados com *tags* que permitiriam sua integração com a rede semafórica.

A própria sinalização de trânsito sofre consequências da opção por privilegiar o transporte individual, à medida que há profusão de placas e informações para orientar o condutor de um carro particular, enquanto as sinalizações para os ônibus são mais escassas. É mais um custo coletivo para atender aos interesses individuais. Do mesmo modo, se o sistema de vias urbanas fosse estruturado para ter o transporte público como protagonista, as ruas poderiam ter menor custo, pois a expansão das faixas de circulação tem o carro particular como referência: o modelo básico de uma rua possui duas faixas de rolamento e duas de estacionamento, essas últimas dobram o custo de construção da via pública, mas atendem apenas às necessidades do transporte individual, com impactos negativos no trânsito.

Também há de se considerar o volume de passageiros transportados. O veículo particular, geralmente, transporta no máximo cinco pessoas; mas, no início da década de 2010, a Companhia de Engenharia de Tráfego (CET) do município de São Paulo realizou pesquisa identificando a média de 1,4 pessoa transportada por carro na cidade.[139] Os ônibus, por seu turno, têm potencial para transportar uma quantidade muito maior de pessoas. A depender do modelo do ônibus (básico, articulado, biarticulado), pode

139 Voitch, 2011.

carregar entre 70 e 160 pessoas por viagem. O que parece ilógico – a opção por um sistema de mobilidade em que a maioria sai perdendo – é, na verdade, resultado do processo histórico que incutiu nas instituições e nos mecanismos de representação política brasileira o caráter racista, eugênico e misógino. É, pois, perfeitamente lógico: respeita a lógica das elites.

Até setembro de 2019, a forma de remuneração dos contratos de concessão das linhas de ônibus em São Paulo se dava com base na quantidade de passageiros transportados. A fórmula levava a uma operação que buscava otimizar os espaços dentro dos veículos, estimulando a lotação máxima para a obtenção da máxima remuneração possível. A consequência óbvia era uma péssima experiência para o usuário. A partir dessa data, a fórmula de remuneração passou a considerar, segundo a Prefeitura de São Paulo, o custo operacional[140] do operador: "ou seja, a frota programada, as horas de operação e a quilometragem, além dos custos fixos do veículo".[141]

Para quem opera o sistema, o custo inicial de uma viagem, marcada pela saída do ônibus da garagem, não sofre grandes alterações pela variação do número de passageiros transportados, sendo mais impactado pelo tempo de viagem, que aumenta o consumo de combustível, principal insumo na planilha de custos. O tempo de viagem, por sua vez, é resultado da forma como o sistema é estruturado, e já vimos que essa configuração não tem como objetivo privilegiar o transporte coletivo. Assim, mais uma vez, quem arca com uma conta maior de um sistema que opta por favorecer os carros particulares é o conjunto da sociedade. É um modelo muito pouco inteligente.

---

140 Cerca de 10% da receita do sistema desaparece: o chamado "morto", passagens compradas e não utilizadas, fica na mão das empresas concessionárias, que não prestam contas disso.

141 Detalhes da fórmula de remuneração estão na página da São Paulo Transportes (SPTrans), disponível no link: https://www.prefeitura.sp.gov.br/cidade/secretarias/mobilidade/institucional/sptrans/acesso_a_informacao/index.php?p=154007. Acesso em: 24 set. 2024.

Isonomia nada isonômica

Mulher, 57 anos, empregada doméstica e trabalhando em São Paulo. Esse é o perfil da primeira pessoa que morreu no Brasil em decorrência da covid-19.[142] Inicialmente, a primeira morte anunciada foi de outra mulher, de 63 anos, que trabalhava no Rio de Janeiro, igualmente como empregada doméstica, para uma família moradora do Leblon, o metro quadrado mais valorizado do país.[143] Mas, meses depois, as autoridades verificaram que a primeira vítima fatal era de São Paulo. A mudança, no entanto, não alterou o fato decisivo que viria a ser a constante durante toda a pandemia de coronavírus no Brasil: com acesso a bens e serviços, inclusive os de saúde, limitado e condicionado pelos interesses das elites, as populações negras e periféricas foram as que mais sofreram. De fato, conforme mostrou o *Mapa da riqueza*, desenvolvido pela Fundação Getúlio Vargas,[144] houve um aumento na desigualdade entre os mais pobres e mais ricos no Brasil no período pandêmico.

Enquanto as elites e as classes médias brasileiras tiveram a possibilidade de conduzir suas atividades em regime remoto (home office), o tipo de trabalho relegado às populações negras e periféricas, geralmente braçal, não permite a adoção do mesmo modelo. Trabalhadoras domésticas, entregadores de comida, responsáveis por serviços de limpeza, motoristas de ônibus, enfim, as ocupações das pessoas de mais baixa renda não sofreram interrupção. Afinal, as elites e as classes médias não iriam abrir mão de seus serviçais.

---

142 Cf. Primeira [...], 2023.

143 Os veículos de imprensa informaram à época, como o UOL, que trouxe o sintético título "Primeira vítima do RJ era doméstica e pegou coronavírus da patroa no Leblon". A íntegra da notícia está disponível no link: https://noticias.uol.com.br/saude/ultimas-noticias/redacao/2020/03/19/primeira-vitima-do-rj-era-domestica-e-pegou-coronavirus-da-patroa.htm#:~:text=Ali%20ela%20trabalhou%20como%20empregada,e%20morreu%20no%20dia%20seguinte. Acesso em: 24 set. 2024.

144 Íntegra do *Mapa da riqueza* disponível no link: https://cps.fgv.br/riqueza. Acesso em: 24 set. 2024.

Nesse período, em que pesem todos os riscos à saúde pública e individual dessas pessoas, elas seguiram sua rotina de longos deslocamentos pela cidade para estarem à disposição de seus patrões. Não se trata de uma escolha, mas de uma necessidade criada pela estrutura racista, eugênica e misógina que erigiu o Estado brasileiro e suas políticas públicas. Ter opção não é um direito a elas garantido. Escolher o lugar onde morar, eleger a alternativa de transporte mais confortável e poder trabalhar remotamente são possibilidades oferecidas às elites e classes médias. Os pobres são os principais dependentes dos transportes públicos, portanto os mais afetados pela arquitetura de um sistema de mobilidade que privilegia os meios particulares de locomoção. Até o avanço das ciclovias volta-se às classes mais ricas, que usam esse meio de transporte por opção; os mais pobres o fazem para trabalhar, coisificados na condição de "motor" do veículo para entregas.

Contudo, o discurso propalado é o de que o uso do transporte público é uma escolha. Esse raciocínio está profundamente introjetado no ideário nacional. Tão arraigado que, nas eleições de 2012 para a prefeitura de São Paulo, o candidato Celso Russomanno, autointitulado "defensor do consumidor", chegou a propor que a tarifa de ônibus na cidade passasse a ser cobrada "por percurso utilizado" pelo usuário, a que chamou de "tarifa proporcional"[145]. A proposta recebeu inicialmente pela imprensa tratamento idêntico à roupagem colocada por Russomanno: "tarifa de ônibus proporcional"[146]. Na base do raciocínio, está a lógica de que "cada indivíduo deve arcar com os custos que gera para o sistema", logo busca amparo no conceito de isonomia. Mas

145 O item 4 do bloco de Transportes, Mobilidade Urbana e Acessibilidade dizia, ipsis litteris: "Instituir a tarifa proporcional, estabelecendo valor mínimo e máximo ao usuário do sistema de transporte de ônibus, onde será pago o percurso utilizado" (Russomanno, 2012).

146 No UOL, a aludida proporcionalidade foi alçada ao título do noticiário: https://www.uol.com.br/eleicoes/2012/noticias/2012/10/03/russomanno-defende-tarifa-de-onibus-proporcioonal-ataca-haddad-e-diz-esperar-petista-no-2-turno.htm. Acesso em: 24 set. 2024.

uma isonomia adaptada aos interesses da elite, uma tradução para o pagamento das tarifas públicas de transporte do ideário neoliberal, que implicitamente (talvez de forma cada vez menos implícita) considera o rico uma "pessoa melhor" e, por isso, precisa ser mais bem tratado, ter mais direitos, regalias e acesso a bens e serviços.

A isonomia que anima o Estado Social, no entanto, é aquela do conceito de Aristóteles, a de que a igualdade consiste em tratar igualmente os iguais e desigualmente os desiguais, na medida das suas desigualdades. Quando ficou evidente que a proposta de "tarifa proporcional" resultaria em mais uma política para onerar as populações pobres, pretas e periféricas, a máscara da falsa isonomia ruiu e o então candidato viu derreter suas intenções de voto, não logrando alcançar o segundo turno do pleito municipal. Isso se deu não pelo trabalho de uma imprensa vigilante, investigativa e questionadora, mas a partir de uma pergunta feita em debate por um de seus adversários na corrida eleitoral (Fernando Haddad, que viria a ser eleito prefeito).

Um passo importante para garantir a verdadeira isonomia no que se refere aos transportes públicos é instituir a tarifa zero. Como já analisamos, essa proposta é interditada pelo debate sobre os custos de uma operação sem cobrança. Mas, recentemente, ganhou força com experiências exitosas em pequenas e médias cidades, a ponto de ser adotada (em ano eleitoral, é verdade) de forma experimental em São Paulo.[147] O Anuário 2022-2023 da Associação Nacional de Empresas de Transportes Urbanos (NTU)[148] nos indica que "há atualmente 63 sistemas de transporte público por ônibus que possuem subsídios definitivos" e que "juntos, esses sistemas atendem 163 municípios, devido

147 Chamada de "Domingão - Tarifa Zero", a política permite os deslocamentos num dia em que a população, majoritariamente, usa para lazer. A necessidade de locomoção em dias de trabalho ainda vai precisar de mais tempo (e convencimento) para ser implementada.

148 Íntegra disponível no link: https://www.ntu.org.br/novo/upload/Publicacao/Pub638272765778419772.pdf. Acesso em: 24 set. 2024.

à abrangência metropolitana de alguns deles". Além disso, em 2023, registrou-se o maior número de municípios com mais de 100 mil habitantes que adotaram o passe livre: Luiziânia (GO), de 209 mil habitantes; Ibirité (MG), 170 mil; São Caetano do Sul (SP), 165 mil; Itapetininga (SP), 157 mil; Balneário Camboriú (SC), 139 mil; e Ituiutaba (MG), 102 mil.

A cobrança de tarifa que onera duplamente os mais pobres também prejudica as mulheres. Além das domésticas, as que exercem atividades não remuneradas de donas de casa ficam à mercê da vontade do marido, que administra o dinheiro e o destina não para os cuidados com saúde, por exemplo. Como arcam com o dinheiro das passagens? O dinheiro escasso administrado pelo marido será destinado a outras coisas, não aos cuidados com saúde ou necessidades da mulher.

Tramita no Congresso Nacional a Proposta de Emenda à Constituição (PEC) 25/23, que institui o Sistema Único de Mobilidade, com adoção de tarifa zero para os transportes urbanos. A proposta prevê a autorização para os municípios criarem a Contribuição pelo Uso do Sistema Viário (ConUSV), de modo a constituírem uma fonte de recursos para financiar o sistema e garantir a tarifa zero, por meio da cobrança de um valor dos proprietários de veículos automotores baseada no porte do carro, complementada pela arrecadação de tributos nos diversos entes da Federação. É a primeira iniciativa que pensa a questão da mobilidade como um direito fundamental, ampliando o olhar sobre os sistemas de transportes para as regiões metropolitanas. Portanto, tem elevado potencial de inclusão no que se refere ao acesso à cidade, à região metropolitana e às oportunidades.

Ao alterar a lógica de funcionamento, para atender ao interesse público e garantir o princípio da isonomia (o aristotélico, não o neoliberal), a PEC 25/23 pode ser uma novidade importante para iniciar as alterações nas estruturas desiguais que fundam o Estado e as políticas públicas brasileiras. A histórica exclusão econômica, fiscal e tributária das populações mais pobres, pretas e periféricas precisa ser desmontada urgentemente, se quisermos um país de fato mais justo e igual, como prescreve nossa Constituição Federal. A política de mobilidade urbana é uma ótima área para começar.

REFERÊNCIAS BIBLIOGRÁFICAS

ASSOCIAÇÃO NACIONAL DAS EMPRESAS DE TRANSPORTES URBANOS (Brasil). **Anuário 2022-2023.** Brasília, DF: NTU, 2023. Disponível em: https://www.ntu.org.br/novo/upload/Publicacao/Pub638272765778419772.pdf. Acesso em: 8 mar. 2024.

FUNDAÇÃO GETÚLIO VARGAS. **Mapa da riqueza.** Rio de Janeiro: FGV, 2023. Disponível em: https://cps.fgv.br/riqueza. Acesso em: 8 mar. 2024.

GOMES, Laurentino. **1808.** São Paulo: Planeta, 2007.

MELO, Maria Luisa de. Primeira vítima do RJ era doméstica e pegou coronavírus da patroa no Leblon. **UOL,** Rio de Janeiro, 19 mar. 2020. Disponível em: https://noticias.uol.com.br/saude/ultimas-noticias/redacao/2020/03/19/primeira-vitima-do-rj-era-domestica-e-pegou-coronavirus-da-patroa.htm#:~:text=Ali%20ela%20trabalhou%20como%20empregada,e%20morreu%20no%20dia%20seguinte. Acesso em: 8 mar. 2024.

PEREIRA, Daniela Costanzo de Assis. **Relações público-privadas no metrô de São Paulo.** 2016. Dissertação (Mestrado em Ciência Política) – Universidade de São Paulo, São Paulo, 2016. Disponível em: https://www.teses.usp.br/teses/disponiveis/8/8131/tde-14062017-090352/publico/2016_DanielaCostanzoDeAssisPereira_VOrig.pdf. Acesso em: 8 mar. 2024.

PRADO JÚNIOR, Caio. **Evolução política do Brasil:** Colônia e Império. São Paulo: Brasiliense, 1991.

PREFEITURA MUNICIPAL DE SÃO PAULO. Secretaria Municipal de Mobilidade e Trânsito. **Remuneração do sistema.** São Paulo: Cidade de São Paulo, 1 mar. 2024. Disponível em: https://www.prefeitura.sp.gov.br/cidade/secretarias/mobilidade/institucional/sptrans/acesso_a_informacao/index.php?p=154007. Acesso em: 8 mar. 2024.

PRIMEIRA morte por covid-19 no Brasil completa três anos. **TV Brasil,** São Paulo, 13 mar. 2023. Disponível em: https://tvbrasil.ebc.com.br/reporter-sao-paulo/2023/03/primeira-morte-por-covid-19-no-brasil-completa-tres-anos. Acesso em: 8 mar. 2024.

REDE NOSSA SÃO PAULO. Instituto Cidades Sustentáveis. **Pesquisa Viver em São Paulo:** mobilidade urbana. São Paulo: Ipec, [2023]. Disponível em: https://www.nossasaopaulo.org.br/wp-content/uploads/2023/09/221910_Viver-em-Sao-Paulo_Mobilidade_completa.pdf. Acesso em: 8 mar. 2024.

RUSSOMANNO, Celso. **Programa de governo.** São Paulo: [s. n.], 2012. Disponível em: https://www.nossasaopaulo.org.br/wp-content/uploads/2012/07/programagovernoRussomano.pdf. Acesso em: 8 mar. 2024.

SANTOS, Milton. **Pobreza urbana.** São Paulo: Edusp, 2013.

SANTOS, Milton. **Metamorfoses do espaço habitado:** fundamentos teóricos e metodológicos da geografia. São Paulo: Edusp, 2014.

SANTOS, Milton. **Metrópole corporativa fragmentada:** o caso de São Paulo. São Paulo: Nobel, 1990.

SOUZA, Jessé. **A classe média no espelho:** sua história, seus sonhos e ilusões, sua realidade. Rio de Janeiro: Estação Brasil, 2018.

VOITCH, Guilherme. São Paulo tem média de 1,4 ocupante por carro. **O Globo,** Rio de Janeiro, 25 out. 2011. Disponível em: https://oglobo.globo.com/politica/sao-paulo-tem-media-de-14-ocupante-por-carro-2695421. Acesso em: 8 mar. 2024.

NECROPOLÍTICA FISCAL E RACISMO ORÇAMENTÁRIO NO GOVERNO JAIR BOLSONARO: CRISE DEMOCRÁTICA E O PAPEL DO SUPREMO TRIBUNAL FEDERAL*

Thayana Felix Mendes

Graduada em Direito pela UERJ, mestre em Finanças Públicas e Tributação pela UERJ, pós-graduada em Administração Pública pela FGV, Procuradora da Fazenda Nacional desde 2008, está representante da PGFN no Comitê de Diversidade e Inclusão da AGU e no Comitê da Mulher Cidadã do Ministério da Fazenda. Integrante dos coletivos PFNs de Todas as Cores e Tributos a Elas.

* Artigo produzido como requisito para conclusão do Grupo de Pesquisa Institucional "O STF E A CRISE DEMOCRÁTICA", ministrado pelo professor Daniel Sarmento no PPGD da Uerj, em 2022.2. O tema foi registrado em agosto de 2022, apresentado para a turma em novembro de 2022, e o artigo depositado junto à Secretaria do PPGD em 4 fev. 2023.

"Crescer na esperança do aquém e do além
Do continente e da pele de alguém
Lutar é crescer no além e no aquém
Afirmando a liberdade da raça amém."

(*Abdias do Nascimento, "O sangue e a esperança"*, 1982)

Introdução

O compartilhamento de Fake News e o negacionismo científico se tornaram uma constante entre apoiadores do bolsonarismo, em escalada de transe coletiva que dura mais de 10 anos. Na defesa finalística da "família tradicional brasileira", ambos foram poderosas estratégias políticas contra progressos sociais e democráticos advindos da Constituição Cidadã de 1988. Das acusações de ativismo gay, ideologias de gênero e erotização nas escolas, ainda no mandato de Dilma Rousseff, passando pelo aumento do auxílio-reclusão, pelo diagnóstico de HIV da cantora Anitta e pela acusação de matança de animais pelo MST, culminando em ataques aos Sistema Único de Saúde, ao Supremo Tribunal Federal e ao sistema eleitoral brasileiro, a pauta vitoriosa nas eleições de 2018 foi conservadora e de exclusão das minorias.

A agenda da igualdade, da diversidade e da conquista dos direitos sociais foi desafiada. O cenário político de 2018 a 2022 ilustrou o *backlash* cultural do reconhecimento de direitos identitários que avançavam na sociedade.[149] A "família tradicional brasileira" que precisaria ser defendida, mais uma vez, do "inimigo comunista"[150] é liberal, monogâmica, heterossexual, cristã e... branca! Prova disso é que o governo do presidente, Jair Messias Bolsonaro, fez renascer a narrativa racista que se buscou superar, ao menos formalmente, no projeto jurídico de país da redemocratização de 1988.[151]

O racismo recreativo de Jair Bolsonaro foi explícito e agradou seus apoiadores. As "piadas" e o discurso político remontam a preconceitos raciais seculares: corpos negros retificados, sujos e inferiores. O ex-presidente associou o cabelo de seres humanos a insetos ("(t)ô vendo uma barata"; Olha o criador de baratas aqui; Você não pode tomar ivermectina, vai matar todos os seus piolhos").[152] A morte de pessoas negras em operações policiais foi comemorada ou silencia-

149 Daniel Sarmento, no artigo "Igualdade Constitucional: uma leitura, com cujas ideias dialogamos", ensina que "contudo, os últimos anos têm sido de graves ameaças e retrocessos também nesse campo, com um governo federal obcecado em atacar minorias e promover uma agenda reacionária no campo cultural. Aliás um dos fatores que explicam a ascensão ao poder do populismo autoritário de extrema-direita, no Brasil e em outros países em que ele tem ocorrido, liga-se à reação contra avanços na agenda igualitária no campo do reconhecimento: o chamado *backlash* cultural. O questionamento e a erosão de hierarquias tradicionais ligadas à gênero, orientação sexual e raça, por exemplo, geram ansiedades e tensões entre segmentos conservadores da sociedade, aos quais essas hierarquias sempre serviram" (Sarmento, 2022, p. 142).

150 Cordeiro, 2021.

151 Em relevante alerta, a ministra da Igualdade Racial, Anielle Franco, afirmou em entrevista a Mano Brown em janeiro de 2023, no podcast Mano a Mano, que Jair Bolsonaro criou o Ministério das Mulheres, Família e Direitos Humanos como se só houvesse um tipo de família e os direitos das mulheres estivessem vinculados a ele. Disponível em: https://open.spotify.com/episode/18M8TotVLCr081bsbe6YH9. Acesso em: 28 jan. 2023.

152 Pela zoomorfização de pessoas negras, a Defensoria Pública da União e o Ministério Público Federal ajuizaram ação civil pública em face de Jair Messias Bolsonaro requerendo indenização coletiva e, em sede liminar, a abstenção de novas manifestações discriminatórias, retirada das redes sociais das manifestações discriminatórias e expedição de orientação a todo o governo federal de ilicitude de manifestações discriminatórias. O processo n. 5053279-66.2021.4.04.7100, que tramita na 10ª Vara Federal de Porto Alegre, teve a liminar indeferida e, 1 ano e meio depois, encontra-se conclusão para sentença.

da.[153] Favelados foram taxados de bandidos (e "bandido bom é bandido morto"), insuflando o apartheid geográfico brasileiro e relativizando o direito fundamental da presunção de inocência.[154]

O negacionismo científico do bolsonarismo atingiu as ciências humanas, sob um discurso calcado na superioridade branca novecentista. Visto por alguns como a reencarnação de Dom Pedro I (ou seria Dom Pedro II?), Jair Bolsonaro ressuscitou a narrativa do "homem cordial"[155], do determinismo e do darwinismo social[156]. Teorias propagadas por autoridades públicas e pretensamente científicas que, ao longo de todo o século XIX e até meados do século XX, legitimaram as políticas de imobilidade social do povo negro e o racismo institucionalizado no Brasil.

Para as comemorações do Sete de Setembro de 2022, vésperas de eleição, o "Messias" recepcionou o coração de Dom Pedro I, imperador português escravocrata, com honras de chefe de Estado. Uma homenagem mórbida que

---

153 Após uma operação policial na comunidade do Complexo do Alemão em julho de 2022 que deixou 19 pessoas mortas, Bolsonaro disse a jornalistas: "Você que se solidarize com essas pessoas, tá ok?". Disponível em: https://www.correiobraziliense.com.br/politica/2022/07/5024013-bolsonaro-sobre-mortes-no-complexo-do-alemao-voce-que-se-solidarize.html. Acesso em: 30 jan. 2023.

154 Sobre a visita do presidente, Lula, à mesma comunidade do Complexo do Alemão, Bolsonaro afirmou: "Eu conheço o Rio de Janeiro, o senhor esteve no Complexo do Salgueiro. Não tinha um policial do seu lado, só traficante". Disponível em: https://noticias.uol.com.br/eleicoes/2022/10/16/bolsonaro-diz-que-lula-foi-a-favela-no-rj-e-que-so-tinha-traficante.htm. Acesso em: 30 jan. 2023. Tal qual os escravos forros, que tinham que andar com a carta de alforria, ou eram presos por suspeita de escravos fugidos (Gomes, 1993).

155 No discurso de reunião do G20, de 21 nov. 2020, Jair Bolsonaro reclama de protestos antirracistas no Brasil e afirma que o país tem um povo miscigenado, entre brancos, negros e índios, e isso é a "essência do povo". "Contudo, há quem queira destruí-la e colocar em seu lugar o conflito, o ressentimento, o ódio e a divisão entre raças, sempre mascarados de luta por igualdade ou justiça social". Disponível em https://cultura.uol.com.br/noticias/14223_em-discurso-no-g-20-bolsonaro-reclama-de-protestos-contra-o-racismo-no-brasil.html. Acesso em: 25 set. 2024.

156 "É difícil conceber ideias mais incompatíveis com o cristianismo que o darwinismo social de Bolsonaro, revelado tragicamente durante a pandemia do coronavírus" (Souza Neto, 2022).

reafirmou o patriotismo racista e ditatorial, além de ser um símbolo da Necropolítica praticada.

É muito simbólico, ainda, que um presidente apelidado de "Mito" tenha defendido, de forma aberta e direta, tantos mitos racistas superados cientificamente pelo pensamento social brasileiro: o mito da democracia racial, o mito da meritocracia, o mito da neutralidade (inclusive da neutralidade fiscal). Mitos que são, por definição, lendas. Argumentos que não se comprovam e não se contestam.[157]

De tais ideologias da branquitude advieram os cortes orçamentários relacionados à "redução do tamanho" do Estado brasileiro. Subsequentes reduções nos gastos sociais do Ministério da Educação, Ministério da Saúde, principalmente no programa Farmácia Popular, cortes nos programas de moradia e programa de renda mínima. O argumento oficial da Esplanada foi de ajuste fiscal e respeito ao teto de gastos. Uma narrativa que se choca com as garantias constitucionais fundamentais de seres humanos que fizeram fila para receber benefícios assistenciais e comer ossos de animais em supermercados.

Insere-se, assim, outro mito revelado pelo professor Marcus Abraham em sua *Teoria dos gastos fundamentais*, na qual aborda o mito da discricionariedade ilimitada orçamentária.[158] A concepção de que o presidente da República poderia elaborar e executar o orçamento público conforme entendesse oportuno e conveniente. Uma falácia, principalmente diante da faceta financeira dos gastos fundamentais.[159]

A postura financeira do governo federal durante os anos de pandemia do coronavírus, com desídia e desumanização, evidencia que, quando poderia escolher pela política da vida, Bol-

157 Significado de Mito: "Uma pessoa ou um fato cuja existência, presente na imaginação das pessoas, não pode ser comprovada; ficção". Disponível em: https://michaelis.uol.com.br/moderno-portugues/busca/portugues-brasileiro/mito/. Acesso em: 25 set. 2024.

158 Abraham, 2021. p. 256.

159 Para Ricardo Lodi Ribeiro (2020), o próprio equilíbrio orçamentário seria um mito.

sonaro preferiu a da morte. De acordo com o relatório *Um país sufocado: balanço do Orçamento Geral da União 2020*, feito pelo Instituto de Estudos Socioeconômicos (Inesc)[160], não foram executados R$ 80 bilhões do orçamento destinados ao combate à pandemia, o que contribuiu para que o país terminasse o ano de 2020 com 200 mil mortos pelo vírus e com taxa de desemprego recorde, atingindo 13,4 milhões de pessoas. A Necropolítica da covid-19 atingiu com mais força as pessoas negras, que ocupam sobretudo postos de trabalho braçais, informais e de menor qualificação – que têm menos estrutura de moradia, menos saneamento e menos acesso a serviços de saúde. [161]

As Leis Orçamentárias Anuais do período do Governo Bolsonaro demonstram uma priorização do pagamento de juros nominais da dívida pública, relegando os gastos constitucionais obrigatórios com direitos sociais relacionados à dignidade da pessoa humana[162] em um país onde quase 30% da população (62,5 milhões de pessoas) vive abaixo da linha da pobreza, sobrevivendo com menos de R$ 16,20 por dia, segundo os dados da Síntese dos Indicadores Sociais do Instituto Brasileiro de Geografia e Estatística (IBGE).[163]

De acordo com o mesmo estudo do IBGE, no auge da pandemia de covid-19, de 2020 para 2021, o Brasil teve um aumento de 11,5 milhões de pessoas na pobreza e de quase 6 milhões de pessoas miseráveis (a mais). Um incremento de 22,7% e 48,2%, respectivamente. Para todos esses cidadãos

---

160 Inesc, 2021.

161 Senado Federal, 2021.

162 O orçamento de refinanciamento da dívida pública federal dobrou da Lei 13.978/2020 (LOA 2020) para a Lei 14.303/2022 (LOA 2022). O salto foi de R$ 917.135.052.463,00 (novecentos e dezessete bilhões, cento e trinta e cinco milhões, cinquenta e dois mil, quatrocentos e sessenta e três reais), constantes do Orçamento Fiscal para R$ 1.884.865.486.134,00 (um trilhão, oitocentos e oitenta e quatro bilhões, oitocentos e sessenta e cinco milhões, quatrocentos e oitenta e seis mil cento e trinta e quatro reais), constantes do Orçamento Fiscal. Se em 2020 o valor representava 50% do destinado ao orçamento fiscal, passou a representar mais de R$ 100 bilhões do destinado ao orçamento fiscal.

163 IBGE, 2022.

brasileiros não foi garantido o mínimo existencial inerente ao Estado Social e Democrático de Direito, conforme doutrina do saudoso mestre Ricardo Lobo Torres[164]. Pessoas que compartilham da mesma fome e da mesma cor de pele.

Através do sucateamento financeiro das políticas sociais, o governo de Jair Bolsonaro realimentou a crise democrática de integração do povo negro no Brasil. Uma Necropolítica fiscal que é comprovada pelo retorno do país ao mapa da fome[165] e pelos retrocessos em todas as frentes de redistribuição de riquezas, as quais beneficiariam os mais pobres, e negros, na sociedade: saúde, educação, moradia, trabalho, previdência e assistência social.

Segundo relatório final do gabinete de transição da Presidência da República 2022, o diagnóstico foi de desmonte dos serviços públicos essenciais:

> A herança do governo Bolsonaro é a desorganização do Estado e o desmonte dos serviços públicos essenciais. Esses processos foram contínuos, abrangentes e sistemáticos, sendo parte do seu projeto político-ideológico de redução e enfraquecimento institucional do Estado. O desmonte respondeu a uma lógica de menos direitos para a maioria, e mais privilégios para uma minoria.

Como parte da crise democrática, assistimos à omissão do Supremo Tribunal Federal em ações judiciais que buscavam, ao menos, mitigar as violações à dignidade humana de negros, pobres e favelados. Ainda em 2018, horas antes de ser rejeitada a denúncia por crime de racismo contra o povo quilombola, Jair Bolsonaro mandou um recado direto aos ministros do Supremo Tribunal Federal. Sem receber qualquer resposta do Judiciário quanto à proteção dos direitos das minorias[166], Bolsonaro afirmou:

---

164 Torres, 1989, p. 32.

165 De acordo com o relatório sobre a segurança alimentar da ONU de 2022, a fome crônica no Brasil atingiu 4,1% da população. Determinado país entra no Mapa da Fome da FAO quando mais de 2,5% da população enfrenta falta crônica de alimentos (FAO; IFAD; UNICEF; WFP; WHO, 2022, p. 183).

166 STF. Inquérito 4.694/DF. Relator: ministro Marco Aurélio.

> Quero mandar um recado para o STF: respeite o artigo 53 da Constituição que diz que eu, como deputado, sou inviolável por qualquer opinião. E ponto final, p...(sic). A missão do STF é fazer leis. Eles querem agora legalizar o aborto. Não é atribuição deles e ponto final. Eles têm que ser respeitados? Têm. Mas têm que se dar ao respeito também. Não é porque a Câmara não decide que eles devem legislar. Respeito o STF, mas eles têm que respeitar o povo brasileiro.[167]

Na ADPF n. 635, sobre operações policiais nas favelas do Rio de Janeiro, em especial durante a pandemia de covid-19, o relator, ministro Edson Fachin, demorou sete meses para deferir parcialmente a medida liminar. Dois anos depois da decisão judicial para que não se realizassem operações durante a pandemia, salvo hipóteses absolutamente excepcionais e justificadas, 19 pessoas foram mortas em uma operação policial no Complexo do Alemão. A morte represada dos anos anteriores.

Já na ADPF n. 684, por medidas para frear a circulação do vírus da covid no cárcere penitenciário, a omissão foi absoluta, sem que tenha sido proferida qualquer decisão judicial do ajuizamento até o momento. Sobre a análise dessa ação ajuizada em maio de 2020, o professor Daniel Sarmento indica um exemplo perfeito "daquilo que o filósofo camaronês Achille Mbembe chamou de Necropolítica, que se expressa 'no poder de ditar quem pode viver e quem deve morrer' [...] na capacidade de definir quem importa e quem não importa, quem é 'descartável' e quem não é".[168]

O presente artigo procura discutir, assim, a intencionalidade de uma política de morte de pessoas negras durante o governo Bolsonaro, através da análise dos cortes orçamentários e do desvirtuamento e extinção de órgãos e programas de governo. A partir dos conceitos de Biopolítica, de Michel Foucault, e Necropolítica, de Achille Mbembe, avalia-se a cri-

---

167 Disponível em: https://noticias.uol.com.br/politica/eleicoes/2018/noticias/agencia-estado/2018/08/28/em-dia-de-julgamento-sobre-racismo-bolsonaro-faz-duras-criticas-ao-stf.htm. Acesso em: 10 nov. 2022.

168 Sarmento, 2020.

se democrática vivenciada entre 2019 e 2022 e o papel do Supremo Tribunal Federal no controle de constitucionalidade das leis orçamentárias.

Breve histórico do racismo estrutural e o retorno dos mitos pelo governo Jair Bolsonaro: retrocesso sociológico

O território brasileiro recebeu, entre os anos de 1501 e 1900, cerca de 5 milhões de pessoas escravizadas pelo atlântico negro, correspondendo a quase metade de todo o contingente de africanos traficados[169]. À colônia brasileira foi imposto modelo econômico agrícola que ocupou todo o país com mão de obra negra[170], por mais anos subjugada em todo o Ocidente. O território brasileiro foi, portanto, o maior receptor da diáspora africana e é, assim, o país de maior população negra fora da África e o segundo maior país negro do mundo – perdendo apenas para a Nigéria.

Segundo dados estatísticos de 2021 do Pnad do IBGE, 57% dos 212,7 milhões de brasileiros se autodeclaram pretos ou pardos. Um percentual que vem crescendo ano a ano. Um povo que, portanto, descende dos sobreviventes dos tumbeiros, das condições de vida aviltantes, das torturas nos trabalhos forçados e de toda sorte de opressão social e subjugação racial decorrentes do sistema.

Do fim formal da escravização negra até a promulgação da Constituição Federal de 1988, pouco se fez juridicamente pela inclusão do povo negro brasileiro nas estruturas econômicas, sociais e políticas do país.[171] As políticas de segurança públi-

---

169 Os Estados Unidos, por exemplo, receberam 388.746 africanos escravizados. Disponível em: https://www.slavevoyages.org/assessment/estimates. Acesso em: 25 set. 2024.

170 Schwartz, 2018.

171 "(A) escravidão convertendo o escravo em mercadoria despojava-o, aos olhos da coletividade, da sua qualidade humana"; apesar da abolição formal da escravidão em 1888, o negro "a partir de então foi abandonado à própria sorte e se viu obrigado a conquistar por si sua emancipação real" (Costa, 1989. p. 529).

ca, saúde e educação foram "transmissoras da desigualdade e reprodutoras do racismo"[172].

Na primeira República Brasileira, já no século XX, havia, inclusive, a promessa constitucional de embranquecer a nação. O movimento político eugênico – pretensamente científico –, com a imigração europeia subvencionada, revelava que os negros eram considerados cidadãos de 2ª categoria na Constituição de 1934[173]. Com ideologias de darwinismo social e capacitismo, buscava-se formar um povo que se tornaria branco em três gerações.[174] A raciologia governamental da época (racismo científico) considerava os mestiços seres inferiores, degenerados e estéreis[175] (não serviriam nem para procriar).

Na década de 30, o início da industrialização com o Estado Novo, ditatorial, institucionalizou o discurso da democracia étnica. Para construção da identidade nacional e de um mercado de consumo com igualdade jurídica, propagou-se uma convivência inter-racial pacífica, já que não haveria impedimentos legais à ascensão social de pessoas negras. O chamado "pacto populista" ou "pacto nacional-desenvolvimentista" pressupunha a integração simbólica do povo brasileiro em uma cultura nacional mestiça.[176]

A ascensão da Ditadura Civil-Militar de 1964 retoma com a mesma força conservadora as ideias de Gilberto Freyre de uma "democracia racial" coesa e de unificação nacional[177], apresentada como um mito por Florestan Fernandes[178] e Abdias do Nascimento. Já em 1968, do exílio Abdias evidencia que "(o) status de raça, manipulado pelos brancos, impede que o negro tome consciência do logro que no Brasil chamam

---

172 Theodoro, 2022, p. 173.

173 A Constituição da República brasileira de 1934, considerada democrática por estabelecer o voto secreto universal e proibir privilégios raciais, afirmava no seu artigo 138 que incumbia ao Estado a educação eugênica.

174 Lima; Hochman, 1996, p. 23.

175 Munanga, 2019.

176 Damatta, 1997.

177 Freyre, 1977.

178 Fernandes, 2021.

de democracia racial e de cor"[179]. A denúncia do "mito da democracia racial" pelos pensadores sociais brasileiros, durante a era de chumbo, respaldou os movimentos negros pela constitucionalização de direitos e superação de preconceitos.[180]

A partir da década de 1980, com crescimento de ideias neoliberais, outros mitos se entrelaçam ao paraíso étnico brasileiro: o da meritocracia e o da neutralidade fiscal. Uma perspectiva individualista de posição na hierarquia social, de acordo com capacidades, que desconsidera os privilégios brancos de acesso a bens materiais. Exigindo imparcialidade nas oportunidades, não seria papel do Estado interferir positivamente na economia, induzindo comportamentos.[181]

Haveria, ainda, uma neutralidade racial. A miscigenação, resultante da interação amorosa entre pessoas de diferentes etnias e da assimilação cultural, demonstraria que, no Brasil, as práticas discriminatórias seriam comportamentos individuais e não fariam parte da moral social brasileira[182]. Contudo, tais ideologias são sustentáculos lógicos de uma supremacia branca. Como ensina o professor Silvio Almeida, no Brasil, "a negação do racismo e a ideologia da democracia racial sustentam-se pelo discurso da meritocracia".

A historiografia comprova[183], respaldada pelos dados sociais, que a população negra foi excluída das propriedades de terra e da escolaridade formal nos séculos XIX e XX, ocupando postos de trabalho informais ou trabalhos braçais[184]. Torna-

179 Nascimento, 1968, p. 22.

180 A trajetória do movimento negro organizado, como do Movimento Negro Unificado Contra a Discriminação Racial, pode ser estudada no artigo do professor Domingues Petrônio (2007).

181 Ávila, 2015.

182 Moreira, 2022.

183 Ramos, 1995.

184 A universalização ao acesso e à gratuidade escolar legitimaram uma "aparente" democratização, contudo não havia condições objetivas e materiais que facultassem aos negros recém-egressos do cativeiro e seus descendentes um projeto educacional, seja este universal ou específico (Silva; Araújo, 2005).

ram-se os trabalhadores rurais, domésticos, os informais e os do "chão de fábrica". Os dois primeiros que só foram equiparados aos demais trabalhadores urbanos após a Constituição de 1988. Correlacionada à desigualdade política, foi a população negra a diretamente impactada pelos séculos de sufrágio censitário, que só foi substituído pelo universal também na Constituição de 1988, e ainda hoje com restrição de inelegibilidade aos analfabetos.

Foi ainda com a redemocratização da Constituição de 1988, 20 anos após a ratificação da Convenção sobre a Eliminação de Todas as Formas de Discriminação Racial da ONU, em 1968, que o racismo foi elevado a crime, inafiançável e imprescritível, pela previsão do artigo 5º, XLII[185]. A Lei n. 7.716/1989, contudo, diferenciou o crime de racismo do crime de injúria racial, o que somente foi superado pela equiparação no ano de 2023, pela Lei n. 14.532/2023 (Lei do Crime Racial) sancionada pelo presidente, Lula.

Pode-se afirmar, portanto, que só em 1988, e com a luta do movimento negro[186], que o combate ao racismo estrutural é juridicamente imposto, por ser próprio da constituição de um Estado Democrático de Direito. Um Estado soberano que tem como fundamentos a cidadania, a dignidade da pessoa humana, o pluralismo político. Um Estado que mira a justiça, a solidariedade, a erradicação da pobreza, da marginalização, a redução das desigualdades sociais e de todas as formas de discriminação. Um Estado que não pode ser estruturado por práticas excludentes de acesso e de dominação racial.

Por suposto, desde o advento da Constituição de 1988, vive-se, como nação, pelo objetivo antidiscriminatório: diminuir as desigualdades de tratamento e de oportunidades, através de um mandamento constitucional de promoção da igualda-

---

185 Na década de 50, após a ratificação pelo Brasil da Declaração Universal dos Direitos Humanos em 1948, a Lei Afonso Arinos (Lei n. 1390/51) passa a tratar o racismo como uma contravenção penal. Contudo, ninguém nunca foi punido por racismo durante os 37 anos de vigência desta lei. Disponível em: https://acervo.oglobo.globo.com/fatos-historicos/criada-lei-afonso-arinos-primeira-norma-contra-racismo-no-brasil-10477391. Acesso em: 21 out. 2018.

186 Corbo, 2022.

de racial. A Carta Constitucional brasileira absorveu a constatação pós-positivista de que a pluralidade nacional bem como o desafio de desfazer os históricos índices de pobreza e desigualdade dependem da materialização estatal para equalizar as disparidades já consolidadas.

As políticas de ações afirmativas implementadas a partir dos anos 2000, o Estatuto da Igualdade Racial, os esforços para diminuir a informalidade e os gastos fundamentais com programas de transferência direta de renda trouxeram avanços – pré-Bolsonaro – nos indicadores socioeconômicos da população negra, com queda dos coeficientes de pobreza, concentração de renda e Gini[187].

Em 2018, em decorrência das políticas de democratização do acesso, por exemplo, os negros se tornaram a maioria dos ingressos no ensino superior da rede pública do país (50,3%), mostrando que é possível trilhar um caminho para reconhecimento das pessoas negras como parte democrática do povo[188]. O relatório *Democracia inacabada: um retrato das desigualdades brasileiras*, de 2021, da Oxfam Brasil, comprova a relação entre raça, desigualdades e crise democrática, apontando como propostas políticas públicas sociais inclusivas[189]. O Estado brasileiro precisaria agir: distribuindo renda, direitos e garantindo, assim, o mínimo existencial ao povo negro.

Nas palavras certeiras do professor Oscar Vilhena Vieira,

> (a) democracia depende da existência de um certo de padrão de igualdade entre os cidadãos, sem o que, os grupos com maior acesso a recursos e informação irão exercer uma influência desproporcional sobre aqueles que se encontram em posição de governo.

Apesar disso, o ex-presidente Jair Bolsonaro marcou seu governo com pautas identitárias brancas, retrocedendo sociologicamente aos mitos juridicamente superados pela Constituição de 1988. Ignorou políticas públicas para negros

---

187 World Bank Group, c2022.

188 Telles, 2003.

189 Oxfam Brasil, 2021.

em seus projetos de país de 2018 e 2022. Declarou-se contrário às cotas raciais, negou a existência de dívida histórica e de racismo estrutural no Brasil[190].

Jair Bolsonaro excluiu do Plano Plurianual de 2020 (Lei n. 13.971/2019) o Programa 2034: Promoção da Igualdade Racial e Superação do Racismo, extinguiu a comissão que combatia discriminação de gênero e raça no mercado de trabalho[191], nomeou autoridades com discursos preconceituosos e negacionistas, como a ministra Damares Alves e o presidente da Fundação Palmares, Sérgio Camargo. Este um homem negro que chamou de "vitimistas" aqueles que lutam por igualdade racial: "sou o terror dos afromimizentos, da negrada vitimista, dos pretos com coleira"[192].

Os exemplos são muitos e se repetiram sem intervenção institucional que alterasse a postura retrógrada do então presidente. Inclusive, o Poder Judiciário brasileiro julgou improcedentes os pedidos de condenação criminal e cível pela afirmação racista contra quilombolas. Antecipando sua visão sobre a aplicação do orçamento público, ainda em 2018, Bolsonaro conta que visitou um quilombo e afirma que "o afrodescendente mais leve lá pesava sete arrobas. Não fazem nada! Eu

---

190 "O que mais pegou foi o racismo e a gente demonstra aí que não existe isso para mim. Até digo, né, somos todos iguais. Sempre questionei a questão de cotas. Acho que a cota eleva o homem pela cor da sua pele como subalterno ao outro de cor de pele diferente. Somos iguais. O meu sogro é o Paulo Negão." Fala de Jair Bolsonaro para apoiadores em maio de 2021. Disponível em: https://www.correiobraziliense.com.br/politica/2021/05/4923113-bolsonaro-volta-a-negar-racismo-e-diz-sempre-questionei-a-questao-de-cotas.html. Acesso em: 30 jan. 2023.

191 Em 25 ago. 2020, foi publicada no DOU a extinção da Comissão então formada por representantes do Ministério do Trabalho, do Ministério do Planejamento, Orçamento e Gestão, da Secretaria Especial de Políticas de Promoção da Igualdade Racial da Presidência da República, da Secretaria Especial de Políticas para as Mulheres, da Secretaria Especial dos Direitos Humanos da Presidência da República, de entidades de trabalhadores e empregadores.

192 Disponível em: https://www.correiobraziliense.com.br/politica/2022/04/4997889-sergio-camargo-apos-deixar-fundacao-palmares-chora-negrada-vitimista.html. Acesso em: 30 jan. 2023.

acho que nem para procriador ele serve mais. Mais de R$ 1 bilhão por ano é gastado com eles"[193].

Necropolítica e racismo orçamentário do governo Jair Bolsonaro

O conceito de Necropolítica, do filósofo camaronês Achille Mbembe, trata de formas de dominação, sujeição e exercício do poder através do postulado da raça dentro de sistemas capitalistas liberais.[194] Uma discussão que dialoga com as teorias de Racismo de Estado, Biopolítica e Biopoder, de Michel Foucault.[195]

O "deixar viver" da Biopolítica europeia, de Foucault, evolui para o "deixar morrer" da Necropolítica colonialista, de Mbembe. A teoria de Achille Mbembe identifica a escolha governamental de quem se deixa viver e quem se faz morrer, na repetição histórica da lógica colonial. E são os negros as pessoas descartáveis, que podem ser deixadas morrer.

Modernamente, o neoliberalismo, com seu enxugamento do Estado, reproduziria as condições materiais e subjetivas do direito de deixar ou fazer morrer.[196] Portanto, a Necropolítica entende o viés histórico do racismo nas políticas públicas, em que a vida de pessoas brancas é prolongada pelo Estado, enquanto as negras são deixadas à morte.

Nesse item, podemos fazer uma releitura destas doutrinas – do exercício do poder de controlar a vida – para relacionar os conceitos de Biopolítica e Necropolítica ao fenômeno dos cor-

---

193 O STF, no inquérito 4.694/DF, rejeitou a denúncia por 3 votos a 2, defendendo o ministro Alexandre de Moraes que as declarações de Bolsonaro, embora "grosseiras" e "vulgares", não extrapolaram para um discurso de ódio. Já no processo 20175101101298-3, o TRF da 2ª Região julgou improcedentes os pedidos de danos morais feitos pelo MPF pelas mesmas falas racistas. A partir de 2019, o orçamento para proteção de comunidades quilombolas foi zerado.

194 Mbembe, 2018.

195 O racismo se inseriu como mecanismo fundamental do poder, tal como se exerce nos Estados modernos, e faz com que quase não haja funcionamento moderno do Estado que, em certo momento, em certo limite e em certas condições, não passe pelo racismo (Foucault, 1999).

196 Almeida, 2021.

tes orçamentários promovidos pelo governo Jair Bolsonaro, de 2019 ao orçamento aprovado para 2023. Período em que o ataque do Estado à redução das desigualdades foi direto, fomentando o racismo estrutural e a crise democrática.

Mesmo com a concessão do Auxílio Brasil (benefício assistencial de renda), houve alta na pobreza e na extrema pobreza, no desemprego e na renda de trabalhadores. O Coeficiente de Gini, que mede a desigualdade social e é diretamente impactado pelas políticas públicas distributivas, atingiu o maior valor da série histórica em 2021, com a pandemia. Após curto período de queda, a desigualdade social brasileira voltou a crescer já no segundo trimestre de 2022[197].

Diante do processo de discriminação racial intergeracional e de uma pobreza que é herdada, constata-se que as políticas públicas de saúde, saneamento, educação, moradia e assistência social são Biopolíticas, por regulamentarem e sustentarem a vida. Trata-se, na doutrina do professor Marcus Abraham, de gastos ou despesas fundamentais, vinculados a direitos fundamentais e ao interesse primário, que geram o orçamento público impositivo[198]. Nesse contexto, as leis orçamentárias servem não apenas de planejamento, gestão e controle financeiro, já que refletem as opções e prioridades políticas, em uma estrutura positivada sujeita à juridicidade.

Desse modo, considerando as políticas econômicas de austeridade fiscal dos últimos anos, em período pandêmico, quando mais se precisava do Estado, houve opção consciente pela política de morte da população negra brasileira, a despeito das garantias constitucionais fundamentais. A "regra de ouro" da Lei de Responsabilidade Fiscal justificou o contingenciamento e bloqueio de dotações orçamentárias

O Plano Plurianual (PPA) 2020-2023, estabelecido pela Lei n.13.971/2019, excluiu a população negra e quilombola do planejamento de médio prazo e não trouxe programas orçamentários destinados ao tema. Os desfinanciamentos

---

197 Carvalho, 2022.

198 Abraham, 2021.

das políticas públicas de educação, saúde, previdência e assistência social geraram impacto social nefasto para a ampla parcela da população negra e pobre no Brasil.

O orçamento da educação foi reduzido progressivamente nas previsões de gastos. A previsão de 2023 foi inferior em R$ 9,2 bilhões à de 2021, que já havia sido o pior da série. Houve congelamento do repasse federal para merenda escolar durante os quatro anos de governo Bolsonaro em R$ 0,36 centavos por aluno, contribuindo para a evasão escolar e a fome de crianças negras.

Na saúde pública, segundo o relatório da equipe de transição, "de 2018 a 2022, estima-se que as perdas do SUS, em decorrência da Emenda Constitucional nº 95/2016, chegaram a quase R$ 60 bilhões, descontando-se os gastos autorizados por Medida Provisória relacionados à COVID-19"[199]. O total de crianças menores de sete anos em acompanhamento vacinal caiu de 68% em 2019 para 45% em 2022.

Já na assistência social, o orçamento previsto para 2023 era de apenas R$ 50 milhões. Uma redução de 96% no orçamento comparado ao de 2022. O governo Bolsonaro, ainda, desestruturou o Sistema Nacional de Segurança Alimentar e Nutricional (Sisan), determinante para o combate à fome no Brasil.

O Conselho Nacional de Segurança Alimentar e Nutricional (Consea) foi desativado em período de aumento da fome no país. Também, a Lei n. 14.048/2020, de medidas emergenciais pra agricultura familiar – essencial ao abastecimento interno e menores preços – foi vetada quase por completo pelo então presidente. Ao tempo que se mantinha o Plano Safra e se abandonava o Plano de Redução Gradual de Incentivos e Benefícios Fiscais, que estava vinculado à Emenda Constitu-

199 Gabinete de transição governamental, 2022.

cional n. 109/21 e pretendia reduzir pela metade as desonerações fiscais.[200]

O parecer prévio do TCU do exercício de 2021, resultado do controle externo constitucional das contas do presidente da República, indica que, apesar de dotações e empenhos orçamentários acima do mínimo obrigatório nas áreas da saúde e educação, não houve rastreabilidade do conteúdo e aplicação dos recursos. Afirma o parecer:

> A análise concluiu pela necessidade de recomendar o uso das plataformas digitais já desenvolvidas (a exemplo da Plataforma +Brasil e do Portal Nacional de Contratações Públicas) para centralizar o registro das contratações, dispensas e outras informações referentes à efetiva aplicação dos recursos de natureza federal repassados na área da saúde, visando assegurar a rastreabilidade, a comparabilidade e a publicidade dessas despesas, assim como o monitoramento e a avaliação das políticas públicas pelos órgãos do Poder Executivo federal, em atendimento aos preceitos constitucionais e legais. No exercício de 2021, 57% dos recursos federais destinados à política de saúde (R$ 103,4 bilhões) foram aplicados pelos entes subnacionais, **sem que a União utilize as plataformas digitais em funcionamento para monitorar e avaliar a eficiência alocativa desses recursos aplicados de forma descentralizada e pulverizada.** Essa proporção, em geral, gira em torno de 70%, tendo reduzido em 2021 em razão da aquisição direta de vacinas para enfrentamento da Covid-19 mediante aplicação direta
>
> [...]
>
> A **transparência acerca da situação das contas públicas e das entregas de bens e serviços públicos é condição fundamental para o pleno exercício do controle social pela sociedade.** As políticas públicas devem ter, em todas as suas fases, suporte em avaliações, as quais exigem informações de desempenho produzidas a partir de dados atualizados e

200 Em 2019, a arrecadação federal, já excetuadas as contribuições previdenciárias, foi de R$ 1,04 trilhão de reais, e o agronegócio só contribui com 0,27% dessas receitas. Já o Plano Safra 2022/2023, instituído pelo. Decreto n. 11.029/2022, concedeu financiamentos de mais de R$ 300 bilhões ao agronegócio.

> confiáveis, para que a alocação de recursos públicos resulte em prestação de serviços públicos efetivos, sobretudo no contexto de restrição fiscal e econômica.[201]

Foram notórias as falhas na transparência do governo Bolsonaro, com omissão e apagamento de dados que permitissem o controle orçamentário republicano exigido pela Constituição de 1988. Mas esforços de instituições públicas descentralizadas, de organizações não governamentais e movimentos sociais documentam parte do cenário cadavérico posto pela Necropolítica fiscal bolsonarista. Pretos e pardos foram os mais sacrificados com subempregos e com a uberização das relações de trabalho, os mais desempregados durante a pandemia de covid-19, o maior percentual no aumento da informalidade.[202] São, ainda, o maior percentual de pessoas em condição de rua, de pessoas abaixo da linha da pobreza e de pessoas com fome.[203]

Pessoas negras morreram 40% a mais do que pessoas brancas vítimas do coronavírus.[204] Além disso, houve expressivo aumento do encarceramento de pessoas negras, que também são as maiores vítimas fatais de intervenções policiais no país (99,2% das vítimas fatais são homens negros, sendo 74% jovens de até 29 anos). Em 2022, o Anuário Brasileiro de Segurança Pública apontou que, se em 2017 havia 722.716 pessoas encarceradas, sendo 64,5% negras, em 2021 havia quase 100 mil presos a mais, quase todos negros (67,5% do total). Houve redução de mais de 14 mil brancos presos, ao tempo que triplicaram os indígenas encarcerados[205].

Portanto, os dados já revelados das políticas públicas do governo Bolsonaro mostram que, quando o Estado brasileiro não encarcera o negro, o mata[206]. Mata em operações policiais, de fome, ou mata sem oxigênio, tal qual os fuzilamentos,

---

201 Brasil, 2022.

202 IBGE, 2022.

203 Rede Penssan, 2022.

204 Nois, 2020.

205 Anuário brasileiro de segurança pública, 2022.

206 França, 2021.

restrições alimentares e uso das câmaras de gás em campos de extermínio nazista.

O papel do Supremo Tribunal Federal no controle de constitucionalidade das leis orçamentárias e na interpretação e aplicação do postulado constitucional da raça

No pacto constitucional de 1988, após longo período de Ditadura Civil-Militar, o Brasil se comprometeu com o bem-estar de todos, com a redução das desigualdades sociais, da discriminação racial e de todas as formas de intolerância, com a erradicação da marginalização e com o respeito do postulado da dignidade da pessoa humana, sendo esta a concepção de uma sociedade livre. Uma sociedade livre porque solidária.[207]

A premissa teórica metodológica do Neoconstitucionalismo se traduz pela passagem da Constituição de 1988 ao centro do ordenamento jurídico[208], com efetividade normativa que confere eficácia subjetiva e objetiva aos direitos fundamentais de cidadania. Toda a interpretação jurídica passa a exigir uma filtragem constitucional mediante seus postulados interpretativos[209], que incluem os tratados de direitos humanos antirracistas, incorporados ao ordenamento jurídico brasileiro com status constitucional.

Ademais, diante do arcabouço histórico, defende-se que o critério da raça é inerente à interpretação constitucional, não só como categoria jurídica, mas como postulado constitucional. Ao tratar da "hermenêutica do oprimido", o professor Adilson José Moreira[210] discorre que

> A proposta da hermenêutica negra também encontra fundamento na premissa segunda a qual nosso sistema constitucional deve ser pensado como um sistema protetivo, sistema

207 Hirsch, 2010.

208 Barroso, 1999.

209 BASTOS, 1999.

210 Moreira, 2020.

composto por conjunto de normas que protegem dimensões específicas da vida dos indivíduos.

Firmada pelo Brasil e incorporada ao direito positivo brasileiro pelo Decreto 10.932/2022, a Convenção Interamericana contra o Racismo, a Discriminação Racial e Formas Correlatas de Intolerância projeta a chamada "discriminação positiva ou reversa" e exige ações afirmativas do Estado para o progresso de grupos étnicos vulneráveis.[211]

A igualdade como liberdade, prevista no caput do artigo 5º da Carta Máxima, deve ser interpretada para além de uma igualdade formal, exigindo ações positivas do Estado para equalização das relações sociais e jurídicas. Nesse cenário, exige-se que a igualdade racial seja incluída em pautas governamentais antidiscriminatórias efetivas, refletidas e aferidas no orçamento público brasileiro.

Apesar do bloco de constitucionalidade antirracista ter sido ampliado pelos mencionados tratados, o critério (ou postulado) jurídico da raça não é utilizado pelo Supremo Tribunal Federal como hermenêutica no campo orçamentário. Mesmo porque tem-se uma evolução jurisprudencial lenta acerca da natureza jurídica das leis orçamentárias, como leis em sentido material, exigíveis e controladas jurisdicionalmente em seu conteúdo. Como revela Eduardo Mendonça em sua tese sobre a constitucionalização das finanças públicas no Brasil, ainda que o orçamento não discipline situações com generalidade e abstração, nele são realizadas escolhas públicas essenciais que irradiam efeitos sobre conjunto indeterminado de indivíduos. Portanto, não se poderia presumir menos consideração

211 Os Estados Partes comprometem-se a adotar as políticas especiais e ações afirmativas necessárias para assegurar o gozo ou exercício dos direitos e liberdades fundamentais das pessoas ou grupos sujeitos ao racismo, à discriminação racial e formas correlatas de intolerância, com o propósito de promover condições equitativas para a igualdade de oportunidades, inclusão e progresso para essas pessoas ou grupos. Tais medidas ou políticas não serão consideradas discriminatórias ou incompatíveis com o propósito ou objeto desta Convenção, não resultarão na manutenção de direitos separados para grupos distintos e não se estenderão além de um período razoável ou após terem alcançado seu objetivo.

jurídica às leis orçamentárias, muito menos que seu conteúdo seja facultativo.[212]

Ademais, em um modelo de orçamento-programa, com tantas referências constitucionais, existe densidade normativa suficiente para controle jurisdicional tanto do conteúdo das leis orçamentárias, diante dos objetivos e valores constitucionais, quanto em relação à execução das dotações orçamentárias. Robert Alexy, em sua *Teoria dos direitos fundamentais,* reconhece que a competência orçamentária do legislador não é ilimitada e nem absoluta e define os direitos fundamentais sociais como mandados constitucionais aos órgãos políticos.[213]

Não se ignora, porém, que tal controle constitucional de políticas públicas através das leis orçamentárias revelam a linha tênue entre o político e o jurídico. Ilustram a tensão do diálogo entre os poderes, emergindo a discussão sobre discricionariedade e reserva do possível, judicialização da política e ativismo judicial.

Está presente o mito da discricionariedade orçamentária, apresentado pelo professor Marcus Abraham[214], e que ganhou novos contornos com a evolução dos orçamentos impositivos, por meio das emendas parlamentares individuais (EC n. 86/2015) e de bancada estadual (EC n. 100/2019). Tais alterações constitucionais se somam às mais recentes Emendas Constitucionais n. 100/2019, 102/2019, 106/2020, 108/2021, 109/2021 e 126/2022, e evidenciam a possibilidade de controle interno, externo e judicial da responsabilidade fiscal, da sinceridade orçamentária, da finalidade e legitimidade administrativa na elaboração e execução do orçamento.

Contudo, apesar dos precedentes de que a reserva do possível e a separação dos poderes não se aplicam em casos de

212 Mendonça, 2010.

213 Alexy, 2008.

214 Abraham, 2021.

extrema inércia estatal[215], o posicionamento do STF na ingerência orçamentária de direitos fundamentais permaneceu tímido durante todo o período do governo Jair Bolsonaro. Uma omissão que contribuiu, como fundamentado, para a crise democrática. Decisões mais progressistas no campo orçamentário somente foram proferidas após a derrota do bolsonarismo nas urnas, em outubro de 2023.

Em 2021, no julgamento do Mandado de Injunção n. 7.300, o Tribunal reconheceu que houve omissão na regulamentação do benefício da Renda Básica da Cidadania, previsto na Lei n. 10.835/2004, mas não fixou valor ou a implementação do benefício. O voto vencedor, do ministro Gilmar Mendes, determinou que o Poder Executivo adotasse todas as medidas para a implementação do benefício, inclusive mediante alteração do Plano Plurianual (PPA) e da previsão da Lei de Diretrizes Orçamentárias (LDO) e da Lei Orçamentária Anual (LOA) de 2022. Foi feito apenas um apelo aos Poderes Executivo e Legislativo de atualização monetária dos benefícios.

Diante do descumprimento dessa ordem judicial concedida no orçamento de 2022, o ministro Gilmar Mendes proferiu outra decisão, já em dezembro de 2022, conferindo interpretação conforme a Constituição ao art. 107-A, II, do ADCT. Aderiu à Teoria dos Gastos Fundamentais para dar efetividade ao benefício, inclusive apontando a origem das receitas orçamentárias:

> **A instituição de normas de boa governança fiscal, orçamentária e financeira, entretanto, não pode ser concebida como um fim em si mesmo. Muito pelo contrário, os recursos financeiros existem para fazer frente às inúmeras despesas que decorrem dos direitos fundamentais preconizados pela Constituição.**
>
> [...]
>
> No ano de 2023, o espaço fiscal decorrente da diferença entre o valor dos precatórios expedidos e o limite estabelecido no

215 Posicionamento importantíssimo do STF nos casos de violação à dignidade humana de detentos do sistema prisional brasileiro. STF, RE 592.581/RS. Rel. Min. Ricardo Lewandowski. Dje 1º fev. 2016. STF. ADPF 347. Rel. do acórdão Min. Alexandre de Moraes. Decisão em 18 mar. 2020.

> seu caput deverá ser destinado exclusivamente ao programa social de combate à pobreza e à extrema pobreza, nos termos do parágrafo único do art. 6º, da CF, ou outro que o substitua, determinando que seja mantido o valor de R$ 600,00, e, desde já, autorizando, caso seja necessário, a utilização suplementar de crédito extraordinário (art. 167, § 3º, da CF).
> O Relator do Projeto de Lei Orçamentária de 2023, Senador Marcelo Castro deverá ser comunicado da presente decisão, considerando a tramitação do PLOA para o exercício de 2023[216].

A mesma decisão de Gilmar Mendes foi disruptiva ao afirmar que a alusão ao teto de gastos previsto no artigo 107 do ADCT não pode ser "escudo para o descumprimento de decisões judiciais" e que a "mera alusão à reserva do financeiramente possível, à exemplo da justificativa que acompanha a proposta de lei orçamentária encaminhada pelo governo federal e atualmente em tramitação perante o Congresso Nacional não satisfaz o referido ônus de justificação/fundamentação".

Gilmar Mendes acrescentou ser juridicamente possível o custeio do programa Auxílio Brasil, ou outro programa permanente de renda mínima, por meio de abertura de crédito extraordinário. Concluiu, portanto, que tais despesas não se incluem nos limites estabelecidos pelo teto constitucional de gastos por serem gastos fundamentais.

Na mesma toada de controle constitucional do conteúdo orçamentário, tem-se a declaração de inconstitucionalidade do chamado "orçamento secreto" nos autos da ADPF 850/DF, também apenas após a derrota do bolsonarismo nas urnas. A prática de reservar vultuosas dotações orçamentárias a emendas do relator do orçamento anual, introduzida na Lei de Diretrizes Orçamentárias de 2021, foi declarada incompatível com a ordem constitucional brasileira.

A relatora da ADPF 850, ministra Rosa Weber, interpretou as leis orçamentárias à luz da Constituição de 1988 e conferiu

---

216 STF. Mandado de Injunção 7300/DF. Relator: Min. Marco Aurélio. Redator do acórdão: Min. Gilmar Mendes. Relator do último incidente: Min. Gilmar Mendes (MI-ED-segundos). Decisão de 18 dez. 2022, publicada no Dje em 9 jan. 2023.

> interpretação conforme às leis orçamentárias anuais de 2021 (Lei nº 14.144/2021) e de 2022 (Lei nº 14.303/2022), vedando a utilização das despesas classificadas sob o indicador orçamentário RP 9 para o propósito de atender a solicitações de despesas e indicações de beneficiários realizadas por Deputados Federais, Senadores da República, Relatores da Comissão Mista de Orçamento (CMO) e quaisquer "usuários externos" não vinculados aos órgãos da Administração Pública Federal, independentemente de tal requisição ter sido formulada pelos sistemas formais ou por vias informais (cabendo, ainda, aos Ministros de Estado titulares das pastas beneficiadas com recursos consignados sob a rubrica RP 9 orientarem a execução desses montantes em conformidade com os programas e projetos existentes nas respectivas áreas, afastado o caráter vinculante das indicações formuladas pelo relator-geral do orçamento, nos moldes do art. 2º, § 1º, do Decreto nº 10.888/2021.[217]

Poder-se-ia, portanto, afirmar que a jurisprudência do Supremo Tribunal Federal evoluiu para reconhecer o controle de constitucionalidade concentrado e eficácia impositiva das leis orçamentárias no tocante aos gastos fundamentais. O limite de teto de gastos do Novo Regime Fiscal não seria oponível às despesas obrigatórias relacionadas ao mínimo existencial do ser humano. Uma trajetória hermenêutica que pode abarcar, porque não, o princípio da vedação ao retrocesso social aplicado às leis orçamentárias.[218] Diante de uma previsão de receitas igual ou superior a de um exercício anterior, não seria possível dotações menores com políticas públicas fundamentais sem justificativa controlável pela proporcionalidade, dentro do devido processo legal.

---

217 STF. ADPF 850/DF. Relator: Min. Rosa Weber. Dje 9 jan. 2023.

218 Segundo Canotilho, o princípio do não retrocesso social, também chamado pelo autor português de "princípio de contra-revolução social" ou "princípio da evolução reacionária", decorre do próprio princípio democrático (Canotilho, 2003, 338). Como complemento, o professor e ministro do STF Luís Roberto Barroso considera que, "se uma lei, ao regulamentar um mandamento constitucional, instituir determinado direito, ele se incorpora ao patrimônio jurídico da cidadania e não pode ser absolutamente suprimido" (Barroso, 2001, p. 158).

Conclusão

A análise dos dados sociais e números orçamentários mostrados neste artigo comprovam que não foi coincidência os resultados das políticas públicas do governo Bolsonaro: negros e pobres foram os mais atingidos na piora das condições de vida digna.

O racismo orçamentário esteve de acordo com o discurso populista de extrema direita. O ex-presidente Jair Bolsonaro revisitou mitos que ferem direitos humanos e a subjetividade do povo negro brasileiro, inflando a crise democrática decorrente da desigualdade social que nos assola.

Negros e pobres foram enquadrados como o estereótipo da marginalização, ilustrando um inimigo a ser combatido através de cortes orçamentários. Nesse contexto, o governo Bolsonaro vetou, contingenciou e bloqueou despesas com políticas públicas fundamentais, sob argumento de cumprir o Teto de Gastos.

Bilhões de reais deixaram de ser investidos na saúde, na educação, na assistência social, sem intervenções do Poder Judiciário capazes de minimizar a Necropolítica fiscal. Vivenciou-se uma política de mortes intensificada pelo estado de exceção sanitária da covid-19, apesar do reconhecimento do estado de calamidade pública pelo Congresso Nacional, para os fins do art. 65 da Lei de Responsabilidade Fiscal ("orçamento de guerra" da Emenda Constitucional n. 106/2020).

A igualdade e dignidade humana foram contrapostas à "regra de ouro" fiscal, de suposta responsabilidade refletida em um pacto da branquitude[219]. Apesar dos objetivos e metas do constituinte de 1988, de promoção de bem-estar para todos e construção de uma sociedade solidária, apenas com a derrota do bolsonarismo nas urnas, no final de 2022, o Supremo Tribunal Federal reconheceu que o mínimo existencial estaria fora de limitações orçamentárias impostas por emenda constitucional.

---

219 Bento, 2022.

O terceiro governo de Luiz Inácio Lula da Silva traz consigo um importante precedente da jurisdição constitucional: políticas públicas de direitos fundamentais, nos limites do mínimo existencial, podem estar fora do limite do teto de gastos do Novo Regime Fiscal da Emenda Constitucional n. 95/2016. Ganha uma arma contra a Necropolítica fiscal, a ser materializada em alinhamento com o Congresso Nacional, tanto na elaboração quanto na execução dos orçamentos públicos do país.

REFERÊNCIAS BIBLIOGRÁFICAS

ABRAHAM, Marcus. **Teoria dos gastos fundamentais:** orçamento público impositivo – da elaboração à execução. São Paulo: Almedina, 2021.

ALEXY, Robert. **Teoria dos direitos fundamentais.** Tradução: Virgílio Afonso da Silva. São. Paulo: Malheiros, 2008.

ALMEIDA, Silvio Luiz de. Necropolítica e Neoliberalismo. **Caderno CRH,** Salvador, v. 34, p. 1-10, 2021.

ANUÁRIO brasileiro de segurança pública 2022. São Paulo: Fórum Brasileiro de Segurança Pública, 2022. Ano 16. Disponível em: https://publicacoes.forumseguranca.org.br/items/4f923d12-3cb2-4a24-9b63-e41789581d30. Acesso em: 25 set. 2024.

ÁVILA, Humberto. **Teoria da igualdade tributária.** 3. ed. São Paulo: Malheiros. 2015.

BARROSO, Luís Roberto. **Interpretação e aplicação da Constituição:** fundamentos de uma dogmática constitucional transformadora. São Paulo: Saraiva, 1999.

BARROSO, Luís Roberto. **O direito constitucional e a efetividade de suas normas.** 5. ed. Rio de Janeiro: Renovar, 2001.

BASTOS, Celso. **Hermenêutica e interpretação constitucional.** 2. ed. rev. e ampl. São Paulo: Instituto Brasileiro de Direito Constitucional, 1999.

BENTO, Cida. **O pacto da branquitude.** São Paulo: Companhia das Letras, 2022.

BRASIL. Tribunal de Contas da União. **Tribunal aprova contas do presidente com 14 ressalvas.** Brasília, DF: TCU, 29 jun. 2022. Disponível em: https://portal.tcu.gov.br/imprensa/noticias/tribunal-aprova-contas-de-governo-com-14-ressalvas.htm. Acesso em: 24 set. 2024.

CANOTILHO, José Joaquim Gomes. **Direito Constitucional e Teoria da Constituição.** 7. ed. Coimbra: Almedina, 2003.

CARVALHO, Sandro Sacchet de. **Retrato dos rendimentos do trabalho** – resultados da Pnad contínua do segundo trimestre de 2022. [Brasília, DF]: Ipea: Carta Conjuntura, 1º set. 2022.

CORBO, Wallace. **Identidade constitucional:** formação, transformação e crise da constituição. Rio de Janeiro: Lumen Juris, 2022.

CORDEIRO, Janaína Martins. A Marcha da Família com Deus pela liberdade em São Paulo: direitas, participação política e golpe no Brasil, 1964. **Revista de História,** São Paulo, n. 180, p. 1-19, 2021. Disponível em: https://www.revistas.usp.br/revhistoria/article/view/167214. Acesso em: 24 set. 2024.

COSTA, Emília Viotti. **Da senzala à colônia.** São Paulo: Brasiliense, 1989.

DAMATTA, Roberto. Notas sobre o racismo à brasileira. In: SOUZA, Jessé. (org.). **Multiculturalismo e racismo:** uma comparação Brasil e Estados Unidos. Brasília, DF: Paralelo 15, 1997.

DOMINGUES, Petrônio. Movimento negro brasileiro: alguns apontamentos históricos. **Tempo,** [s. l.], v. 12, p. 100-122, 2007.

FAO. IFAD. UNICEF. WFP. WHO. **The State of Food Security and Nutrition in the World.** Repurposing food and agricultural policies to make healthy diets more affordable. Roma: FAO, 2022. Disponível em: https://openknowledge.fao.org/items/c0239a36-7f34-4170-87f7-2fcc179ef064. Acesso em: 24 set. 2024.

FERNANDES, Florestan. **A integração do negro na sociedade de classes.** 6. ed. São Paulo: Contracorrente, 2021.

FÓRUM BRASILEIRO DE SEGURANÇA PÚBLICA. **Anuário brasileiro de segurança pública.** [S. l.]: FBSP, 2021. Disponível em: https://dossies.agenciapatriciagalvao.org.br/dados-e-fontes/pesquisa/anuario-brasileiro-de-seguranca-publica-fbsp-2021/. Acesso em: 24 set. 2024.

FOUCAULT, Michel. **Em defesa da sociedade.** São Paulo: Martins Fontes, 1999.

FRANÇA, Fábio Gomes de. O perigo negro! A herança racista da polícia moderna no Brasil. **O público e o privado.** O Público e o Privado, [s. l.], n. 40, p. 123-149, set./dez. 2021.

FREYRE, Gilberto. **Sobrados e mucambos:** introdução à história da sociedade patriarcal no Brasil. Rio de Janeiro: José Olympio, 1977.

GABINETE de transição governamental. Relatório Final. Brasília, DF: Comissão de Transição Governamental, dez. 2022. Disponível em: https://static.poder360.com.br/2022/12/Relatorio-final-da-transicao-de-Lula.pdf. Acesso em: 25 set. 2024.

GOMES, Flávio dos Santos. **Padrões de fugas e perfil sociodemográfico dos fugitivos no Rio de Janeiro, 1810-1830.** Rio de Janeiro: CEAA: FORD, 1993. Relatório de pesquisa.

HIRSCH, Joachim. **Teoria materialista do Estado.** Rio de Janeiro: Revan, 2010.

INSTITUTO BRASILEIRO DE GEOGRAFIA E ESTATÍSTICA. **PNAD Contínua** - Pesquisa Nacional por Amostra de Domicílios Contínua. [Rio de Janeiro]: IBGE, 2022. Disponível em: https://www.ibge.gov.br/estatisticas/sociais/trabalho/9171-pesquisa-nacional-por-amostra-de-domicilios-continua-mensal.html?=&t=destaques. Acesso em: 24 set. 2024.

INSTITUTO BRASILEIRO DE GEOGRAFIA E ESTATÍSTICA. **Síntese de indicadores sociais:** uma análise das condições de vida da população brasileira. Rio de Janeiro: IBGE, 2022. Disponível em: https://biblioteca.ibge.gov.br/visualizacao/livros/liv101979.pdf. Acesso em: 18 jan. 2023.

INSTITUTO DE ESTUDOS SOCIOECONÔMICOS. **Um país sufocado:** balanço do Orçamento Geral da União 2020. [S. l.]: Inesc, 2021. Disponível em: https://www.inesc.org.br/umpaissufocado/. Acesso em: 25 set. 2024.

LIMA, Nísia Trindade; HOCHMAN, Gilberto. Condenado pela raça, absolvido pela Medicina: o Brasil descoberto pelo movimento sanitarista da Primeira República. In: MAIO, Marcos Chor; SANTOS, Ricardo Ventura. **Raça ciência e sociedade.** Rio de Janeiro: Fiocruz: CCBB, 1996. E-book.

MBEMBE, Achille. **Necropolítica.** São Paulo: N-1 Edições, 2018.

MENDONÇA, Eduardo Bastos de. **A constitucionalização das finanças públicas no Brasil:** devido processo orçamentário e democracia. Rio de Janeiro: Renovar, 2010.

MOREIRA, Adilson José. **Direito antidiscriminatório e relações raciais:** práticas excludentes, perspectivas críticas, medidas inclusivas. Belo Horizonte: Conhecimento, 2022.

MOREIRA, Adilson José. **Tratado de Direito Antidiscriminatório.** São Paulo: Contracorrente, 2020.

MUNANGA, Kabengele. **Rediscutindo a mestiçagem no Brasil:** identidade nacional versus identidade negra. Belo Horizonte: Autêntica, 2019.

NASCIMENTO, Abdias. **O negro revoltado.** Rio de Janeiro: Edições GRD, 1968.

NÚCLEO DE OPERAÇÕES E INTELIGÊNCIA EM SAÚDE. Inteligência computacional aplicada à predição da evolução da covid-19 e ao dimensionamento de recursos hospitalares. **Análise socioeconômica da taxa de letalidade da covid-19 no Brasil.** Nota Técnica 11. [S. l.]: Nois, 27 maio 2020. Disponível em: https://drive.google.com/file/d/1tSU7mV4OPnLRFMMY47JIXZgzkklvkydO/view. Acesso em: 25 set. 2024.

OXFAM BRASIL. **Democracia inacabada:** um retrato das desigualdades brasileiras. São Paulo: Oxfam Brasil, 2021.

RAMOS, Alberto Guerreiro. **Introdução crítica à sociologia brasileira.** Rio de Janeiro, Editora da UFRJ, 1995.

REDE PENSSAN. **Insegurança alimentar e covid-19 no Brasil.** II Inquérito de Insegurança Alimentar no Contexto da Pandemia da covid-19. [S. l.]: Rede Penssan, 2022. Disponível em: https://olheparaafome.com.br/. Acesso em: 25 set. 2024.

RIBEIRO, Ricardo Lodi. A pandemia, a volta de Keynes e a MMT: a crise do princípio do equilíbrio orçamentário. **Revista de Direito Público da Economia,** Belo Horizonte, v. 18, n. 71, p. 153-186, jul./set. 2020.

SARMENTO, Daniel. **Crise democrática e a luta pela Constituição.** Belo Horizonte: Fórum, 2020.

SARMENTO, Daniel. Igualdade Constitucional: uma leitura. In: GOMES, Bianca Xavier; SANTIAGO, Júlio César; SILVA, Ronaldo Campos e (org.). **Estado, igualdade e justiça:** estudos em homenagem ao professor Ricardo Lodi. Rio de Janeiro: Lumen Iuris, 2022.

SCHWARTZ, Stuart B. Escravidão indígena e o início da escravidão africana. In: SCHWARCZ, Lilia Moritz; GOMES, Flávio dos Santos (org.). **Dicionário da escravidão e liberdade:** 50 textos críticos. São Paulo: Companhia das Letras, 2018. p. 216-221.

SENADO FEDERAL (Brasil). **Relatórios da CPIPANDEMIA.** Brasília, DF: Senado Federal, 2021. Disponível em: https://legis.senado.leg.br/comissoes/mnas?codcol=2441&tp=4. Acesso em: 19 jan. 2023.

SILVA, Geraldo; ARAÚJO, Márcia. Da interdição escolar às ações educacionais de sucesso: escolas dos movimentos negros e escolas profissionais, técnicas e tecnológicas. In: ROMÃO, Jeruse (org.). **História da educação do negro e outras histórias.** Brasília, DF: Ministério da Educação: Secretaria de Educação Continuada, Alfabetização e Diversidade, 2005.

SOUZA NETO, Cláudio Pereira de. Eleições e salvação nacional. **Blog do Noblat,** [s. l.], 23 out. 2022. Disponível em: https://www.metropoles.com/blog-do-noblat/artigos/eleicoes-e-salvacao-nacional-por-claudio-pereira-de-souza-neto. Acesso em: 25 set. 2024.

TELLES, Edward. **Racismo à brasileira:** uma nova perspectiva sociológica. Rio de Janeiro: Relume-Dumará: Fundação Ford, 2003.

TORRES, Ricardo Lobo. O mínimo existencial e os direitos fundamentais. **Revista de Direito Administrativo,** Rio de Janeiro, n. 177, jul./set. 1989.

THEODORO, Mário. **A sociedade desigual:** racismo e branquitude na formação do Brasil. Rio de Janeiro: Zahar, 2022.

WORLD BANK GROUP. **Gini index.** [Washington, DC]: c2022. Disponível em: https://data.worldbank.org/indicator/SI.POV.GINI. Acesso em: 22 nov. 2022.

Este livro foi composto pela fonte Alfabet
e impresso pela Gráfica Renovagraf em outubro de 2024.
O papel de miolo é o Off-set e o de capa
é o Cartão Supremo.